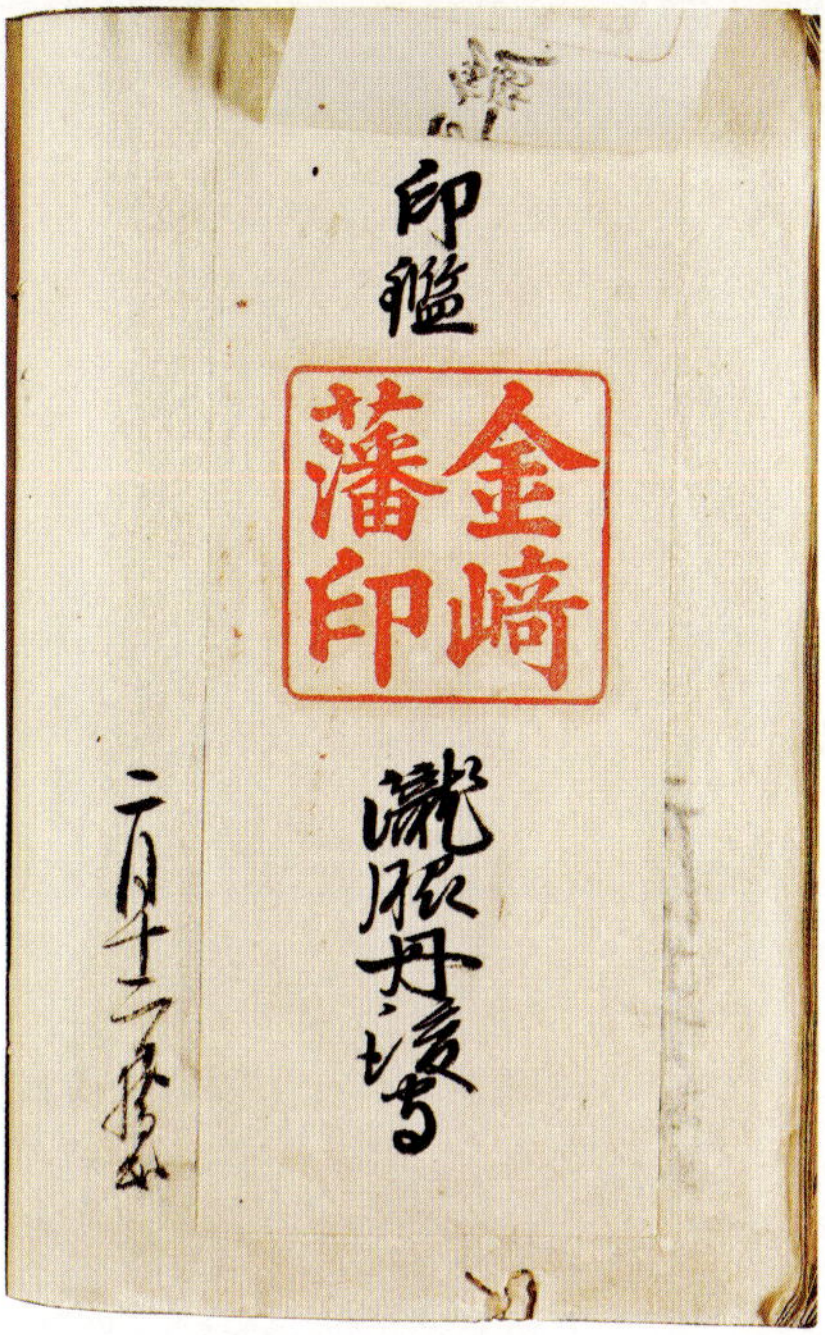

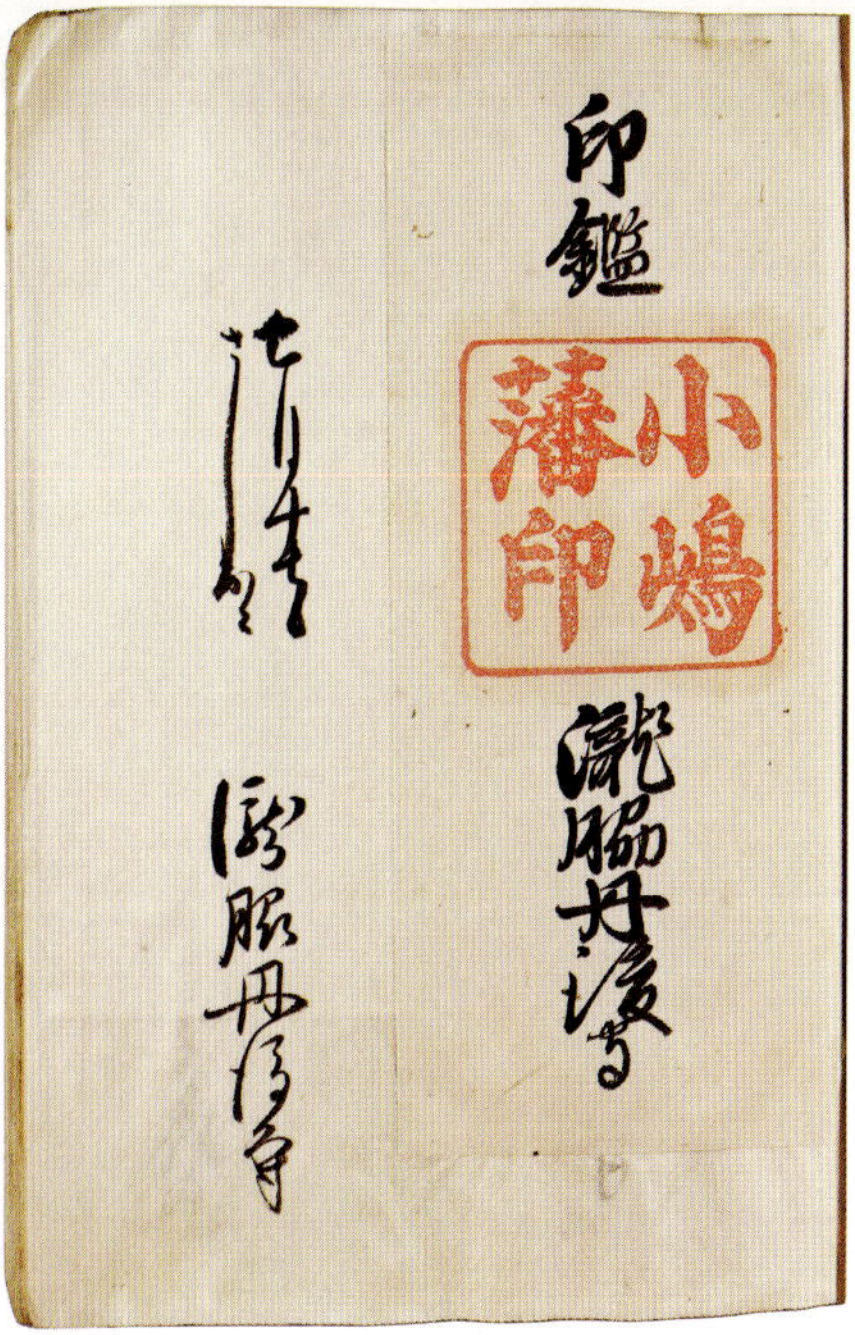

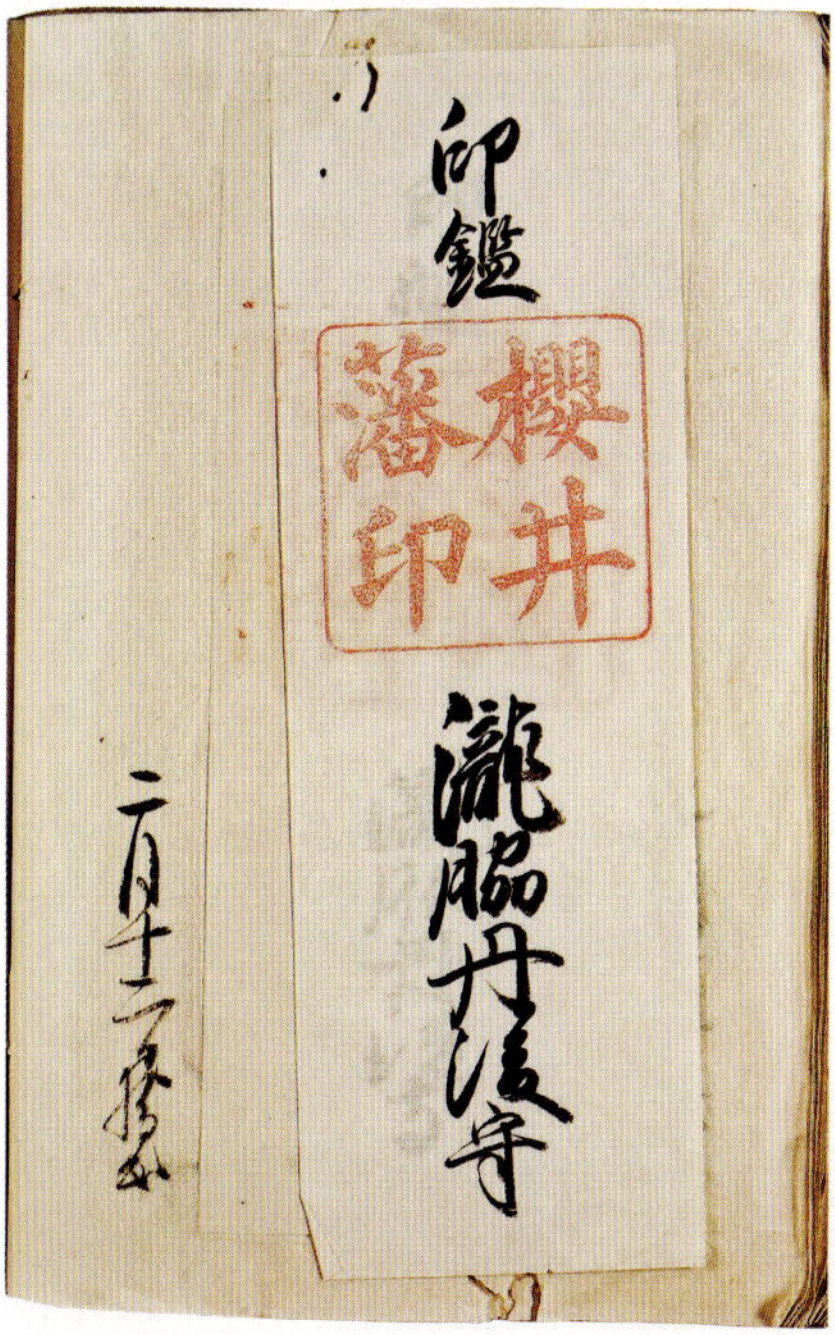

1　藩印の変遷（東京大学史料編纂所蔵「藩印鑑」より）

瀧脇丹後守信敏は，1868年（慶応4年＝明治元年）7月13日，徳川処分に伴い駿河国小島（1万石）から上総国に移封された．領地没収となった請西藩林家の旧領の一部を引き継ぎ，当初は同国金ヶ崎に藩庁を置いたが，翌年3月，桜井に移転した．「藩印鑑」をみると，68年7月17日に「小嶋藩印」，翌年2月12日に「金崎藩印」，さらにその後「櫻井藩印」の印影が維新政府に提出されたことがわかる．なお，旧幕府時代の瀧脇家は松平の称号を許されていたが，68年1月の朝命により本姓に復した（本文93頁参照）．

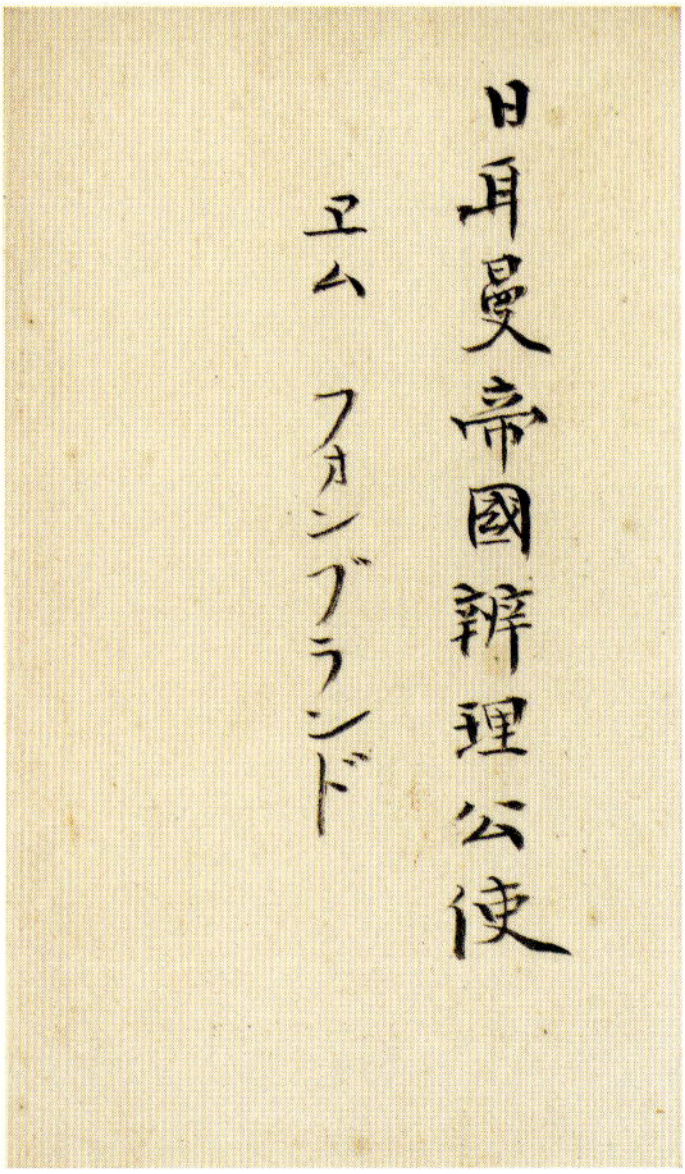

2　マックス・フォン・ブラント名刺写真（福井市立郷土歴史博物館蔵「松平春嶽愛蔵写真帳」）

裏面の墨書の筆跡は松平春嶽のもの．フェリーチェ・ベアトのスタジオで撮影されている．ベアトが横浜でF. Beato & Co.の商標のもと写真業を営んでいたのは1869年（明治2年）から77年1月までであり（斎藤多喜夫—2006），ブラントがドイツ帝国弁理公使として信任されたのは72年3月であることから，72年3月から77年1月までの間に撮影されたものと考えられる．ブラントは1835年生まれ．管見の限り最初期のブラントの肖像写真として貴重である．

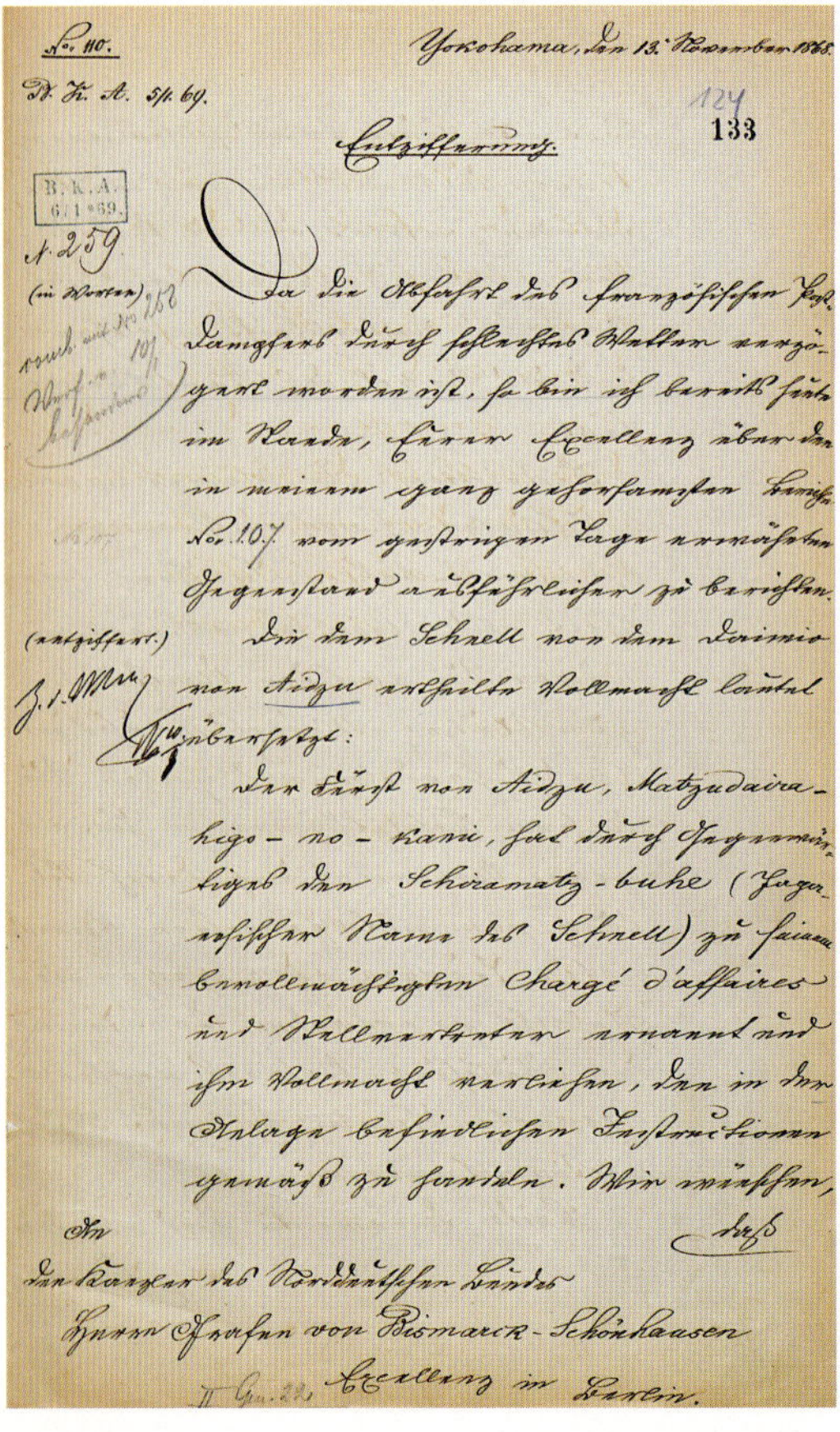
No. 110.
Yokohama, den 13. November 1868.
B. K. A. 5/1. 69.
133
B.K.A. 6/1*69.
Entzifferung.

Da die Abfahrt des französischen Post-Dampfers durch schlechtes Wetter verzögert worden ist, so bin ich bereits heute im Stande, Euerer Excellenz über den in meinem ganz gehorsamsten Berichte No. 107 vom gestrigen Tage erwähnten Gegenstand ausführlicher zu berichten.

Die dem Schnell von dem Daimio von Aidzu ertheilte Vollmacht lautet übersetzt:

Der Fürst von Aidzu, Matsudaira-higo-no-kami, hat durch Gegenwärtiges den Schiramatz-buke (Japanischer Name des Schnell) zu seinem bevollmächtigten Chargé d'affaires und Vertreter ernannt und ihm Vollmacht verliehen, den in der Anlage befindlichen Instructionen gemäß zu handeln. Wir wünschen, daß

An
den Kanzler des Norddeutschen Bundes
Herrn Grafen von Bismarck-Schönhausen
Excellenz in Berlin.

3　1868年11月13日付ビスマルク宛ブラント書翰第110号の第1頁（ドイツ連邦文書館ベルリン館蔵）

左上に，ベルリンの連邦宰相府（Bundeskanzleramt）に書翰が受領された年月日を示す書き入れ（「B.K.A. 5/1. 69」）とスタンプ（「B.K. A. 6/1*69.」）が見える．手書きによる受領年月日の筆跡は，“Entzifferung（解読）”に始まる本文の筆跡と同じと見られ，原文書の暗号文を解読した人物のものであろう．1869年1月5日に解読・清書が宰相府内で作られ，翌日に正式の受領印が押されたことがわかる（本文68頁参照）．

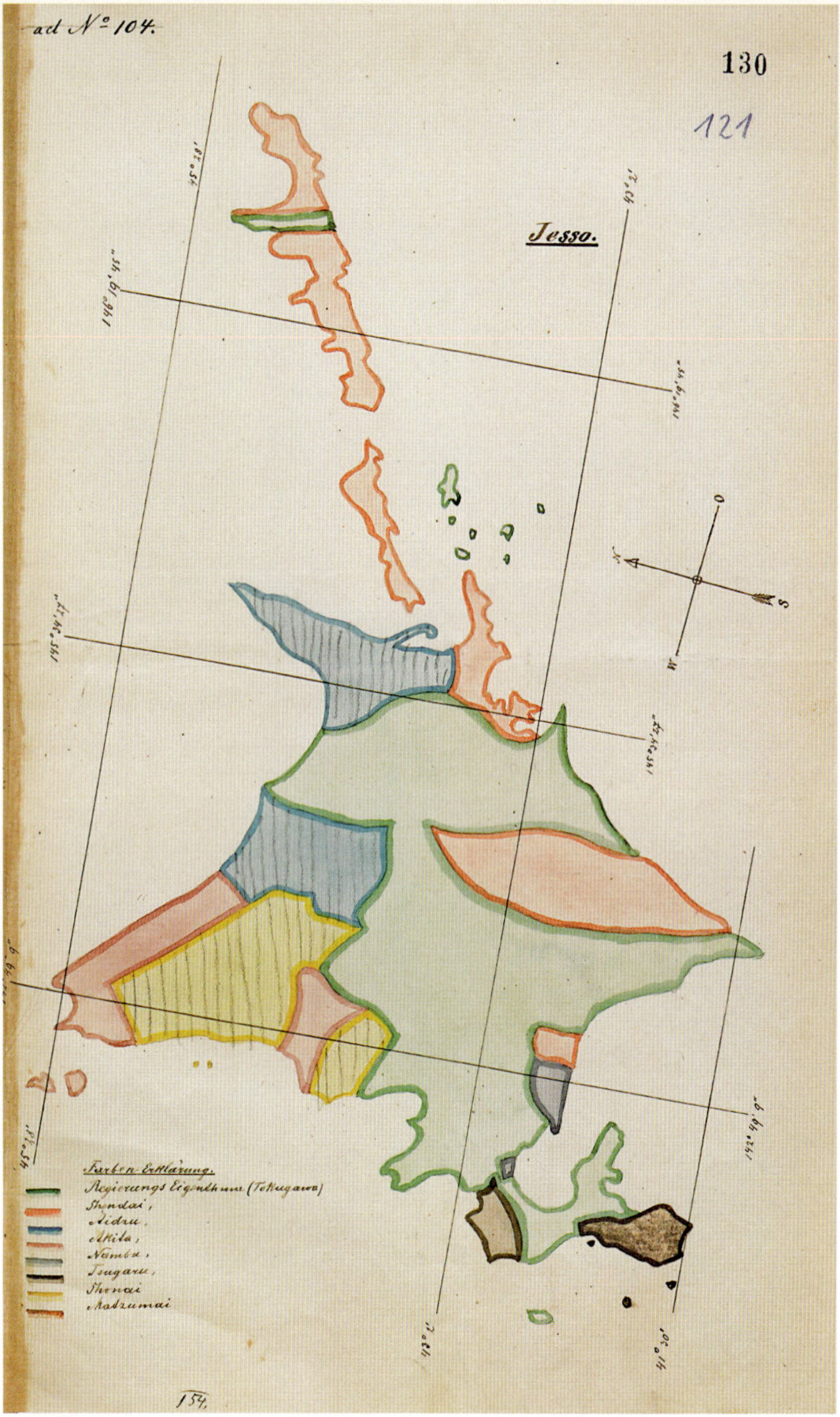

4　戊辰戦争期に北ドイツ連邦公使館で作られた蝦夷地領地割図（ドイツ連邦文書館ベルリン館蔵）

1868 年 11 月 11 日付ビスマルク宛ブラント書翰第 104 号に添付してベルリンに送られたもの．左下に色分けの凡例があり，上から順に「政府領地（徳川），仙台，会津，秋田，南部，津軽，庄内，松前」（拙訳）と記す．秋田藩の領地が 1867 年（慶応 3 年）に幕府に返還された経緯は反映されていないが，幕末の分割給与当時の領地割りをおおむね正確に図示している（本文 66・77 頁参照）．

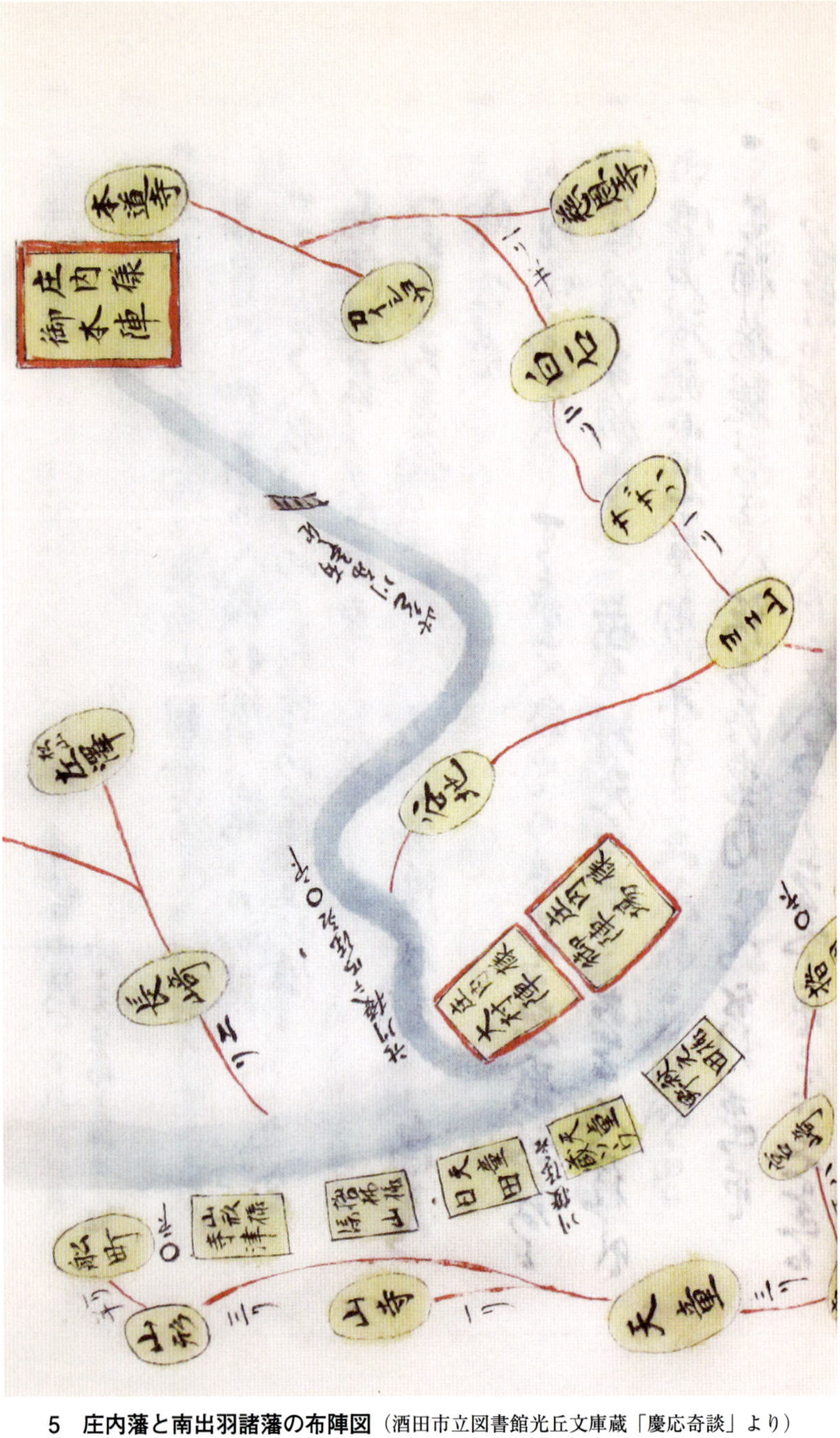

5　庄内藩と南出羽諸藩の布陣図（酒田市立図書館光丘文庫蔵「慶応奇談」より）

1868年（慶応4年＝明治元年）閏4月上旬，出羽国において，庄内藩と奥羽鎮撫副総督の命令で出兵した南出羽諸藩の軍勢が最上川を挟んで対峙した．この図は庄内側の風説書に描かれたもので，正確さに欠けるものの，出羽国に飛び地を有していた館林藩（秋元家）の陣屋兵も鎮撫軍（新政府軍）として参戦していることがわかる．その後，奥羽越列藩同盟が結成されると，陣屋兵は同盟軍として北越戦争に参戦した（本文111頁参照）．

戊辰戦争の新視点

上 世界・政治

奈倉哲三・保谷 徹・箱石 大［編］

吉川弘文館

刊行にあたって

戊辰戦争は、一八六八年（慶応四年＝明治元年）正月三日に、京都南の鳥羽・伏見で戦争が勃発し、翌一八六九年（明治二年）五月十八日に五稜郭《ごりょうかく》が開城して箱館戦争が終結するまでのほぼ一年半、五一八日間にわたって展開された国内戦争である。

この戦争は、世界史のなかに、「日本近代」が創出されてくる一過程でもあった。これまでの学術的な研究では、戊辰戦争も「明治維新論」の一部として、中央政局とそれと対立する動向についての政治史研究か、権力規定論を中心になされてきた。また、戦争遂行過程そのものについては、一部の自治体史研究を除けば、大山柏《おおやまかしわ》による戦局研究のレベルで停滞していた（大山柏『補訂戊辰役戦史』上下、時事通信社、一九八八年）。そのため、欧米列強注視のもと、この内戦期の総過程を通じて京都新政府がみずからを全国権力となし得たにもかかわらず、内戦下での政治・社会・生活・思想のあらゆる分野での変化に対する、具体的な解明は不十分であった。新式の「施条銃砲《しじょうじゅうほう》」といった「近代兵器」をも駆使し、敵方を「賊」と規定して戦われたこの激烈な内戦が、社会と人間の深部に刻印した影響は計り知れないものがあったはずである。

本シリーズはこの点に着眼し、上巻を『世界・政治』として第Ⅰ部に「世界史のなかの戊辰戦争」、第Ⅱ部に「戦争と政治」を配置した。また下巻を『軍事・民衆』として第Ⅰ部に「戦争と軍隊」、第Ⅱ部に「戦争と民衆」を配置し、各巻九名計一八名が総力を結集して右の課題に迫った。なお年月の表記は、西暦年（元号年）和暦月日の順で表し、外国を中心とした事項では西暦年月日（元号和暦月日）で表した。

上巻I「世界史のなかの戊辰戦争」では、国際法や国際関係のなかでの論点を掘り下げるとともに、フランス・ロシア・ドイツ・アメリカ・イギリス各国の史料から、内戦と権力の変遷を諸国がどう見てどう関わろうとしたか、また国内両陣営はそれらにどう対応したか、を取り上げた。

保谷徹「国際法のなかの戊辰戦争」は、公使信任状の提出を基準に、新政府の国際承認がどのように進んだのかを論じ、また、条約国による国際監視下にあって内戦がどのような形態を取ることになるかを具体的に考察した。条約国が局外中立政策を採るなか、公使信任状の提出時期は各国によって大きく異なっていたこと、また、自国居留民の生命・財産の保護が内戦時の至上命題となり、開港地での戦闘には種々の条件がつけられたこと、さらに国際法上の交戦団体権に対抗し、条約国は領事裁判権を盾に自国民の保護を図ろうとしたこと、などを解明した。

寺本敬子「フランス・ジャーナリズムと戊辰戦争」は、フランスでは、幕末日本の政治体制がどう理解され、最幕末期の政治変動がどう報道され、フランス政府は戊辰戦争にどのように対応しようとしたか、について明らかにした。フランス国内での日本理解にはモンブランの著作が大きな影響力を持っていたこと、一八六七年パリ万国博における薩摩藩の取り扱い経験をふまえ、幕府中心の集権体制であるとの対日認識が、戊辰戦争を通じ、諸藩の「連邦国家」であると変化したこと、などを指摘した。また、フランス政府としては、メキシコでの失敗の教訓から、不介入政策を採ったことなども論じた。

麓慎一「ロシアから見た戊辰戦争」は、同時代のロシアにおいて戊辰戦争がどのように見られていたかを、ロシア史料を用いて論じている。ロシアでは、横浜で得たドイツの政治日刊紙をロシア語に翻訳して新聞に掲載し、戊辰戦争の経過を理解していたこと、また戦争後、一八七三年刊行の『祖国紀要』では、とくに戊辰戦争と明治維新に注目し、それまでヨーロッパ人が持っていた共通原理や原則を大きく逸脱した変革であったとして、フランス革命に類似する性格として論じていたこと、さらに、日本からアジア全体に変革が波及していく近代化の連鎖を見ていたこと、などを指摘した。

福岡万里子「ドイツ公使から見た戊辰戦争―蝦夷地と内戦の行方をめぐるブラントの思惑―」は、ドイツの文書館で発掘した新史料に基づき、北ドイツ連邦代理公使フォン・ブラントが会津・庄内両藩と接触し、蝦夷地《えぞち》に拠点を設けようとしていたことを明らかにした。ブラントから本国の宰相ビスマルク宛書翰には、会津・庄内両藩が平松武兵衛ことシュネルに委任状を渡し、武装兵力の提供や借款と引き換えに蝦夷地分領の租借提案を行ったと報告されていた。北ドイツ本国では、ブラントの一連の提案を了承する方向に向かったこと、などが解明された。

上巻Ⅱ「戦争と政治」では、戊辰戦争における内戦と政治との関わりの問題を、過渡的な政治秩序再編成から、奥羽越列藩同盟の性格、大奥の対応、キリスト教対策、内戦の歴史叙述にいたるまで、視野を広げ、掘り下げた。

箱石大「維新政府による旧幕藩領主の再編と戊辰戦争」は、戊辰戦争の勃発を契機に、維新政府が大名・旗本をどのように再編制したのかという問題を扱った。戊辰戦争期の維新政府は、徳川将軍家との封建的主従関係と幕藩制的な諸秩序を解体すると同時に、朝臣《ちょうしん》化した大名・旗本を新たに諸侯と中大夫《ちゅうたいふ》・下大夫《かたいふ》・上士《じょうし》とし、天皇との君臣関係の確立を強制していったが、こうした旧幕藩領主を再編した諸侯・大夫士の体制は戦時下の過渡的なものであり、戦争終結直後から急速に華族・士族の体制へと改変されていくことを指摘した。

栗原伸一郎「軍事同盟としての奥羽越列藩同盟―会津藩・庄内藩・小藩・飛び地―」は、同盟と一体化した会津藩・庄内藩と、飛び地・小藩の動向にも注目し、軍事同盟の側面から従来の列藩同盟論に再検討を加えた。軍事同盟化が地域全体を勢力下に置く必要性を生じさせ、非奥羽越諸藩の飛び地にも同盟参加が強制されたこと、小藩は自己防衛のため大藩との軍事的結束を強めたこと、などを明らかにしたうえで、奥羽越地域連合の結成と軍事行動は、政治目標達成の手段ではあっても目的ではなかったことを指摘した。

畑尚子「静寛院宮・天璋院の行動と江戸城大奥の消滅」は、静寛院宮《せいかんいんのみや》（和宮《かずのみや》）と天璋院《てんしょういん》二人の独自活動にとどまらない、幕府崩壊前後期における大奥全体の動向を取り上げた。幕末の参勤交代制緩和に伴う贈答儀礼の簡略化が奥女中の大幅削減につながり、大奥の組織的機能が弱体化したこと、そのなかで、鳥羽・伏見戦後は静寛院宮・天璋院ら、二人を中心とした行動が求められ、朝廷への徳川家存続の嘆願、江戸士民の暴発抑止、江戸開城後における徳川処分への働きかけがなされたことのほか、大名家へ嫁いだ将軍姫君の保護をおこなうなど、大奥が解体されるまでの活動が明らかにされた。

清水有子「戊辰戦争下のキリスト教政策」は、戊辰戦争下において政府がキリスト教徒に対して採った、当初の処刑を含む厳刑策が緩和策へと転換された理由を、国内外の史料から論じた。厳刑策は沢宣嘉《さわのぶよし》の上申を政府首脳が採用したためで、処刑しても条約にも国際法にも反しないとの判断があったこと、それが緩和策に転じた背景に、パークスの「友好的助言」があったことを解明した。対日貿易を維持したい英国政府は、日本が厳刑すれば国際的に孤立すると伝えるとともに、パークスは、脆弱な維新政府に諸国が公的に抗議すれば逆効果となるとも考えていたこと、などを明らかにした。

松沢裕作「戊辰戦争の歴史叙述」は、戊辰戦争を経験した明治期の人々が、政府内外でどのような歴史叙述を残したのかという問題について、明治政府編纂の『復古記』と板垣退助らが叙述した戊辰戦史から考察した。前者には、記録管理に近い業務の成果物であるために、政府編纂物であっても「勝者による編纂」という面だけではない要素も含まれ、後者には、戊辰戦争における板垣の軍功を強調することで、自由民権運動が板垣の戊辰戦争体験を源としていたとする歴史観が貫かれているとし、政府・非政府の対立軸は内乱時の勝者と敗者の歴史編纂には必ずしも一致しない点に注意すべき、としている。

以上、本巻では、すでに居留地を持つ列強諸国にとっては、権力抗争の坩堝《るつぼ》と化した、この日本における内戦に対し、たんなる「関心」以上に、非軍事的な諸力も働かせざるを得なくなったこと、一方、国内の新政府と旧幕府諸勢力もまた、その国際的状況のなかでの判断も必須のものとなったことを諸方面から解明した。また、そのような状況のもとでの新たな政治秩序の創出をはじめとして、今まで戊辰戦争論のなかでは目の行き届かなかった諸分野についても、多少なりとも照射することができたとひそかに自負している。もちろん、この方面での、なお残る課題も多々ある。戊辰戦争に関心ある多くの読者の方々から、建設的・論争的ご批判を賜りたい。

二〇一八年一月

奈倉哲三
保谷徹
箱石大

目次

Ⅱ　戦争と政治

I　世界史のなかの戊辰戦争

国際法のなかの戊辰戦争

保谷　徹

国際承認・局外中立・戦争監視

戊辰戦争は、それまでの国内戦争とは異なり、欧米の条約締結国の存在と本格的な監視のもとで争われることになった。欧米諸国と締結した条約と国際法の遵守は、どの勢力であれ、国際的な承認を得るために必要な条件となった。条約諸国が局外中立を宣言したもとで、新旧政府の国際承認はどのように取り扱われたのか、局外中立の運用、あるいは国際法に従った戦争遂行の手順とはどのようなものだったのか、国際法のなかの戊辰戦争を整理してみたい。

一　局外中立と新政府の国際承認

内戦勃発と条約諸国

条約諸国のうち、対日外交において中心的役割を果たしたのは英国であった。まず、英国の幕府認識をあげておきたい。一八六五年（慶応元年）七月三日（西暦八月二十三日）、駐日公使パークスに対するラッセル外相の訓令である（TNA＝The National Archives〈イギリス国立文書館〉, FO46/52, No.10, Russell to Parkes, 1865.8.23）。

エルジン卿が日本に来た時には、この国のデ・ファクト（de facto）の主権者として大君（Tycoon）を見出した。……（ほどなく）大君よりもなお上位の権力が発見された。この侯（大君）が振るう権力はミカド（Mikado）と呼ばれた精神的皇帝から委任されており、ただ大君が服従を強要する手段を持つあいだ従っていたより高位の大封建領主たちの存在が明らかになった。

エルジン卿によって日英修好通商条約が締結されたが、その相手となった大君（将軍）が完全なる国家主権を掌握しておらず、ミカド（天皇）という君主と半独立の大名領主たちの存在が明らかになった。大君は「デ・ファクト（事実上の）」の主権者にすぎなかったというわけである。

一八六七年（慶応三年）十月の大政奉還は、かかる国制上の問題点を止揚し、諸大名の合議制度の上に、ミカドを頂点とする新政府を成立させたかにみえた。徳川慶喜《とくがわよしのぶ》は、大政奉還によって「海外に対して永久の交わり」を保つのだと諸外国へ通知し、この動きを最も好意的にとらえたのは、英国公使パークスであった。パークスは、将軍に代わってミカドが主権者となったことを重視し、十一月三日、ミカド宛に書き換えた公使信任状の送付を本国へ要請して、以下のように述べている（TNA, FO46/82, No.197, Parkes to Stanley, 1867.11.28）。

女王陛下からミカドに対する信任状をただちに私へ支給されることの妥当性を閣下へ具申いたします。ミカドはこの国の主権者としてデ・ファクトであり、同じくデ・ユーレ（de jure）であることは、今や疑問の余地がないものと私は考えます。

公使信任状（credential）は、一国の元首から相手国の元首に対し、外交使節の身分を証明するために送られた国書であり、外交上の基本文書であった。パークスは元首の交代を認め、新しい主権者に対する信任状の書換えを要請したわけである。デ・ユーレとは、法律上完全なることを指し、前政府の結んだ条約上の義務を遵守する意思を持つだけでなく、国際法遵守の意思が満たされて初めてデ・ユーレの承認（法律上・外交上の承認）が与えられたという（広

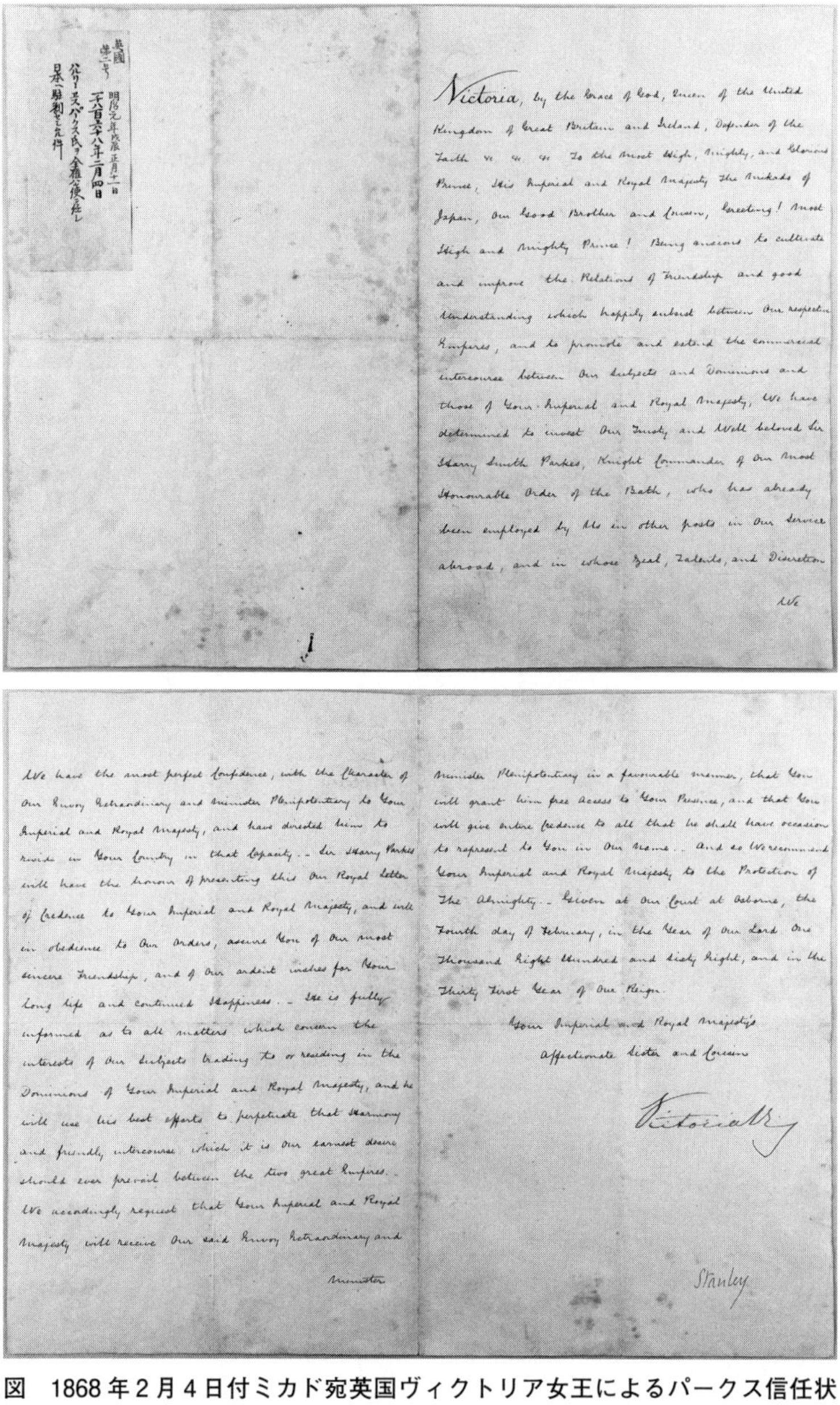

英國
第二号
明治元年戊辰正月十一日
一千八百六十八年二月四日
パルリー、エス、パークス氏ヲ全権公使ニ任シ
日本ニ駐剳セシムル件

Victoria, by the Grace of God, Queen of the United Kingdom of Great Britain and Ireland, Defender of the Faith &c &c &c To the Most High, Mighty, and Glorious Prince, His Imperial and Royal Majesty The Mikado of Japan, Our Good Brother and Cousin, Greeting! Most High and Mighty Prince! Being anxious to cultivate and improve the Relations of Friendship and good Understanding which happily subsist between Our respective Empires, and to promote and extend the commercial intercourse between Our Subjects and Dominions and those of Your Imperial and Royal Majesty, We have determined to invest Our Trusty and Well beloved Sir Harry Smith Parkes, Knight Commander of Our Most Honourable Order of the Bath, who has already been employed by Us in other posts in Our Service abroad, and in whose Zeal, Talents, and Discretion

We

We have the most perfect Confidence, with the Character of Our Envoy Extraordinary and Minister Plenipotentiary to Your Imperial and Royal Majesty, and have directed him to reside in Your Country in that Capacity. — Sir Harry Parkes will have the honour of presenting this Our Royal Letter of Credence to Your Imperial and Royal Majesty, and will in obedience to Our Orders, assure You of Our most sincere Friendship, and of Our ardent wishes for Your Long life and continued Happiness. — He is fully informed as to all matters which concern the interests of Our Subjects trading to or residing in the Dominions of Your Imperial and Royal Majesty, and he will use his best efforts to perpetuate that Harmony and friendly intercourse which it is Our earnest desire should ever prevail between the two great Empires. — We accordingly request that Your Imperial and Royal Majesty will receive Our said Envoy Extraordinary and

Minister

Minister Plenipotentiary in a favourable manner, that You will grant him free Access to Your Presence, and that You will give entire Credence to all that he shall have occasion to represent to You in Our Name. — And so We recommend Your Imperial and Royal Majesty to the Protection of The Almighty. — Given at Our Court at Osborne, the Fourth day of February, in the Year of Our Lord One Thousand Eight Hundred and Sixty Eight, and in the Thirty First Year of Our Reign.

Your Imperial and Royal Majesty's
Affectionate Sister and Cousin

Victoria R.

Stanley

図　1868年2月4日付ミカド宛英国ヴィクトリア女王によるパークス信任状
（外務省外交史料館蔵）署名はVictoria R.（R.はRegina女王）．外相スタンレーの副署がある．

瀬善男―二〇〇五）。

パークスの報告を受けた英本国（スタンレー外相）では、この要請を承認し、早速新たな信任状を日本へ送付した。通常は写しを提出する全権委任状とは異なり、信任状は直接に相手国元首へ奉呈される慣行であった。ところがその後、王政復古クーデタや内戦の勃発により、この信任状がただちに提出されることはなかった。また、他の諸国は英国よりもさらに慎重な姿勢を保ち、情勢の変化をうかがっていた。

王政復古クーデタ後も、徳川慶喜は外交権掌握を宣言し、翌一八六八年（慶応四年＝明治元年）正月三日からはじまる鳥羽・伏見戦争では、薩摩追討を諸外国に表明した。内戦勃発である。しかし正月六日になると、「官軍少しく不利」、「貴国方にても貴国の御旗章御守護の方略これ有りたく」とする書翰が幕府から諸外国へ出され、事実上、上方の居留地防衛を放棄する旨が通告された。その後慶喜が江戸へ退いたことによって、新政府は比較的早い段階で西日本を掌握することになった。

旧幕側では、江戸へ逃げ帰った慶喜が、武備恭順から絶対恭順へ転じるなかで、全国政権の役割から一大名権力へと役割を後退させていく。では、一方の新政府に対する国家承認はどのように獲得されていったのだろうか。

新政府による条約継承

十九世紀後半以降、新しい国家や政府が成立した場合、以前の国家・政府が負担してきた条約上の義務や国際法上の義務を遵守する意思を持つことは、その国家なり政権なりを国際的に承認するための要件となった（広瀬善男―二〇〇五）。

王政復古クーデタ直後に大久保《おおくぼ》利通《としみち》が起草した詔書案には、「朕は大日本天皇にして同盟列侯の主たり」とされ、「条約は大君の名を以って結ぶといえども、以後朕が名に換うべし」と、将軍の名に代えて天皇の名で条約を継承することが明記された。この文言はそのままでは採用されなかったが、すでに朝議は一変して諸外国との「和親論」を採用し、「公卿これを聴き、皆大いに驚く」という有様だったという（『岩倉公実記』）。

新政府はそれまで朝廷内にくすぶっていた攘夷主義を押さえつけ、幕府が結んだ条約の継承を宣言しようとしてまで、諸外国に対して政権としての承認を求める必要があった。幕末日本が締結した諸条約の誠実な履行を宣言することは、後継政権の正当性やひいては日本が主権国家として国際的に承認されるための必要条件だったのである。内戦が始まると、条約体制の継承はとりもなおさず、戊辰戦争を勝ち抜くために必要な手段となった。

新政府が承認すべき政権たりえるかどうかを判断するにあたり、鳥羽・伏見の戦いから数日後、正月十一日に勃発した神戸事件は、新政府に対する試金石となった。岡山藩兵が兵庫居留地で外国人へ発砲し、外国側がただちに港内の日本船を拿捕し、一帯を占拠した事件である。

正月十五日、勅使東久世《ひがしくぜ》通禧《みちとみ》らが、新政府としてはじめて六ヵ国公使と応接した。事件の早期解決を誓い、列強の要求に応じて「朝議の上断然和親条約取り結ばせ候」と、外国和親の布告を発布したのである。ここでは、「外国交際の儀は宇内の公法を以って取り扱いこれ有るべく候」と、国際法に基づく外交を行うことが宣言されていた。

この神戸事件は、岡山藩主が従わなければ「御征討」もありうると新政府から強く迫り、現場の指揮官を切腹させるなど、外国側の処罰要求に応えるかたちで決着した。その後、相次いだ堺事件、パークス襲撃事件などでも迅速な犯人処罰を行い、新政府は条約諸国の信頼を得ることに腐心している。

この間、条約諸国の海軍は日本海域に戦力を集中させていた。英国の中国艦隊司令長官ケッペル中将は、二月三日（西暦二月二十五日）、本国海軍省へ次のように報告している（TNA, ADM1/6052, No.75, Keppel to ADM, 1868.2.25）。

> 長崎、兵庫と大坂の町は現在薩摩侯と長州侯の支配下にある。……大君に対抗する党派は、大君に唯一残された港、すなわち横浜と江戸、箱館の引き渡しを求めている。彼らは江戸進撃によってこれを強要するつもりである。……おそらく、数週間のうちに横浜と江戸は闘争の中心になり、外国の利益に深刻な影響を与えざるを得ない。

……われわれの方針は明白な中立策だが、同時に相争う双方へ、（外国人に対する）傷害や暴虐行為への責任は取らせなければならない。

政変と内乱の最中にあって、列強海軍としては、外国人の生命・財産に侵害が及べば、ただちに介入する準備を整えていたわけである。

新政府の対応は旧幕時代に比べても迅速かつ徹底していた。二月十七日、外国和親の諭告が発せられ、さらに三月十五日、五榜の掲示（第四札）により、外国交際は朝廷が直接に取り扱い、「万国の公法を以って条約御履行在らせられ候」と布告した。同時に、外国人に対する傷害事件は、士籍を剝奪して重科に問うことまで宣言したのである。

局外中立策

一八六六年（慶応二年）、薩長の連携が明らかとなり、日本国内での政治闘争が激化すると、英国の外相クラレンドンは「英国政府は政治的影響力を追い求めるのではなく、単に日本との貿易の発展を望んでいる。……どのような国内抗争についても英国政府の政策は中立維持であり、同時に、どの地域だろうが優勢なすべての党派に、政府との条約事項の厳守、英国臣民とその財産への保護と便宜を求める」とする訓令を駐日公使パークスに送った（TNA. FO262/105, No.60, Clarendon to Parkes, 1866.4.9）。英国は日本の国内紛争に介入せず、自由貿易の擁護と条約の厳守、英国臣民の生命および財産の保護のみを要求するというのである。

実際に内戦が開始されると、条約国が一方に味方し、その艦船が一方の兵員や軍需品の輸送に携わったりしないように、旧幕も新政府側も条約諸国を牽制することになる。直接的な加勢はないまでも、蒸気船による物資・兵力の海上輸送が最も恐れられた事態であった。

条約諸国は一八六八年（慶応四年＝明治元年）正月二十五日、局外中立の布告を発した。居留地がある長崎、兵庫がいち早く新政府の支配下に置かれ、どちらに味方しても、一方の支配下にある外国人居留地を危険にさらすことになるため、日本を内戦状態と規定し、旧幕府と新政府に平等な国際法上の交戦団体権を認めたのである。

十九世紀後半以降、国際法として確立する中立国の義務には、まず戦争遂行に関する直接・間接の援助を与えない回避義務、さらに領土・領海の利用を防止すべき防止義務、この二つを内容とする「公平義務」があり、一方で、中立国民に与える不利益を一定範囲で黙認すべき「黙認義務」があった。後者では、中立国国民と交戦国（団体）との間の通商は原則として自由だが、以下の事項については自国民に加えられる不利益を黙認しなければならないとされたのである。

①戦時禁制品：交戦国へ供給した際に、他方の交戦国がこれを海上で捕獲できる。

②封鎖：交戦国が封鎖線をはり、船舶や貨物を捕獲し処分できる。

③非中立的役務の海上防止：軍事的援助を行う船舶は没収でき、敵国商船として扱われる。

④敵国領土内の私有財産の破壊・押収：戦争の必要に応じて可能とされる。

この際、自国民の通商に対して中立国は干渉する義務をまったく負わない、単に交戦国による強制力の発動を黙認することを義務づけられるにすぎないのである。局外中立を宣言したからといえ、そもそも私人である自国商人に対し、一般国際法に基づき自由な武器販売等を禁止する義務はない（石本泰雄―一九五八）。国際法に基づく国家の規制力を過大に評価することはできないのである。

局外中立下の諸国民の義務

自国民に対して国際法における局外中立を守らせるためには、国内法で規制をかける必要があった。

英国公使パークスの中立布告には、①交戦団体どちらかの軍籍に入ること、②どちらかの船あるいは雇用船（軍艦・輸送船）へ乗り組み、雇用され、あるいは仲介すること、③軍艦・輸送船の戦備・艤装を行うこと、④士官・兵員・書翰・兵器弾薬・兵糧を運送すること、⑤戦時禁制品を運送することが英国法規と国際公法に違反し、英国の保護と条約諸権利を喪失すると記された。このときパークスは、中立条項を自国民に守らせるため、外国募兵条令という国内法の適用を示唆して中立厳守を布告した。

一方、何らかの形で中立を侵犯し、自国船が拿捕されたり、自国民が逮捕されたりした場合には、よほど残虐なものであれば例外とされたが、基本的に相手方の制裁行為を黙認しなければならない。こうした事態に備え、パークスは自国領事に秘密裏に以下のように命じた（TNA, FO46/122, Circular, 1868.2.18）。

英国臣民がどちらかの交戦当事者の捕虜となってしまったら、貴下は自分の裁判権はこの違反に対して極めて厳しい罰則を科すことが可能であると捕獲者へ指摘すべきである。そうすれば、貴下に事件処理をさせておくべきだと彼ら（捕獲者）はそこで満足するだろう。

すなわち、中立侵犯者に対しては領事裁判によって厳罰を科すことができると主張し、さらに侵犯者の身柄引き渡しを要求すべきだと指示したのである。中国と日本における領事裁判に関する一八六五年の枢密院《すうみついん》勅令 Order in Councilには、条約違反に対する罰則規定が盛り込まれていた。パークスは、同勅令第八一項（大君政府への反乱もしくは戦争に参加・加担した者は、二年以下の禁固もしくは懲役、五〇〇〇ドル以下の罰金）があるが、これは「交戦当事者の一方にしか適用できない」と指摘している。大君政府に対して叛旗を翻す、つまり新政府側に加担して旧幕側に身柄を拘束された場合ということになる。したがってパークスは、第七一項（地方法廷が賦課しうる罰則範囲の規定）のもとで、侵犯者を引き渡せば「国外退去」の罰則となるだろうと訴えたほうが良いと示唆している。それでもなおその交戦団体がみずからの処断権を主張した際には、「貴下には囚人が人道的取り扱いを受けるべきだと要求する権利がある」と指示した。国際法を犯した自国民に対しても、領事裁判権を最大限に発動して事実上直接的に保護しようとする姿勢が注目される。

もっとも、国際法上で認められた交戦権の優位や中立侵犯者への処断の可能性をたとえ知っていたにせよ、外国商人や外国商船に対して日本側がおいそれと手出しできるはずもなかった。英国海軍のケッペル中将は、「兵力の集中は強力な精神的影響を与えており、我々の支持を得た側が勝利すると認識しているので、我々が中立を継続している間、我々の機嫌を取ることが双方の党派の利益となっている」（前掲、二月五日付ケッペル報告）と本国へ報告している。日本近海への海軍力の集中は、大きな圧力となって交戦者双方へ作用していたのである。

英国が布告した中立違反への罰則規定については、本国とのやりとりの中で、四月二十二日（西暦五月十四日）戦争参加と武装船引き渡しによる戦争支援のみに処罰対象を限定する勅令が出され、さきの布告内容は大幅に緩和されることになった。五月二十四日（西暦七月十三日）、パークスはさきの布告を撤廃し、あらためてこれに代えている。違反者は二年以下の禁固もしくは懲役、罰金五〇〇〇ドル以下と定められた（石井孝―一九六六）。また、仮に英国商船が中立侵犯によって拿捕された場合には、国際法に従って捕獲審検所を設け、領事同席のもとで審理するよう要求するものとした。結局、二月の指示を活かしつつ、それ以外の多くのケースは、中立を犯した商人の「自己責任」ともされたのである。

他の条約諸国もおおむね同様の中立布告を発令したが、実際の対応には温度差があった。最大の懸案事項は、幕府が米国へ発注し、政府間調達品として回航されてきた軍艦ストーンウォール号の処遇だった。局外中立によって交戦団体双方への軍艦引き渡しが行えず、米国国務長官シュワードも、他の西欧諸国と協調の上、国際承認を得た日本政府当局へ引き渡すよう命じたのである。

開港地の武器・弾薬取引

パークスの布告をみても、基本的に戦時禁制品の輸送を禁じる記述はあるものの、そもそも商売を禁じる文言はない。開港地における日本政府との武器・軍需品取引はきわめて有望な貿易項目だったのである。パークスは、「平等な交戦団体権の承認は、外国人に対し、この国があまりに活発な領域を提供している武器取引を幾分か妨げる不都合を伴うかもしれない」と本国へ報告するとともに、「われわれに中立がもたらす両交戦団体からの保護や条約の誠実な履行の権利は、この不都合さを補って余りある」と指摘した（TNA, FO46/122, No.40, Parkes to Stanley, 1868.2.25）。

いずれにせよ、日本での内戦は死の商人たちにとっては絶好のビジネスチャンスであり、大量の武器弾薬が開港地で取引されることになった。一八六八年に横浜から輸入された小銃は一〇万六〇三六挺、長崎でも三万六五一四挺であった。新政府の下にあった横浜・兵庫（および大坂）・長崎で輸入された銃砲・軍需品は総額二七二万九九五一ドルである（石井孝―一九六六）。箱館でも五万ドル余の取引があったという。たたかう側にとっては、武器弾薬の補給のために開港地を確保することの重要性がますます高まった。戊辰戦争は、開港地の支配をめぐって順次展開していくことになる。

なかでも焦点になったのは、三月九日（西暦四月一日）に開港が予定されていた新潟であった。新潟では、旧幕の新潟奉行所が引き払った後、列藩同盟四藩（会津・庄内・仙台・米沢）による新潟会議所が設置され、この管理下に事実上開港することになる。

新政府側が、新潟港での武器・弾薬供給を条約国が取り締るべきだと抗議したところ、サトウは次のように指摘したという。

それは間違いだ、公使たちは局外中立を宣言しただけで、実施については無関係である、もし日本の当局が武器弾薬の取引を止めさせたいなら、外国代表に新潟港の閉鎖を通告し、軍艦を同港に碇泊させて陸上との交通を遮断すればよい（サトウ著・坂田精一訳『一外交官の見た明治維新』岩波文庫、一九六〇年）

英国としては自国民に対して新潟の開港延期を伝えることで義務を果たした。「叛徒」が支配する開港地を自己責任で訪れる外国船は、新政府側がみずから港湾封鎖や海上での臨検により、実力で規制するしかなかった。これは交戦する側の権利であったが、実際に行われたならば、中立侵犯をめぐる紛議が生じ、これは条約諸国にとって恐れていた事態であったはずだ。

天皇謁見と新たな条約締結

もう一度、新政府に対する国際承認の問題に戻ろう。旧幕府が中央政権としての立場を放棄したことが明確になると、代わって新政府への接近が図られていく。新政権の長たる天皇への謁見は、国際承認の第一歩であった。二月三十日、仏・蘭公使がまず拝謁した。次いで、襲撃事件によって二日遅れの三月三日、英国公使パークスがはじめて参内する。

四月十一日の江戸開城によって政権交代を確認したパークスは、閏四月一日（西暦五月二十二日）、大坂・東本願寺で公使信任状を明治天皇に提出した。大坂沖には旗艦ロドニー号をはじめ、パークスの要請により英海軍の艦隊六艦が集結し、司令長官ケッペル中将と護衛兵一六〇名がパークスに付き添った。翌二日には、英艦上に山階宮《やましなのみや》晃《あきら》親王らを招き、英国女王誕生日を祝ってみせ、英艦隊の圧力を誇示することになる（ADM1/6052, No.194, Keppel to ADM, 1868.5.24.）。大名権力の一部が反抗を続けるうちは局外中立が維持されていくが、英国はこの段階で新政府を正当政府としていち早く承認し、北関東から東北へ戦乱が展開する中で列藩同盟は叛徒の取り扱いとなった。

新たな条約締結の受け皿となることも、国際承認のためには重要な要件であった。三月六日、オランダの仲介でスウェーデン＝ノルウェー王国から条約締結の要請が届く。六月二十三日、条約締結を求めてスペインの使節が来日した。九月には、北ドイツ公使フォン・ブラントが北ドイツ連邦との新規条約締結について連邦主席ヴィルヘルム一世の全権委任状を提示し、その数日後にはオーストリア＝ハンガリー帝国の条約談判使節の来航予定が告げられた（来日は翌年）。まさにペリー来航以来のラッシュ状況であり、スウェーデン＝ノルウェーとは九月二十七日、スペインとは翌二十八日、北ドイツ連邦は一八六九年（明治二年）一月十日、オーストリア＝ハンガリーとは同九月十四日（西暦十月十八日）に修好通商条約を締結するのである。

公使信任状の提出

いずれにせよ、相手国元首宛の公使信任状の提出は、外交上の承認にとって最も大事なメルクマールであった。最後に英国以外の公使信任状の提出状況について確認しておこう。

フランスのロッシュ公使は、一貫して新政府に不信感を持ち続けた。

ミカド政府が諸外国との同盟と修好の道に於いて前進しようとしている熱意は確かですが、閣下宛の以前の公信でお知らせした不信感の保留や動機を撤回することは全くありません。（ADF＝Archives Diplomatiques de France〈フランス外交文書館〉, CPJ, No.109, Roches à Moustier 1868.4.1）

結局ロッシュは帰国を命じられ、代わってウートレが全権公使に任命された。来日したウートレは、一八六八年三月二十八日（慶応四年三月五日）付でミカド宛に書かれたナポレオン三世の信任状を持参していた。ところが、このウートレも、諸外国との修好に対する新政府の態度に満足できず、信任状の提出を保留することになる。ウートレは、「フランス海軍勢力の集中」による「大示威行動」を採り、中国艦隊の旗艦ベリリーズ号をはじめ八艦を日本海域に集めさせた（ADF, CPJ, No.9, 1868.8.12）。本国のムスチエ外相もこの判断を支持し、秋になっても新政府と一定の距離を置く姿勢が続いている。結局ウートレ公使は、一八六八年（明治元年）十一月二十二日（一八六九年一月四日）、東北戦争が終結したことによって、ようやく信任状を提出する。足元を固めつつあった新政府を追認したのである。オランダのポルスブルック公使も同じ日に、国王ウィレム三世による公使信任状を提出した。こちらは一八六八年七月十八日（慶応四年五月二十九日）付であった。新潟開港を強く主張したイタリア公使も、この同日、かねて持参していた国王ヴィクトル・エマヌエルによる公使信任状を差し出した。

六月十六日付で、ポルトガルのマカオ総督（駐日公使兼任）から信任状奉呈の書翰が届くが、なんと旧幕の外国事務総裁小笠原長行《おがさわらながみち》に宛てられていた。新政府は同国領事ルーレイロからの書翰回達をうけ、八月九日、「我が国政体の変革、閣下御存知これ無く」云々と返事を送っている（『大日本外交文書』）。

一方、プロイセン代理公使ブラントは、一八六八年七月一日、北ドイツ連邦の公使となったことを報知する宰相代理デルブルックの書翰を新政府へ提出した。連邦主席（プロイセン国王）の書翰でなかったことは、デ・ファクトの政権に対する一つ下の取り扱いであるとも考えられる。ブラントは内戦の長期化を予想しており、列藩同盟との取引によって蝦夷地に海軍根拠地を得ようとしていたことが本書福岡論文でも明らかになっている。したたかな外交ぶりといえるのかもしれない。ドイツ皇帝によるミカド宛の信任状提出は、ドイツ帝国成立後の一八七二年（明治五年）二月になる。

また、米国による承認も大きく遅れた。米国公使ヴァルケンバーグは、ミカド政府を復古的な政権と考え、排外主義に傾くのではないかと疑っていた。彼は日本の事態を、大名権力が南北に分かれた内戦ととらえ、列藩同盟が入道公現親王《こうげん》（輪王寺宮《りんのうじのみや》）を立てたとの情報に接し、「一人の大君に代わり、今の日本には二人のミカドがいる」と本国へ書き送った（NARA＝National Archives & Records Administration〈アメリカ国立文書館〉, No.85, Valkenburgh to Seward, 1868.8.20）。国務長官シュワードも、「日本の革命は、新しく興味深い段階に達した」と駐日公使の報告を了承している（NARA, RG58, Seward to Valkenburgh, 1868.10.5）。米国も日本の内戦が長引くものと予想していたのである。

しかし、東北戦争が終結した一八六八年（明治元年）十一月八日（西暦十二月二十一日）、仏・蘭等の信任状提出の動きを知ったヴァルケンバーグは、「ミカドは今や日本政府の長であり、平和が回復した」と本国へ報告し、ミカド宛の公使信任状を送付するよう依頼した。ただし、「ミカドが本当にデ・ファクトの日本政府の長となったことに確信が持て、同僚たちと協調してかかる経過が正当に保証されるとみなされるまで、この提出を希望することはない」と留保をつけ、国務長官もこれを承認した。この信任状は、米国における政権交代に伴い、任期切れ直前の一八六九年三月三日（明治二年一月二十一日）付で日本へ送致された。これは結局公使任期中に提出されることはなく、後任のデ・ロング公使到着時に、デ・ロングの信任状とともにヴァルケンバーグの離任状のみ提出することになった。一八六九年（明治二年）十月十八日（西暦十一月十一日）のことであった。

二　列強監視下の戊辰戦争

内戦と居留地防衛

一八六八年（慶応四年＝明治元年）三月十三日、東海道先鋒総督参謀木梨精一郎《きなしせいいちろう》は英国公使パークスと会見し、江戸城攻撃計画に対して厳しい見解を突き付けられた。パークスは、恭順している者に対する一方的攻撃を批判し、戦争を行うというのであれば諸外国の領事に対して政府から予告し、「居留地警衛といふ兵が出なければならぬ、其手続が出来た以上に戦争を始むるべき道理」であり、これがない以上、日本は「無政府の国」だと厳しく非難したという（『史談速記録』六八）。

一般国際法によれば、内乱で損害を受けた外国人に対し、内乱国に賠償責任はないとされる（無責任主義）。双方が交戦団体に認定されている場合、一方の交戦団体下での損害を他方が賠償する責任もなかった。しかし、内乱国が外国人の安全確保義務に欠くことがあった場合は例外となる。また、外国人に対して有害な防御手段を講じた場合、たとえば敵に知られるのを恐れ、封鎖や閉鎖を外国人に告知しなかった場合なども責任が生じるという（立作太郎―一九一二）。

横浜居留地は当時条約諸国の軍隊によって防衛され、事実上その管理下にあった。パークスは、新政府による居留地の安全確保とともに、攻撃計画の事前予告を要求して江戸攻撃計画を牽制したのである。

横浜居留地の次に問題になったのは箱館居留地である。

徳川脱走軍の取り扱い

榎本武揚《えのもとたけあき》が徳川艦隊を率いて箱館へ向かったことがわかると、条約諸国の代表はただちに会議を開き、箱館への軍艦派遣などを取り決めた。ただし脱走軍への対応については意見が分かれた。英仏両公使は、①徳川脱走家来は交戦団体としての条件を満たしておらず、したがって箱館を封鎖する権利はないこと、②しかしながら内戦に関与することのないように、自国商船が箱館で兵員および軍事物資の陸揚げを行わないようにすること、③箱館に対する攻撃があった場合に派遣海軍は抵抗（交戦）しないこと、④箱館が脱走家来の手に落ちた場合には居留民の安全を確保するための接触のみ許されること、などを取り決めた（石井孝―一九六六）。箱館へは英仏米の軍艦が派遣され常駐するようになる。

十月二十日、鷲ノ木に到着した脱走軍は、「徳川脱走家来（Les Kerais exilés de Tokughava）」と称して各国代表へ仏文の声明書を送付し、みずからを交戦団体として認めるよう諸国へ要請した。新政府の箱館府退去後、箱館に上陸した脱走軍は、今までどおりの貿易体制を維持することを各国へ報知し、その支持を取り付けようとした。

十一月、箱館に派遣された英仏軍艦の両艦長は覚書を送付し、脱走軍を「デ・ファクト（事実上）の権力」と認め、厳正中立を遵守し、兵員や軍事物資の陸揚げを箱館で行わないことを規定した。これは交戦団体とは認めないとした英仏公使の指示からいくつかの点で逸脱しており、翌年早々、交戦団体としては認めず、臨検の権利もただ蝦夷地沿岸の領海三海里以内のみとし、公海上では認めないものに変更された。

十一月二十九日（一八六九年一月十一日）、英国海軍のケッペル中将は英国公使パークスへ書翰を送り、徳川脱走軍に対する基本姿勢や交戦団体権を主張された際の対応の範囲について問い合わせた。艦隊を「海賊」pirates として、武力制圧の対象として取り扱ってもいいかという質問だった（TNA, ADM1/6094, No.94, Keppel to ADM. 1869.1.15 Encl.1）。

これに対してパークスは、「脱走ケライ Exiled Kerais」は、徳川家の家来の一団でしかなく、ミカド政府との関係においても（脱走軍への）交戦団体権を与えるわけにいかないと指摘する一方、これが海賊なのか、反逆者、反乱者であるかの問題には立ち入らず、「わが権利の擁護や防衛に対し、思うにいつでも我々自身で手段を講じることに差し支えない」と述べた。「わが艦船やわが貿易に不利になるような交戦団体権の行使は認められない」というのがパークスの結論であった（同 Encl.2）。「不干渉」が大前提であったが、脱走軍側の出方によっては武力対応もありうるという姿勢である。

同時に、英国民に対しては叛徒たる脱走軍への関与が禁じられた。十二月三日（西暦一月十五日）、英国公使パークスは領事規則を公示し、箱館で兵員・武器・軍需品の輸送に携わったり、規定以上の日本人乗客（一〇トン当り一人以上）を載せたりすることを禁じた。違反者は三ヵ月以下の禁固もしくは懲役、五〇〇ドル以下の罰金などに処すものとしたのである。

十二月十四日、脱走軍は箱館の各国領事に対して、「全蝦夷島のデ・ファクトの領有」を宣言したが、英国公使パークスは、東北諸大名の降伏によって内戦は終結したと認識しており、幕府でも朝廷でも大名でもない武装集団が彼らの支持なく行動を起こしてもこれを容認しうるものではなかった。北ドイツ公使ブラントや米国公使ヴァルケンバーグらが中立解除に異論を唱えたが、結局彼らも折れざるをえなかったのである。十二月二十八日（西暦二月九日）、条約各国は局外中立の解除を布告した。ストーンウォール号も新政府に引き渡され、甲鉄艦と名を改めて箱館攻略に備えることになった。

箱館戦争と居留民保護

局外中立が解除されたことにより、新政府側には箱館居留地と居留民に対する保護義務が課せられることになった。一八六九年（明治二年）一月二十七日、新政府外国官准知事東久世通禧は、各国公使に対し、外国船を箱館へ回すのでこれに什器・財貨を載せ、指示があり次第、自国軍艦で避難するよう依頼した。新政府は青森に兵力を集結させ、春が来るのを待って蝦夷地への攻撃を準備していた。

三月二十七日、箱館府判事南貞助は、雇い入れた英国商船アルビオン号を箱館へ派遣し、各国領事に開戦予告と避難勧告を届けた。反逆者へ総攻撃をかけるので、それぞれ自国の居留民を軍艦上に回収し、送った蒸気輸送船で移動可能な財産もすべて搭載し、青森湾へ避難されたいというわけである。英仏両艦の司令は、①ミカド政府から攻撃開始が通告されたこと、②軍艦は箱館港から三海里（公海上）まで退去すること、③ただちに動産ともども避難すること、④警告を無視して残存する者は自己責任であることを告知した。

英国領事ユースデンの公務日記（TNA, FO262/169, Official Journal for May, June 1869）なども用い、この間の動きを確認してみよう。

英国領事館では居留民集会を開いて対応を検討した。四月六日午前五時半、青森から再びアルビオン号が入港する。新政府側は、箱館駐在領事へ「帝国陸海軍が反徒を攻撃し一掃するために進撃する」ことを予告し、二四時間以内に同政府がチャーターしたアルビオン号へ私財を載せ、領事と居留民は軍艦へ搭乗してしばらく箱館から退去するよう要請した。これが実行されない場合に、「戦闘によって被る一切の損害や損失の責任を負わないだろう」と宣告した。この通告は東京で東久世から公使へ伝達していることも伝えられている。さらに軍艦は箱館から三海里以上離れ、新政府の軍艦の行動に干渉しないよう警告した。

居留民の退去・残留

四月六日午前一〇時、英国領事ユースデンは、英国居留民を集めてこの通達を読み聞かせ、陸に残ることの危険性を説明した。なかには居残りを希望する居留民もあり、ユースデン自身も退避を渋るが、結局翌日一一時三〇分、表のように、ユースデンと居留民らは英国人三名（各国合計一九名）を残して箱館を去り、青森に向かったのである（TNA, FO262/169, No.62, Eusden to Parkes, 1869.5.21）。

脱走軍の側も外国人退去を見送るしかなく、桑名藩士の手記には以下のように記されている。

同六日、英国の商艦アラヒヲン〔船の名〕なり、奥州青森より官軍に意を受け来り曰く、かつて布告せし如く追討の為めに官軍此地に来る近きに在り、各国在函の者は今より西洋二四時の間に家具を尽く青森に運遷し、各其艦に乗じ函館を発し出ずべしと云う、総裁（榎本）より我軍戒を厳にし、かつ市中に示し立退き場を設けて遁去せしむ、同七日十二時、各国悉《ことごと》く函港を発す、市中を担を負い、臥牛山《がぎゅうざん》の服々に去り、一時大いに雑騰、忽《たちま》ち寂寥たり（東京大学史料編纂所蔵「桑名藩士石井勇次郎戊辰戦争見聞略記」）

外国人居留民の退去にあたっては、榎本側も立退き場を設定して整然たる退去に応じたというのである。ユースデンが搭乗した英艦パール号は、この日午後四時、青森湾の平舘付近に到着した。新政府がチャーターした英船アルビオン号に加え、仏艦コエトロゴン号、米艦アローストーク号が同行し、米国旗を掲げたターワン号、米船ヤンツェー号がしたがった。青森湾の平舘沖には新政府艦隊が待ち受けていた。翌四月八日午前九時、パール号らはさらに南下し、一〇時三〇分青森沖に到着、新政府艦隊は九日、蝦夷地松前方面へ出撃した。

ここで問題が発生した。米船ターワン号ことペイホー号が新政府側に拿捕される一方、新政府に雇われて兵員輸送にあたろうとしたヤンツェー号が、米艦アローストーク号により抑留されたのである。

表　箱館居留民の避難状況

青森沖「アルビオン Albion」船上　英1名
青森沖「パール Pearl」艦上　英8名・丁1名
青森沖「コエトロゴン Coetlogon」艦上　仏2名・露5名
青森沖「アローストーク Aroostook」艦上　米10名
青森沖「ターワン Tawan」艦上　米1名
青森沖「ヤンツェー Yangstze」船上　英1名
青森　英1名
岩内　英1名
箱館残留　英3名・仏3名・米3名・孛（独）5名・露5名
不在　英3名・丁1名
計54名（うち箱館残留19名，不在4名）
（内訳：英18名・仏5名・米14名・孛（独）5名・露10名・丁2名）

TNA, FO262/169, No.62, Eusden to Parkes, 1869.5.21

ペイホーは何回も名前と船籍を変更しているが、もともとは下関戦争に参加した米国商船ターキャン号である。その後売却され、大江丸として幕府艦となり、仙台藩に預けられていたが、最終的に榎本艦隊に参加した。その後箱館で仏人ファーブルに売られ、再度米人に転売されていた。新政府側はもともと幕府艦であるなら、新政府が継承し支配すべきものと考え、これを差し押さえたようだ。しかし転売されて米国籍になっている以上、米国旗を掲げた艦船を一方的に拿捕することは認められないと、米公使ヴァルケンバーグの猛抗議を受けることになる。ヴァルケンバーグは最後通牒も辞さず、即時解放を要求するとともに、のちに不当な抑留の賠償金を請求することになる（一八八〇年に総計六万五〇〇〇ドルで落着）。

一方、ヤンツェー号を差し止めたのは、米国領事ライスの指示であった。すでに局外中立も解除されており、領事が新政府に雇用された自国船を抑留する根拠も権限もありえない。結局ヤンツェー号は出航を許され、兵員を載せ九日に出て行った。その後も青森と蝦夷地とを往復して兵員輸送にあたるが、四月二十三日にも木古内《きこない》で再び米艦の臨検を受け、青森へ戻るか、拿捕されて横浜へ向かうかの選択を迫られている。これもライスの訓令に基づいたものとされ、同領事が新政府に対する加担を快く考えていなかったことは確かなようである。

さて話を青森の避難民に戻すと、居留民の財産を積んだアルビオン号は、当初そのまま青森湾の海上で財貨を保護するはずであったが、一日二五〇ドルのチャーター代を支払い、また輸送船も不足していたため、財貨は陸揚げして土蔵などで保管する代替案が出されていた。船は実際に兵員輸送に用いられているので、おそらくそうした手配が行われたはずである。青森には、新政府の補給船のほか、横浜から連絡のために外国艦がひっきりなしに出入りするようになった。

戦争の監視

箱館攻撃が近づくと、英仏米の軍艦は居留地に残った居留民保護のために、箱館の領海ぎりぎりまで出かけていくことになる。ユースデン領事を乗せたパール号は、四月二十三日、午前九時三〇分に青森を出航し、午後四時、木古内に到着、ここに新政府艦隊もいた。仏・米艦は箱館へ向かった。パール号は二十五日に一旦青森へ戻り、二十七日、再度箱館へ向かって大野沖で仏・米艦と合流、以後三海里の外で戦争の行方を監視することになる。三十日、コエトロゴン号は投降した仏国士官ブリュネらを乗せて横浜へ向かった。

五月十一日、箱館総攻撃が行われた。弁天台場や回天・蟠龍《ばんりゅう》らの一斉砲撃によって、新政府側の朝陽艦が轟沈、戦闘を見守っていた英艦パール号は同艦乗員の救助にあたっている。激しい攻防戦ののち、五月十六日、脱走軍は投降して戦争が終結した。

戦争が一段落すると、敵地における略奪（分捕り）がつきものだったが、英国領事ユースデンは新政府軍司令官に要求し、兵士らの外国人住居への立ち入りを禁じること、それぞれの外国人住居へ見張りを置くことなどを求めている（TNA, FO262/169, No.74, Eusden to Parkes, 1869.6.23）。それでもなお、フランスは、一部兵士による略奪や暴行があったことを訴えている。

ヘレンブラック号一件

最後に、叛徒側に加担した外国商船がどう取り扱われたのか、一つの事例を紹介しておこう。星旬太郎《ほしじゅんたろう》の額兵隊から分かれた仙台藩士二関源治《にのせきげんじ》らは、見国隊《みくにたい》を組織し、一八六九年（明治二年）三月、横浜で英船ヘレンブラック号を雇い入れて蝦夷地の脱走軍と合流することを計画した。

ヘレンブラック号は、総トン数三〇五トンの木造バーク型帆船であった。三月二十一日、同船は横浜を出航したが、その後、積み荷にライフル銃二三箱などの武器・弾薬が含まれ、箱館へ向かったことが明らかになった。ただちに神奈川県から青森出張の箱館府判事へこの揚陸を阻止するよう報知される（以下、『大日本外交文書』および外務省外交史料館蔵「英吉利国汽船ヘーレン・ブレッキ号陸前国石ノ巻港ニ於テ米穀密売一件」）。

四月十日頃か、金華山《きんかざん》沖江嶋に英船停泊中の知らせを受け、新政府の陽春丸が出動して沖合から砲撃を加えた。陸からは第三大隊が向かったため、英船は急ぎ帆を揚げ、途中で牽引していた和船を切り離して北方へ逃走した。この際、和船に乗り合わせた英国人ジョージ・クラークが捕縛された。同乗した隊士ら二名はその場で斬殺され、その生首を前に、クラークは自白を迫られたという。彼の口書によると、クラークはフランス商船の船長として雇われ、船がいる箱館へ向かおうと英船ヘレンブラック号に乗り合わせた。ところが同船は未開港地である石巻に立ち寄り、和船五艘に米を積み込み、合わせて四〇〇名の「賊兵」を乗せていた。この日、政府軍が接近したので和船三艘だけ曳いて急いで出帆したところ、途中で曳綱が切れ、拿捕されたのである。ヘレンブラック号は、兵員を箱館とは反対側の噴火湾側に上陸させる必要から、直接には箱館へ向かわなかったため、乗客であるクラークは箱館へ直行する和船の側に乗っていたのである。

実際ヘレンブラック号は、四月十四日、箱館の裏手にあたる東砂原に兵員、武器・弾薬を揚陸し、その後箱館へ回航している。一方、逮捕されたクラークの身柄は、仙台から陸路東京へ護送され、外国官を通じて英国領事館へ引き渡された。五月十八日、外国官知事伊達宗城《だてむねなり》は英国公使パークスへ書翰を送り、クラークを「賊徒に荷担と密商の疑念」で、ヘレンブラック号を「密商候一件」で告発した。二十三日付書翰では、後者は武器・弾薬と米を「賊徒」へ輸送した「密商」として処分するよう求めた。二十四日、横浜へ立ち戻ったヘレンブラック号が新政府によって拿捕され、米・大豆など積み荷を没収された（没収品は条約の最恵国待遇措置により、のちに補償措置が取られる）。この間英国側は、クラークの身柄をただちに引き渡さず、東京で留置したのは条約違反だと指摘し、一件に対しての証人を請求した。これに対して、現地で斬首してしまったので証人がいないと新政府側が回答する騒動もあり、軍務官は関係した士官を仙台から呼び寄せることになる。結局、証人調べの段階で政府側はクラークの無罪を認め（六月二十二日）、ヘレンブラック号の一件のみ、上海《シャンハイ》での英国上級審に懸かることになった。

上級審の判断

七月二十八日、英国の神奈川領事代理ラウダーは、外務大丞《たいじょう》らに書翰を送り、以下のように報知した（『大日本外交文書』）。

貴国政府より我が国へレンブラックと申す商船の船主、不開港において密商いたし候段仰出され候につき、昨二六日、支那及び日本上裁判所第一等裁判役（主席判事）より相糺し候ところ、右船主白状に及び候につき、其罪により過料として洋銀壱千枚差し出させ候

続いて八月二十五日、英国公使パークスは、沢宣嘉《さわのぶよし》外務卿に対し、ヘレンブラック号が未開港地で行った「密商」行為に対し、罰金一〇〇〇ドルを課し、これを日英修好通商条約第一九条にしたがって「初めて」日本側に支払うこと、これは「条約諸箇条とも実意に相守り行い候儀」であることを了察してほしいと書き送った。罰金一〇〇〇ドルの根拠は、日英条約に付属する貿易章程第二則、不開港地での密貿易に対する罰金（違反者は一〇〇〇ドル以下の罰金）である。この規定は、一八六五年の枢密院勅令第九二項（不開港地での非合法貿易に従事した者は二年以下の禁固もしくは懲役、一万ドル以下の罰金）によって英国の国内法として裏付けられていた。

ただしここでは、明確な証言によって確定した不開港地での「密商」行為のみが通商条約に違反するものと認定され、積み荷が一旦没収された一方で、叛徒に対する兵員や武器・弾薬の輸送という国際法および一月に出された領事規則への違反について、英国側が論及することはなかった。新政府側が十分な立証を行うことができなかったことは間違いないが、国際法の原則から考えれば、英国側があえてこれを立件し、自国民に罰則を科す義務もまたなかったわけである。一方で「無実」となったクラークには、この間の不当な拘留に対し、慰撫金三五〇ドルが新政府から支払われた。八月二十九日、この一連の処置を了承する書翰が沢外務卿から出されている。これがヘレンブラック一件の顛末であった。

＊　　　＊

内戦下の通商権と交戦権

以上、条約諸国とりわけ英国の動向を中心に、国際法下の戊辰戦争のあり方を諸外国の視点から眺めてきた。内戦のもとで、条約が規定する通商権と一般国際法を背景とした交戦権の相克が存在した。条約諸国は、局外中立政策を採るとともに、自国民の生命・財産の保護、通商権の維持を最大限図ろうとする。諸外国は内戦を監視し、国際法に基づく外国人保護を求める一方で、国際法に基づいた中立義務違反の自国民に対する処断権の行使を恐れなければならなかった。たとえ冒険的な商人の行為が「自己責任」にあたるとはいえ、仮に一般国際法における交戦権の優先を一〇〇パーセント認めてしまえば、クラークが恐怖したように、違反者は近世日本（半文明国）の過酷な戦場慣行に命をさらされる可能性もあった。中立侵犯に対する領事規則の発令は、一方では、罰則規定を設けて領事裁判権を主張することにより、日本の野蛮な法からの保護を図る措置とも考えられる。内戦のなかで居留民の保護と安全、通商体制の擁護がいかに図られようとしていたのか、さらに検討を深めていく必要があろう。

フランス・ジャーナリズムと戊辰戦争

寺本敬子

パリに届いた大政奉還の報せ

パリに滞在していた徳川昭武《とくがわあきたけ》のもとに日本から大政奉還を報じる御用状が届いたのは、一八六八年一月二十六日（慶応四年＝明治元年一月二日）のことであった。昭武の日記には「夕刻日本より悪き新聞有り」とある（「御日記」『徳川昭武幕末滞欧日記』）。このとき昭武に随行した渋沢栄一《しぶさわえいいち》の日記にはより詳しく「夕五時半、御国御用状着。御政態御変革之儀其外品々申来る」と記録されている（「巴里《パリ》御滞在館日記」『渋沢栄一滞仏日記』）。

徳川昭武は一八六七年パリ万国博覧会に参列するために幕府から将軍慶喜《よしのぶ》の名代《みょうだい》として派遣された人物である（須見裕—一九八四、宮地正人—一九九七、宮永孝—二〇〇〇）。一八五三年十月二十六日（嘉永六年九月二十四日）に水戸藩主徳川斉昭《なりあき》の一八男として生まれ、将軍慶喜の異母弟にあたる。慶喜は、昭武にパリ万国博への参列に加え、条約締結国への巡歴、フランスでの留学を命じていた。これには、各国の代表者が参列するパリ万国博に、将軍名代として昭武を派遣することで、幕府の権威を諸外国に示す外交上の切札にしようという考えがあったであろう。昭武には、全権使節として勘定奉行格外国奉行の向山一履《むこうやまかずふみ》、昭武傅役《ふやく》（教育係）として作事奉行格小姓頭取《こしょうとうどり》の山高信離《やまたかのぶあきら》、勘定格陸軍附調役として渋沢栄一らが随行した。

冒頭に挙げた大政奉還の報せが昭武のもとに届いたのは、まさにパリでの留学生活が本格化した矢先であった。ただし、この御用状が届く前に、昭武は日本の政情の異変を耳にしていたと推測される。実は、フランスの一般紙は一八六八年一月初めの時点で、「大君の権力放棄」とそれに伴う「政治革命」を報じていたのだ。

当時、フランスにおいて日本の動乱はどのように報じられたのだろうか。これまでイギリスやアメリカで発行された英字新聞は分析の対象とされてきたが、フランスについては限られている（金井圓―一九八六、国際ニュース事典出版委員会―一九八九、朝比奈美知子―二〇〇四）。本章では、フランスのメディアにおいて、日本の大政奉還から戊辰戦争にかけて、いかなる報道がなされていたかを見ていくこととしたい。第一に、大政奉還に先立つ時期に、フランスで日本の政治体制がどのように理解されていたのかを整理する。第二に大政奉還から王政復古、そして戊辰戦争についてフランスのメディアがいかなる報道を行ったかを論じる。これらを受け、第三にフランス政府の対応と、戊辰戦争についていかなる評価がなされたのかを明らかにしたい。

一　大政奉還以前――モンブランの「日本」論

フランスで刊行された『一九世紀ラルース大辞典』（一八七二年）の「日本」の項目には、「我々が日本について確実な情報を得るようになったのは、ようやく一八五四《〔ママ〕》年・一八五八年の通商条約が結ばれ、横浜に領事館が設置されて以来のことである。この時代よりも前に日本について書かれたものにはすべて、間違いあるいは推測しか見られない」と記されている。フランスは一八五五年に琉球王国との間に最初の通商条約となる琉仏条約を締結し、一八五八年には、米・蘭・露・英と並んで、日仏修好通商条約を締結した。これらの通商条約の締結を契機として、日本に関する情報がフランスで増大していくこととなる。

一八六〇年代にフランスで「日本」について論じた人物として、初代駐日フランス公使デュシェーヌ・ド・ベルクール、その後任のロッシュ、彼らの通訳を務めたメルメ＝カション らもいるが、本章で注目したいのは、フランスにおいて「日本」に関する著作をいくつも公刊していたシャルル・ド・モンブランである。モンブランが提示した「日本」観は、フランスにおける「日本」理解の方向性を定め、戊辰戦争時のフランス・メディアの論調を準備することとなるからである（鳴岩宗三―一九九七、宮永孝―二〇〇〇、寺本敬子―二〇一七）。

モンブランの二つの「日本」観

モンブランは、一八三三年五月十二日にパリで生まれ、フランスとベルギーの二国の貴族の爵位をもった。一八五八年にフランス政府から学術調査の使命を受けてフィリピンに派遣された際に初めて日本を訪れ、一八六二年には旅行者として二度目の来日を果たした。同年にフランスに帰国すると、モンブランは日本語の修得と日本の政治組織の研究に専心した。モンブランが著述活動を活発に行うようになるのは、一八六五年以降である。とりわけ一八六五年から六六年にかけて発表された二つの著作は、モンブランの日本の政治体制に対する見解とその変化を考えるうえできわめて重要である。

まず、最初の著作『日本』（一八六五年）は、日本の政治情勢と貿易関係を主題とし、自身の滞日経験も交えて、日本とヨーロッパの将来的な関係を考察するものである（Montblanc―1865、寺本敬子―二〇一七）。モンブランは日本の勢力を、天皇の周りに集結する諸大名と、改革精神をもち外国の力を認める大君、という二つの陣営に分類する。通商関係については、日本の「豊かな資源」、とりわけ鉱物（金、銀、銅等）、農産物（養蚕、茶等）、産業（磁器、漆器等）に注目し、日本との貿易の発展がフランスに大きな利益をもたらすことを強調した。このときモンブランは「大君との同盟のもとに、両国の利害は接近し、拡大する」と、フランスが幕府との関係を強化することで、経済的な利益を得ることができると主張した。

このモンブランの主張は、駐日フランス公使ロッシュが日本において展開した親幕政策の流れに沿うものとして位置づけることもできるだろう。一八六四年四月（元治元年三月）に駐日公使に着任したロッシュは、海軍工廠《こうしょう》の建設（横須賀製鉄所）、フランス軍事顧問団の招聘など、幕府が急務とする軍事力の増強を支援した。一八六五年六月（慶応元年閏五月）、幕府は外国奉行の柴田日向守剛中《しばたひゅうがのかみたけなか》をヨーロッパに派遣し、海軍工廠の建設に向けた機材の購入や軍事顧問団の派遣についてフランス政府に打診している。

しかし、六五年の十二月にパリの地理学協会（Société de Géographie）で開催された講演において、モンブランはその立場を大きく変えた。日本との貿易がヨーロッパの利益となることを強調する点は変わらないが、幕府から天皇を擁する勢力にその支持を転換させたのである。その内容は、公刊された『日本の現状に関する概観』（一八六六年一月）に見ることができる（Montblanc―1866、寺本敬子―二〇一七）。

モンブランによると、諸外国は「大君を日本の世上の皇帝（l'Empereur temporel du Japon）、天皇を霊的な皇帝（l'Empereur spirituel）」とみなしてきた。しかし、「大君のどの執政行為を取り上げてみても、諸外国に対して大君が保持しているように見せたがっている権威など、実は国内では所持していないことがわかる。こうした見せかけは、諸外国に対しても日本にとっても有害なものだ」として、諸外国に対して日本の主権者としてふるまう幕府の国内での権威が確たるものではないことを強調するようになるのである。

モンブランはさらに政治体制について「日本は、一つの政府を基盤とした帝国を形成しているのではない。天子あるいは帝を頂点に、大諸侯たちが集まる封建制の連邦なのである」とする。将軍は、天皇の委任を受けてその役割を代行してきたが、「大名たちは、大君をもはや帝の代行者とみなしていない」。こうして、将軍は天皇の特権的な代理人ではなく、日本という「連邦国家」の諸侯のうちの一つにすぎないとするのである。

モンブランは、さらに通商関係について、幕府が諸外国と条約を結ぶ特権を保持することで、利益を独占していると批判する。「最も勢力のある大名たちは皆、外国に対して好意的である。すべての有力大名が外国に対して好意的だというのに、大君は大名が条約の執行を邪魔しているのだと我々に思わせ、彼らを嫌悪させようとしている」とし、日本とヨーロッパの関係を妨害しているのは、幕府であると主張する。

　これ以降、一八六七年のパリ万国博においても、モンブランは一貫して、薩摩藩をはじめとする諸藩を支持する立場をとることとなった。このことは、のちに見るようにパリ万国博でみずからが日本の統治主体であることを示そうとした幕府の目的を挫折させるほどの大きな問題を引き起こすこととなった。そして、こうしたモンブランの活動により、フランスにおける「日本」理解が塗り替えられることになるのである。

一八六七年パリ万国博―薩摩藩とモンブラン

　モンブランが立場を大きく転換した一八六五年に日本では、一八六七年パリ万国博に向けた参加要請がロッシュによって行われていた。幕府が参加の意志を伝えたのは一八六五年八月二十二日付（慶応元年七月二日）の書簡においてであった。外国御用取扱を担当していた老中水野《みずの》和泉守《いずみのかみ》忠精《ただきよ》は「我国所産之物品可差出旨」と、正式にパリ万国博への参加の旨をロッシュに伝えた（『続通信全覧』）。当時の国内情勢に目を向けると、幕府は第二次長州征討をはじめ、国内における威信にほころびが見えるなか、ロッシュの説得に応じることで、パリ万国博への参加をフランスといっそう良好な関係を築く機会として重視し、国内外で幕府の権威を高めることを意図したと考えられる。後の将軍名代としての昭武の派遣もそのためのものといえよう。

　幕府は翌一八六六年（慶応二年）に、諸藩に向けてパリ万国博への出品を呼びかけ、薩摩藩から九月、佐賀藩から十二月に、出品表明を受けた。もちろん幕府は、日本からの全参加者は「我国旗章のもと」、すなわち幕府の統率のもとで展示を行うことを条件としていた（『徳川昭武滞欧記録』）。

　しかし、このパリ万国博において、薩摩藩は「琉球公国」の名を用いて独立国の体裁で別の出品区画を得ることになる。このことは、「日本」の政治体制に関わる重大な問題として、パリに到着した幕府使節と薩摩藩使節との騒動に発展することになるのだが、ここにはモンブランの深い関与があった。モンブランは、一八六五年にイギリスに派遣された薩摩藩の大目付新納《にいろ》久脩《ひさのぶ》を正使とする使節と接触し、薩摩藩とベルギーの合弁会社の設立を仲介するばかりでなく、一八六七年パリ万国博への薩摩藩の出品を準備する事務官長として薩摩藩を支援したのである。ところで、モンブランがこの万国博における展示形態をめぐって、フランスのメディアを駆使して行った活動は注目に値する。関連記事が掲載された『ラ・リベルテ（*La Liberté*）』紙と『ラ・フランス（*La France*）』紙に焦点を当てて、そのメディア戦略をみてみよう（鳴岩宗三―一九九七、宮永孝―二〇〇〇、寺本敬子―二〇一七）。

『ラ・リベルテ』

薩摩藩が博覧会場で独立国の体裁をとって展示区画を得ていたことは、フランス外務省や万国博を組織していた帝国委員会をも巻き込んだ騒動となった。四月二十一日には、幕府使節から外国奉行支配組頭の田辺太一《たなべたいち》が、薩摩藩の事務官長としてモンブランが出席し、日本の出品を統轄する事務官長レセップスと外務省員ドナの立ち会いのもと、議定書が締結された。ここで薩摩藩側は「琉球公国」として展示することは諦め、「日本」の旗のもとで展示することに同意したが、「薩摩太守政府」の名称で出品することを強調した。こうして日本の展示は、幕府が「大君政府」、薩摩が「薩摩太守政府」の名称で、日本国旗のもと各自別々に行うことが決まった。交渉にあたった田辺は、のちに「政府という字はそれ程重きを置かなかった」としてこれを承諾したと語っている（「幕末の外交」『維新史料編纂会講演速記録』）。だが、この決定は直後に重大な帰結をもたらすこととなった。

四月二十六日付の『ラ・リベルテ』紙は、「これは大君が日本皇帝ではなく、薩摩太守や他の大名〔Daïmio〕・国司〔Kokoushi〕たちと同様に、その領土においてのみ独立した君主であって、他の大名たちと対等であり、かつ〔他の大名より〕優るものではないことの否定できない証拠である」と報じたのである（*La Liberté*, le 26 avril 1867）。この『リベルテ』の記事は「A. REAL」という人物によって書かれている。これはモンブランに同行して、このあとに来日する貿易商レアル・デ・ペリエール（Réal des Perrières）であった可能性が高い。このことから、この記事はモンブランのもとで行われたフランスのメディアを活用した反幕活動の一つとして見ることができるだろう。

『ラ・フランス』

この「幕府と薩摩藩は同等」という見解は、フランスの他紙においても見られることになる。五月一日付の『ラ・フランス』紙は、「皇帝陛下の公式の日本語通訳官であるメルメ・ド〔ママ〕・カションの文書の抜粋」として、「今日まで我々が日本帝国と呼称してきたものは、実際には、世襲の君主たちによる大連邦であり、大君はその一員で、薩摩、長門、肥前、加賀などの太守ないし大君（この二つの言葉は同じ意味を持つ）と同等の資格を持つのである」と報じたのである（*La France*, le 1er mai 1867）。

メルメ＝カションは、フランス領事館において通訳として活躍した人物であるが、フランスにおいて昭武の教育係を担う予定であった。しかし、宣教師という宗教的性格ゆえに幕府使節に冷遇されたカションが、反撃とばかりにモンブランと同様の議論をメディアで展開したことが、こうした日本観を社会に普及させるうえで加勢となった。

こうして、モンブランのメディアを通じた喧伝活動にカションが加わることによって、日本の政治体制についての従来の認識に修正がもたらされ、逆に幕府の権威への懐疑がフランスで広がる結果となった。慶喜は、将軍名代として昭武を派遣し、パリ万国博を通じて幕府の国際的な威信を示そうとしていたが、この企図がほかならぬパリ万国博を舞台にして裏切られることになったのである。

こうしたフランスにおける薩摩藩使節の動向は、駐日公使ロッシュのもとにも伝わり、一八六七年五月十六日に将軍宛の書簡で、これらの誹謗記事に公式に反論するよう要望した。この要望を受け、外国奉行栗本《くりもと》安芸《あきの》守《かみ》鋤雲《じょうん》がパリの各国公使に将軍を主権者とする日本の政体について各国公使に説明する使命をおびて渡仏した。しかし栗本が到着してから間もなくのフランスでメディアによって報じられたのが、将軍慶喜の大政奉還であった。

二　日本の「革命」のはじまり

一八六七年十一月九日（慶応三年十月十四日）に慶喜の大政奉還がなされたが、これについてフランスはどのように見ていたのだろうか。ここでは、一般のフランスのジャーナリズムにおける報道の様子を追ってみよう。

フランスにおいて十九世紀は「ジャーナリズムの黄金時代」と呼ばれ、新聞・雑誌などのメディアが大きく発展した。連載小説、挿絵入り記事など、いくつもの特徴をあげることができるが、本章との関連では、とりわけ電信の発明により、外国の情報が早い段階で伝わることとなったことが重要である。十九世紀に発展した新聞・雑誌は、新たな公論の場となり、その対象は国内の問題のみならず、外国についても活発な議論が展開された。

本節が分析の対象とするのは、フランスの新聞『ジュルナル・デ・デバ（*Journal des Débats*）』（以下、『デバ』と表記する）である。フランス語で「デバ」は討論・論議を意味する。この新聞は、一七八九年のフランス革命期に創刊され、十九世紀フランスにおいて主要な新聞の一つであった。この新聞の特徴は、共同通信としての役割を果たした点にあり、国内の各紙記事のみならず、ロンドンやニューヨークなど諸外国の報道機関からの外電も掲載した。以下に、『デバ』が報じた当時の日本に関する記事を時系列的にたどり、その特徴をみていこう。

通商への懸念

冒頭で触れたように『デバ』が、日本の「革命」について報じたのは一八六八年一月六日が最初である。これは前日にロンドンで報じられた上海《シャンハイ》を発信元とする情報に基づくものであり、一面に掲載された。

――ロンドン、一月五日。上海からの情報は、〔一八六七年〕十二月七日付のものである。日本で政治革命が勃発

LUNDI 6 JANVIER 1868.

JOURNAL DES DÉBATS

POLITIQUES ET LITTÉRAIRES.

FRANCE.

PARIS, 5 JANVIER.

Londres, le 5 janvier.

Les avis de Shang-haï sont du 7 décembre.

Une révolution politique venait d'éclater au Japon. Le taïcoun avait résigné son pouvoir. On présumait que les relations du Japon avec les puissances étrangères ne seraient pas altérées par ce changement. Toutefois l'ouverture de nouveaux ports au commerce européen sera probablement ajournée. (*Service télégraphique Havas-Bullier.*)

図1 『ジュルナル・デ・デバ』1868年1月6日号（Source: BnF）

ロンドン，1月5日の記事を拡大

した。大君はその権力をすでに放棄した。日本と列強諸国の関係は、この変化によって損なわれることはないと思われた。しかしながら、ヨーロッパとの通商に向けた新たな開港はおそらく延期されるだろう。(*Journal des Débats*, le 6 janvier 1868)

続けて同月十四日の紙面には、ニューヨークと横浜から届いた二つの情報が併記されている。

――ニューヨーク、一月二日。〔中略〕十二月六日のサンフランシスコ経由で伝えられた日本の情報によれば、大君が辞任し、帝にその権力を奉還したことは確かである。江戸の開港は、四月一日に延期される。

――横浜、十二月六日。日本政府は現在大君の手中にあり大名会議の補佐を受けている。(*Journal des Débats*, le 14 janvier 1868)

このように、ニューヨークからの情報が将軍の辞任を報じたのに加え、将軍が依然として政治的権限を所有していることを伝えている横浜からの一ヵ月前の情報が並列されている。これは、まさに大政奉還をせざるをえなかった慶喜が新たに試みた幕府主導型の「公議結集」を伝えるものといえるであろう(宮地正人―二〇一二下)。

先に引いたロンドンで報じられた一月五日の記事は、上海を発信元とする情報であったが、日本(横浜)からの情報がフランスに直接もたらされたのは一月後半であった。一月十四日に続き、同月二十七日の記事には、マルセイユに届いた横浜からの情報が掲載されている。

――マルセイユ、一月二十六日。横浜、十一月二十三日。大君は、諸外国の政府との条約執行に対する周囲の反対に直面したことにより、職務を辞した。これは大きな動揺をもたらした。この辞任は、通商において危惧をもたらすものである。(*Journal des Débats*, le 27 janvier 1868)

以上のように、一月中には、大政奉還とそれに伴う政治変化といった日本の情報がおおよそヨーロッパに伝えられていた。なかでも注目すべきは、右に引いた記事にも言及されるように、この政治変化で欧米諸国が危機感を抱いたのは「開港」の問題をはじめ、日本との「通商」がどのようになるか、という点であったといえよう。

実際、パリ万国博への参加自体もそうであるが、この時期に日本は、諸外国との自由貿易を進める途上にあった。周知のように、一八五八年（安政五年）の修好通商条約は、孝明《こうめい》天皇から勅許を得られず、仮条約のまま調印された。幕府は、国内で高まる攘夷運動を背景に、朝廷から攘夷を迫られ、一八六三年（文久三年）に外交方針を開港から攘夷に転換した。しかし、一八六五年十一月四日（慶応元年九月十六日）に四ヵ国の連合艦隊の兵庫沖集結を受け、その圧力のもとで幕府は鎖港方針を撤廃し、一八六五年十一月二十二日（慶応元年十月五日）に天皇の条約勅許を獲得した（鵜飼政志―二〇〇二、保谷徹―二〇一〇、宮地正人―二〇一二上）。

こうして日本はヨーロッパの自由貿易体制に本格的に参入していくこととなる。幕府は下関戦争の賠償金問題をめぐって交渉を進めるなかで、一八六六年六月（慶応二年五月）に四ヵ国の駐日代表者と「改税約書十二箇条及運上目録」を調印した。その内容は、修好通商条約における自由貿易の原則をいっそう徹底し、関税の引き下げだけでなく、すべての日本人の対外貿易・外国船舶購入・海外渡航の自由などを規定したものであった。

以上のように、ようやく日本との間に通商関係が開かれつつあったときに、日本の「革命」が起こったわけである。おりしも、六七年のパリ万国博では日本の出品物が好評を博し、なかでも日本の蚕種は、フランス製糸業の救世主として注目されていた。一八四〇年代にフランス、イタリア、さらに他のヨーロッパ諸国において蚕の微粒子病が流行し、絹織物を第一の輸出品とするフランス産業は大損害を被っていたからである。微粒子病によって荒廃したフランスの蚕糸業の活路を開くには、日本の蚕種・蚕糸の輸入が頼みの綱であった。

こうした背景ゆえに、日本の「革命」を受け、フランスのメディアにとっても、日本との通商関係の行く末が最も大きな懸念となっていたといえるだろう。

王政復古、外国公使の不介入

王政復古および内戦勃発の情報がパリに届くのは三月に入ってからである。『デバ』は『ニューヨーク・ヘラルド』の記事をフランス語に訳し転載している。

——横浜、一月二十七日。将軍（大君）と大名の間で深刻な事態が起こった。帝は、最も勢力のある領主の一つである薩摩に捕えられ、将軍（大君）は、味方の艦隊の保護下で、大坂城に閉じ込められた。外国の公使は大坂にいた。彼らは将軍（大君）に、目下係争中の事態にいっさい介入しないことを確約した。〔中略〕帝は、京都の御所に幽閉され、薩摩の監視下に置かれている。大君政府は廃止された。一橋、将軍（大君）は、すべての資格を剝奪された。将軍は、逃げ去ることも、戦うこともできない。（*Journal des Débats*, le 4 mars 1868）

この記事は、内戦勃発と同日（正月三日、一月二十七日）に書かれているが、横浜ではまだこの時点で情報をつかんでいない。ここで注目すべきは、まずこの記事が「大君政府は廃止され」と報じ、王政復古を告げている点であろう。さらに外国公使が日本国内の「係争」に対して不介入の立場をとっていることを強調している点が注目される。実際に外国公使が局外中立を宣言するのは、二月十八日のことであった。

この点は、同時期のフランスのみならず、イギリスでも同様であった。三月十二日付の『デバ』が転載しているイギリスの『モーニング・ポスト』では次のように言われている。いささか長くなるが、問題の推移をうまくまとめているために引用しよう。

目下、日本で起こっている革命と、この事態に諸外国が把握しなくてはならない政治について完全に理解するには、この国を支配する政治体制を理解しなくてはならない。エルギン卿が江戸において大君と呼ばれるべきと思われた人物と条約を締結したとき、彼は自分が日本の主権者と交渉したと思っていた。我々もまた、最近、大君の弟〔徳川昭武〕に対して最高位の栄誉を認めることで、同様の間違いをおかした。実のところ、日本には、我々が大君ということで想像していたものに相当するものはいない。単に将軍と呼ばれる役人がおり、この国の世襲君主の代理をしているが、世襲君主は帝なのである。〔中略〕日本に滞在する外国公使たちについては、将軍は彼らから少なくとも精神的支持を得ることを期待していたが、公使たちはいずれの側にも介入しないと宣言することで、将軍および中央集権化の擁護者という誤った立場を脱することになった。〔諸外国の公使たちが〕こうした態度をとることは時期尚早ではなかった。というのも、さもなければ彼らは外国に向けた日本の完全な開国を遅らせるというまったく望ましからぬ大変異常な役を演じることになっていただろうからである。〔中略〕実際、諸大名が目指した政策は、日本のすべての港を開くことではないにせよ、それぞれの領地で一つずつ港を開くことで、将軍の港を介した間接的な通商ではなく、諸外国との直接の通商のすべての利益を得ようという試みであった。〔中略〕遅かれ早かれ、革命は、外国の通商に日本のすべてを開き、我々の産業製品に広大な規模の新しい市場を提供し、正当な帰結をもたらすであろう。(*Journal des Débats*, le 12 mars 1868)

以上のように、駐日外国公使が日本での「係争」に不介入の態度をとった背景には、第一に、これまで確認したように、日本における統治機構の認識に修正を迫られたことにある。将軍は主権的地位にいるのではなく天皇の代理にすぎないとすれば、諸藩も政権転覆を目論む叛徒とはみなしえない。あくまでも大政奉還にはじまった一連の「革命」を、将軍を中心とする中央集権体制から、モンブランやメルメ＝カションが喧伝したように、天皇を中心とした諸藩による連邦体制への移行と理解しようとしていたように思われる。そして、不介入の第二の背景として、先に指摘した通商上の利点という問題は一貫して中心的な関心事であったということができるだろう。

三月二十五日の『デバ』は「日本における蜂起の圧勝と大君の敗北」について論じ、ここでもまたフランスの不介入を訴えている。もちろん不介入の方針に対しては、幕府支援の視点から介入すべきとする論もあった。

実際、不介入という原則は、一般的に近代社会において最後の頼みの綱であるとフランスのメディアは見なしたが、フランスの新聞、いっそう悪いことに公的新聞は、諸大名を元に戻すことを目的に、船を武装し、軍隊を送るよう、多少なりとも直接的な方法で、日本において〔フランス〕政府が介入するよう駆り立てようとした。(*Journal des Débats*, le 25 mars 1868)

しかし、この記事で不介入路線が「最後の頼みの綱」と記されるように、『デバ』は不介入の原則を支持し、パリ万国博を一つの機縁とした、日本の統治機構についての認識の修正という観点から次のように論じている。

まさに万国博覧会で、日本の政治体制についてこれまでフランスで認識されてきた考えの正確性を疑い、大君に対する大名の序列的な服従というものがこれまで語られてきたほど確かなものではないとみなしはじめた。この君主〔将軍〕は、我々の親しい友人であり、たくましく、勢力があり、無敵であるといわれてきたが、実際は弱く、敗北したのである。(*Journal des Débats*, le 25 mars 1868)

ところで、同記事の末尾に見られる次のような呼びかけは、フランス独自の事情を示すものとして興味深い。

メキシコにおける大勝利を約束していたが、そこで起こったことは我々が知るとおりである。この悲しい教訓が、我々に慎重さを取り戻させたのであり、我々に関係しない議論には介入しないようにしよう！(*Journal des Débats*, le 25 mars 1868)

日本国内の「係争」に対して、イギリスやアメリカとともにフランスがとってきた局外中立は、実はフランス本国の外交政策それ自体にも関わっている。ナポレオン三世は、一八六二年にメキシコの革命政府による外国債の利子支払い停止宣言を口実に、これに対する制裁措置としてイギリスとスペインとともに軍事介入することで、ラテンアメリカにおけるフランスの影響力を高めようと試みた。イギリスとスペインが撤退したのちも、単独で出兵を継続し、一八六三年にメキシコ市を占領した。翌六四年には、オーストリア皇帝の弟マクシミリアンを擁立し、メキシコ皇帝に据えている。しかしこうした侵略に対してメキシコ人は、ゲリラ戦を展開して抵抗し、さらに南北戦争後のアメリカ合衆国もフランス軍の撤退を要求した。ついにナポレオン三世は撤退を決定し、メキシコ進出は失敗に終わったのである。

　戊辰戦争の推移を論じるフランス・メディアには、ほかにもこのメキシコの「教訓」に触れるものが見られるが、一八六七年におけるメキシコ外交の失敗が、日本において繰り返されることがないようにとの期待がそこに込められていたのである。

三　フランス政府の対応と評価

ヴィレット報告書

　メディアが報じた日本の動乱に際してフランスが不介入の態度を保つという姿勢は、フランス政府自身のものであった。このことを別の角度からはっきり示すのが、ナポレオン三世から任命を受けた徳川昭武の教育係のレオポルド・ヴィレット中佐がフランス外務大臣および陸軍大臣に定期的に送っていた報告書である（MAE = Ministère des Affaires étrangères. Affaires diverses politiques; SHD = Service Historique de la Défense, Mémoires et reconnaissances）。ヴィレットの報告書は、昭武一行の動向を政府に伝えるものであったが、そこからはフランス本国政府の日本に対する態度も読みとることができる（寺本敬子—二〇一七）。

　一八六八年三月に入ると、昭武のもとには大政奉還と王政復古について記した「御用状」が相次いで届き、七月四日には慶喜の水戸移転を知らせる手紙と、新政府からの帰国命令書が届いた。こうして翌七月五日に昭武は留学を中断して帰国を決断する（『徳川昭武幕末滞欧日記』）。

　ヴィレットの報告書によれば、ヴィレットが江戸から新たな情報が届くまでパリで待つように昭武に働きかけても、

図2　レオポルト・ヴィレッド中佐（個人蔵）

日本から帰国したロッシュが日本の危険な国内状況を説明してパリに留まるように説得しても、昭武の決心は変わらなかったという。

ヴィレットはこの昭武の帰国決定については性急なもの、裏のあるものとして捉えていた。「パリで待っていれば、国内の状況に巻き添えにならないことを昭武は知っているにもかかわらず、帰国する決意をした背景には、反仏感情を抱く従者の影響があるのではないか」とヴィレットは考えた（MAE, L. Villette à L. de Moustier, le 14 septembre 1868）。実際、この頃の幕府使節は、後からフランスに到着した栗本鋤雲が「排仏コンペニー」と称するほど反仏感情が高まっていた（『川勝家文書』）。これは、フランスにおける借款の失敗など、幕府使節がフランス側の支援を十分に受けられなかったことが原因として考えられる（石井孝—一九六六、鳴岩宗三—一九九七、宮永孝—二〇〇〇）。また幕府使節には、イギリス領事館付の通訳官アレクサンダー・フォン・シーボルトが随行したが、イギリスの支持を受けた反幕府側に味方することが得策であると昭武に諭したのではないだろうか、とヴィレットは考えた。

このようなヴィレットの想像は、それほど的を射たものであったわけではないが、彼がこうした疑念を抱いたこと自体、幕府使節のフランスへの信頼の低下とシーボルトの影響力を物語っているだろう。さらに昭武一行がイギリス船でマルセイユを出発して帰国する予定であることを耳にしたヴィレットは、この決定もまたシーボルトを通したイギリスの影響によるものだとみなし、フランス外務省と陸軍省に報告している。昭武一行がナポレオン三世に挨拶なくイギリス船で帰国することは、フランス政府をなおざりにするものだというのである（MAE, L. Villette à L. de

Moustier, le 30 septembre 1868)。

しかし、これに対するフランス政府の対応は、きわめて消極的なものであった。陸軍大臣ニールの十月六日付の返書は次のような内容であった。ニールは、昭武が日本の新政府の命令に従って十月十一日にイギリス船で帰国する報告を受けて、昭武がフランス政府に対して配慮しないことは遺憾だと記してはいる。しかし、ヴィレットに対し昭武一行がパリを出発するまで同行するようにとしか命じず、今回の件がヴィレットのいかなる名誉も傷つけないと言って、他の対策を全く提案せずに、消極的な姿勢を見せるままである。

ここにはフランスが、日本の新政府の決定に背かないように注意していること、またイギリスとの対立を避けたいという意図が見える。陸軍大臣ニールは、かつては使節に対して積極的に関与することを要請したこともあったのだが、日本の内戦の知らせを受けたこの時期になると、外務省と歩調を合わせ、非介入路線をとることになったことがここに表れているといえるだろう（寺本敬子―二〇一七）。

昭武は結果としては、ビアリッツの離宮でナポレオン三世、皇后、皇太子に帰国の挨拶をし、フランス船で帰国することになった。一八六八年十月十九日のマルセイユ出航日には、「ヴィレット中佐に心からのお礼とお別れの言葉を述べた」と昭武は日記に書き残している（『徳川昭武幕末滞欧日記』）。

ヴィレットは、外務大臣ムスティエから高い評価を受け、さらに陸軍大臣ニールからは感状を授けられてその仕事を大いに称賛されている。これはヴィレットの任務が、フランス外務省と陸軍省の意向を反映し、満足のいく高い評価の対象であったことを示すものであろう。イギリスと協調し、新政府と幕府のいずれの側にも立たずに中立姿勢を保持することは、このときの日本に対するフランス政府の態度であった。

ロッシュからウトレへ

さて、日本では、ロッシュに代わって、アンジュ＝マクシム・ウトレが一八六八年二月十八日に駐日フランス公使に任命された。『デバ』は、ロッシュに代わり、ウトレが新公使として横浜に六月七日（慶応四年閏四月十七日）に到着したことを伝えている。

日本の最新情報によれば、新しいフランス全権公使に、ロッシュに代わってウトレが就任し、横浜に六月七日にフランス船で到着した。〔中略〕ウトレが到着したのは、日本の内政がますます複雑化している時期であった。実際、北部の大名で元大君の支持者、その大半が元大君の家系に属するものであるが、彼らの抵抗は日を追うごとに強まり、その長にある会津の皇子は、帝の軍隊に対する最初の攻勢を続けている。〔中略〕こうした抵抗と、これらの成功は、この国に大きな動揺をもたらし、帝の党派は、深刻な離脱以上の被害をこうむることを覚悟しなくてはならない。しかしながら、この集団は、落胆にまでいたることはない。敵に対してもともと派遣された勢力を増大するために最も大規模な展開を行うのである。（*Journal des Débats*, le 10 août 1868）

この記事は、会津をはじめとする「北部の大名」らの「元大君の支持者」と「帝の軍隊」との「最初の戦い」に関する言及がなされているだけに興味深い。また同時に、この複雑な時期にフランス全権公使の交代がなされている点も見逃すことはできないだろう。すでに述べたように、ロッシュは親幕施策を次々に打ち出し、明白に幕府寄りの態度を鮮明にしていたが、ここでの交代はフランスと幕府との蜜月関係に終止符を打ち、いずれの側にも深く介入しないという新たな姿勢を反映するものと思われる。

一八六八年九月二十八日、ウトレは外務大臣ムスティエ宛に書簡を送っている。そこでは、着任してから日が浅く適切な状況判断はまだできないと断りつつ、七月に江戸を「東京」とした報を受け、幕府側と新政府側の双方の行動や意図について報告しているが、今の時点ではいずれかの側に目立った利点があったかは述べることはできないとして、できるだけ公平な立場から事態を静観しているのが見受けられる。さらにウトレは、同年十一月十二日のムスティエ宛の書簡で、天皇の第一回東幸についても触れている。ウトレは、内戦が終わっていないなかに行われたこの東幸について手放しで評価しているわけではないが、新政府がこの機会を利用して外国の公使たちの支持を得ようとしていることを好意的に捉え、東京にて新政府に信任状を送る予定であることを告げている（*Archives diplomatiques, recueil de diplomatie et d'histoire*, t. 2, 1869）。

とはいえ、ウトレがこうして新政府との新たな関係樹立を模索するなか、最大の懸念事となったのは、フランス軍事顧問団として来日していた砲兵教授ブリュネ、乗馬方カズヌーヴなど、合計一〇名のフランス人が、榎本軍に加わって箱館戦争に従軍したことであった。これを受けて新政府内では、旧幕府を支援していたフランスが榎本軍を援助しているのではないかという疑惑が生じ、フランス政府へブリュネの処分をめぐって責任を追及することとなる（宮間純一―二〇一五）。結局、ブリュネは、一八六九年にフランスに送還されたのち、新政府による責任追及は免れ、フランス陸軍によって予備役に編入されることとなる。一八七〇年の普仏戦争により現役復帰が許され、順調に昇進を重ね、一八九八年には師団長（Général de Division）に任命された。日本との関係では一八八一年に勲三等旭日章、九五年に勲二等瑞宝章を受勲している。

＊　　＊

戊辰戦争の評価

戊辰戦争は明治政府側の勝利によって終結するが、一八六九年のフランス外務省の文書には次のような評価が示されている。

最近の革命に伴って日本で成立した政府は、今日、崩壊した体制の支持者〔列藩同盟〕による武力抵抗に対して勝利した。我々は、今となっては、新しい権力の強化を祝うしかない。というのも、我々が懸念せざるを得なかったように、この国が舞台となった動乱によって、日本の社会のいくつかの階級にみなぎっている外国人に対する敵意がいっそう容易にあらわれることになった。この敵意は、さまざまな列強国の出身者が被害にあった襲撃となってあらわれた。帝の政府は、最近の成功により、第一に非難すべきそれらの敵意をいっそう有効な手段で鎮めるのに必要な力を獲得するだろう。(MAE, *Documents diplomatiques*, no. 13, novembre 1869)

「新しい権力の強化を祝うしかない」という表現には、フランス政府の本心があらわれているだろう。一八六八年二月四日には神戸で岡山藩兵が外国人に発砲した神戸事件、三月八日に堺港の警備についていた土佐藩兵がフランス兵を銃撃した堺事件が起こった。これら二つの事件について、新政府は迅速に処理し、新政権樹立を外国公使に宣言し、国内治安を約束したのである。引用文には明言されていないものの、開放された商港での治安の維持が確保されたことは、第一の懸念であった通商体制の確立がもたらされたことへの安堵があっただろう。

以上のように、幕末期から戊辰戦争にかけての日本をフランス・メディアがどのように見ていたのかといえば、その特徴として「不介入路線」をあげることができる。それはもちろん、ロッシュによる親幕府姿勢からの転換であったことは間違いない。とはいえ、注目すべきは、フランス政府は基本的には戊辰戦争の時期には幕府にも明治政府にもいずれにも加担しないという中立姿勢を保っていたことである。これは「消極路線」とまではいいきれまい。「メキシコの失敗」をふまえたフランスでは、幕末期からのモンブランやメルメ＝カションらのメディア活動により、日本の統治体制について、幕府を中心とした中央集権体制ではなく、諸藩からなる「連邦国家」であるとの認識が得られていた。それに基づき、日本の「革命」に対しても比較的冷静でいることができた。フランスは、イギリスをはじめとする諸外国と協調し、局外中立を維持することで、開港等によって築かれはじめていた日本との通商体制の確保を最重視したのである。

ロシアから見た戊辰戦争

麓　慎一

遠い島国の戦争

ロシアという国は戊辰戦争をどのように見ていたのだろうか。そもそもロシア人は、極東の島国の日本で起きているこの戦争を知っていたのだろうか。もし、彼らがこの戦争を知っていたとすれば、どのようにそれをとらえていたのであろうか。これらの点を考える。

まずロシア人が戊辰戦争を同時代の出来事としてよく知っていた、という点を示しておきたい。この素材として、一九六五年にモスクワで出された『日本文献目録―一七三四年から一九一七年までロシアにおいて出版された日本関係の文献―』（以下、『日本文献目録』と略記する）を取りあげる。この『日本文献目録』は、ロシアで出版された日本に関する雑誌記事や評論の目録である。この目録に収録された七八九点の雑誌記事や評論のすべてがロシアでマイクロフィルム化されている。日本では北海道大学や早稲田大学などがこのマイクロフィルムを所蔵している。

『日本文献目録』は、一五の項目に分けられているが、その六番目が「歴史」である。この「歴史」には「明治革命」の項目があり、ここに戊辰戦争と明治維新に関係する一八の記事が収録されている。

戊辰戦争の原因・戦局・結末だけでなく、その歴史的意義などについて多くの論説が考察を加えている。ロシア人たちは遠い島国の日本で起きていた戊辰戦争を知っていたことは確かである。それでは、ロシア人が戊辰戦争をどのように見ていたのかを、この『日本文献目録』に収録された論説によりながら考えていきたい。

なお、本章の日付については、和暦のあとにグレゴリウス暦の場合は（ ）、ユリウス暦の場合には〔 〕に入れて表記する。

一 ロシアにおける戊辰戦争

報じられる戊辰戦争

戊辰戦争がどのように報じられていたのか、という点を考えるために二つの記事を取りあげる。一つは、十九世紀のドイツの政治日刊紙である『アルゲマイネ・ツァイトゥング（Allgemeine Zeitung）』をもとに書かれた「日本における革命」である。この『アルゲマイネ・ツァイトゥング』は、横浜から戊辰戦争の情報を得ていた。「日本における革命」は、一八六八年にモスクワで出された『現代史』の一四号に掲載されている。もう一つは、一八六九年にサンクト・ペテルブルグで出された『世界画報』の四七号に掲載された「一八六九年五月二十七日（六月八日）のミカドの部隊による箱館封鎖」である。

前者は戊辰戦争の開始を、後者はその終局を報じている。この二つの記事を手がかりに、ロシアで戊辰戦争がどのように報じられていたのかをみていくことにしよう。

「日本における革命」は、戊辰戦争の開始を伝える冒頭で「日本で起きている重大な変革については、すでにすべての人が知っている」と記しており、戊辰戦争がロシア人の注目の的になっていたことがわかる。その上で「この革命の詳細は、十分には知られていない」のでこの記事が「重大な革命」を報じる、と記事の意義を記している。

まず戊辰戦争の原因の説明である。日本における最初の王朝の正統な子孫であるミカド（микадо）がいる京都に、薩摩・長州・土佐・尾張などの最も影響力があり勢力を持つ大名たちが集まり新しい政府を樹立した。それは、かつての大君（тайкун）が参加することを完全に排除してなされた。大君は軍事のトップとしての地位を剝奪され、その一方で新しい政府のメンバーには大君の敵たちだけが任命された。大君はこの改革で政権とすべての財産を奪われ、普通の大名になった。新しい政府はミカドを日本における唯一のそして最高の支配者として承認した。

「日本における革命」は、明治維新によって樹立された新しい政府の形成過程をこのように紹介した。そして、大君がこれに満足せず軍事的な行動に期待せざるをえなくなったのは明らかである、と評する。この軍事行動が慶応四年一月四日（一八六八年一月二十八日）に開始された。これが「日本における革命」がとらえた戊辰戦争の原因である。

戊辰戦争の陣営と装備

「日本における革命」は戊辰戦争の二つの陣営について説明する。薩摩・土佐・長州などは自分たちの政権に十五歳のミカドを引き入れて京都の宮廷に住まわせ、改革の命令をミカドの名前で出させた。一方、大君は大坂に軍隊を集めた。

ここで大坂についての説明が加えられる。大坂は日本の主要な貿易都市で、慶応三年十二月七日（一八六八年一月一日）に外国の商人のために開かれた。ここには外国の公使や領事をはじめ多くの外国人が住んでいた。大坂は京都と三〇マイルほどの距離にある。京都のミカドと大坂の大君という布陣が示された。

次はこの両者の陣営の装備である。大君の軍隊は、そのほとんどがフランスの士官によって調練を受けていて、さらに武器を供与されていた。とりわけ大砲はライフリング（螺旋《らせん》状の溝が砲身内に施されている大砲）されたものだった。一方、ミカドの大名の部隊はほとんど規律もなく、武器もよくないだけでなく少し前にいろいろな大名たちのところから寄せ集められた「民兵」にすぎなかった。その中で薩摩藩の部隊だけは異なっていて、外国人と戦った経験からヨーロッパ式の軍事的な活動に慣れていた。

この記事から、大君の部隊が装備や調練の面でミカドのそれを大きく凌駕していた、という印象を受ける。それゆえ、フランス式の大君の部隊がどうして勝利できなかったのか、という疑問が出てくる。これについて二つの点から説明がなされている。一つは戦術と戦況である。もう一つは、前者とも関連するが、大君側で起きた「裏切り」である。

第一の戦況と戦術からみていこう。大君の部隊が攻撃を最初にしかけ、夜まで戦闘が続いた。ミカドについた大名たちの部隊が徐々に前進していった。大君の中心的な部隊は会津藩の指揮下にあり、京都への大きな街道を押さえていた。他の部隊を指揮していた松平隠岐守勝成《まつだいらおきのかみかつしげ》と酒井雅楽守忠惇《さかいうたのかみただとし》が鳥羽への街道を押さえようとした。しかし、酒井の部隊がミカドの大名たちからの最初の攻撃で遁走《とんそう》してしまい、この後方にいた部隊も混乱してばらばらになった。この遁走で多くの士官が死亡した。なぜこのような状況に陥ったのか、という点について、大君の司令官が部隊を多くの場所に分散して配置していたので、その部隊は相互に支援することができなかった、と説明されている。

最も決定的な瞬間

さらに戦況が伝えられる。大君の部隊は淀《よど》にある城まで後退したが、次の日にミカドの部隊がそこを攻撃し、慶応四年一月五日（一八六八年一月二十九日）に大君の部隊は淀から橋本（山城国）に後退した。しかし、ミカドの部隊は、大君の部隊を追わずに城と町を焼いただけだった。そのおかげで大君の部隊は勢力を挽回することができ、淀から敵を追い払うことに成功し、伏見まで押し戻した。こうして大君の部隊は勢力を維持することができた。大君の部隊は、戦術の悪さ（相互に協力できない）などから劣勢に置かれたが、それは決定的なものではなかった、と報じている。

このあとに「最も決定的な瞬間」と評される事態が起きた。それは大君の同盟の一人である「Тадо Язумино Ками」、すなわち藤堂和泉守高猷《とうどういずみのかみたかゆき》が自分の部隊とともに寝返った、というのである。

これはミカドの部隊が一月六日に八幡《やわた》から橋本に進軍した時に、津藩がミカドの部隊に呼応して大君の部隊を攻撃した場面である。この津藩の行動は、ミカドの部隊による考え抜かれた計画だった、と「日本における革命」は評している。それは、次のような戦局から生じた評価だった。津藩の裏切りと呼応するかのように、強力なミカドの部隊が突然、大君の部隊に攻撃を加えた。またミカドの部隊は前夜のうちに移動していて、大君の部隊の岡崎への通路を遮断していた。それによって絶望が広まって大君の部隊はばらばらになり、駄目になっていった。次の日にミカドの部隊は岡崎の占領に成功した。このあと大君は、外国人の公使たちにもう彼らを守ることができない、と伝えて海路で逃げていった。「日本における革命」は戊辰戦争の初期の状況をこのように報じた。

この論説を読んだロシア人は戊辰戦争の開戦の事実やその原因だけでなく、ミカドと大君の部隊の装備や戦術と戦局のターニング・ポイントを詳細に知ることになったであろう。

戊辰戦争の終局

次に取りあげるのは戊辰戦争の終局を報じた記事である。明治二年（一八六九年）にサンクト・ペテルブルグで出された『世界画報』の四七号に掲載された「一八六九年五月二十七日（六月八日）のミカドの部隊による箱館の封鎖」（以下「箱館の封鎖」と略記する）である。

この記事は題名からもわかるように、戊辰戦争の終局である箱館戦争を報じたものである。この記事が出されたのは明治二年なので箱館戦争が、ほぼリアル・タイムで報じられていたことがわかる。この記事は、冒頭で「長期間にわたって続いていた日本の内乱がようやく終結した」と戊辰戦争の終局を知らせる。

その上で、この戦争の最終局面の一つが蝦夷島（北海道）の南端にある港湾都市の箱館周辺における武装蜂起者たちの船舶の殲滅《せんめつ》であった、と指摘する。その戦局を、そこに至るまでの過程も含めて次のように報じている。箱館は、しばらくの間、フランス人と一緒にミカドに対して蜂起した諸侯の手にあった、と榎本武揚《えのもとたけあき》が箱館を掌握していたことを記す。この記事が詳細に伝える海戦が始まる前に、榎本は艦隊の大部分を失っていて、彼に残されたのは二隻の軍艦と一隻の砲艦だけだった。この武装蜂起者の榎本の艦隊が三隻であるのに対して、ミカドの艦隊は五隻である。このように海戦前の状況が説明された。

海戦が始まる。ミカドの艦隊が、明治二年四月二十七日〔五月二十六日〕、箱館に接近し海戦の準備に入った。翌日の朝、海軍と陸軍が同時に箱館を包囲して攻撃した。武装蜂起者〔榎本武揚〕たちは塹壕の中で数に勝るミカドの軍隊を相手に勇敢に戦った。彼らは、激しい攻撃を受けて陣地から追い出され、ミカドの艦隊から弾丸や榴弾が浴びせかけられる町の方へと追いやられた。郊外の集落に遁走した武装蜂起者の追跡は、日没になり中断された。翌朝になってミカドの艦隊は驚くことになった。武装蜂起者の軍艦がミカドの軍艦の大砲の下にいたのである。すぐに大砲が放たれた。しかし、武装蜂起者の軍艦は逃げなかった。ボートを出して偵察してみると、軍艦には人が乗っていなかった。ミカドの軍艦の大砲が、武装蜂起者の軍艦とフランス船を破壊した。フランス人は、前夜にイギリスとアメリカの軍艦と一緒にいたフランスの軍艦のデッキに隠れて戦況を見ていた。これらの軍艦には日本にいた外国の領事なども乗船していた。

ミカドの部隊は敵に近づこうとはせず、一日、距離を置いていた。これで武装蜂起者たちは力を取り戻し、次の日、オリヨール号〔蟠龍丸《ばんりゅうまる》〕はミカドの軍艦に近づいて大砲を打った。ミカドの軍艦が応戦して大砲を放つと、オリヨール号は海岸からの援護射撃を受けながら退いていった。

「箱館の封鎖」は、以上のように戊辰戦争の最終局面である箱館戦争を報じた上で、次のように締めくくっている。日本からの最新の情報は箱館の占領を伝えた。しかし、その詳細についてはまだわからないところがある。おそらく、ミカドの部隊は箱館を支配下に収めるのにさらに大きな力を必要とするだろう。なぜなら箱館は海岸からは強力な堡《ほう》塁《るい》によって、その一方で小さいが町から二マイルのところにある強力で一〇〇〇人の兵士を擁する要塞〔五稜郭《ごりょうかく》〕によって守られているからである。「箱館の封鎖」は箱館戦争が終結するにはもう少し時間を要する、と予想したのである。

以上、二つの戊辰戦争についての記事をみてきた。ロシアでは戊辰戦争の状況が同時代の出来事として知られていただけでなく、かなり詳細に報じられていた。

これに加えて、「日本における革命」が戊辰戦争を「すべての人が知っている」と記していたように、多くのロシア人の知るところになっていた。これをふまえて、もう一つロシアにおける戊辰戦争の記事を分析し、彼らが戊辰戦争をどのようにとらえていたのか、そしてそれにどのような歴史的意義を見出していたのかを考える。

二　ロシアにおける戊辰戦争論

戊辰戦争論

サンクト・ペテルブルグで明治六年（一八七三年）に出された『祖国紀要』の「外国報欄」の記事を取りあげる。この記事の題名は、「日本と改革・古の法・日本におけるヨーロッパ人たち・暗殺・進歩的派閥・新しい法・そして改革・古い宗教と新しい宗教・日本における布教・心のありようと民衆文化」（以下、「日本と改革」と略記する）である。日本で起こっている戊辰戦争から明治維新への変革を歴史的な視点から分析し、その意義を示唆するユニークな論説である。ここでは本章の課題である戊辰戦争に焦点を絞ってみていくことにしよう。

これまでみてきた「日本における革命」や「箱館の封鎖」でもミカドと大君の対立として戊辰戦争がとらえられていたのであるが、この論説は戊辰戦争に至るまでにそれら二つの勢力がどのように形成されていったのか、という点も分析の対象にしている。また、ミカドの役割に注目しながら分析を加えている。さらには、戊辰戦争を起点とする日本の変革の国際的な意義についても言及して戊辰戦争論を提起している。

戊辰戦争の原因

戊辰戦争がなぜ起きたのか、という点について「日本と改革」がどのようにとらえていたのかを考える。「日本と改革」は戊辰戦争の二つの勢力の形成について、最初に次のように簡潔に記している。薩摩侯や長州侯を含む日本の大名たちの中で最も財力があり、また名門である南方の大名たちは大君に対して強力で非妥協的な敵となった。彼らは称号の廃止とすべての権力を正式な君主（ミカド）に戻すことを決定した。この大政奉還が戊辰戦争の原因である、と「日本と改革」は記している。

大政奉還は「ヨーロッパ人たちが日本に入ってきた時から大名たちの間で生じていた動揺の結果」だと位置づける。この開国による外国人の日本への進入が大名たちの動揺を招き、戊辰戦争で戦うことになる二つの勢力を形成させた経緯が次のように説明される。そもそもすべての大名は、多かれ少なかれ日本に外国人を入れることに不満を持っていた。それなのに大君は外国人の進入を許しただけでなく、彼らに妥協的であったことがこの不満を大きくさせた。そして、いく人かの大名が文久二年（一八六二年）以来、定められた期間、大君の居城のある江戸に滞在することを拒否した。これは「大君への服従の拒否」を意味する、と二つの勢力の形成のポイントがここに見出されている。さらに、力のある大名の中から大君の命令は義務ではない、と宣言して家臣とともに江戸を去り、ミカドのまわりに集まる者がでてきた。

しかし、開国を起点とするこのような不満は、当初は南方の大名たちが決定的に結びつき、明確な姿勢を大君に示すことにはならなかった、とも説明されている。戊辰戦争で戦うことになる二つの勢力の形成の背景と、最終的に南方の大名たちが勝利する理由を「日本と改革」は次に説明する。まず背景である。日本には、だいぶ以前から北方と南方の二つの大名のグループが存在していた。彼らは国内のあらゆる闘争にあって、また高職への登用などいろいろな事柄において、いつも対立していた。日本では何か重大な事件が起きた時、北方の大名たちは南方のそれらが決定したことに必ず反対する。そして、それまでのすべての大名が同じように大君に反対していたのに、南方の大名たちがミカドの周りに集まるようになると、北方の大名たちは、それに反して大君を支持して反対派を形成した。大名たちをミカドと大君の二つに分かれさせることになった背景を、「日本と改革」はこのように説明した。

この対立をふまえた上で、「日本と改革」は南方の大名たちが勝利できた理由について考察する。それは彼らに勢力があっただけでなく、ミカドのために活動したからであり、それゆえ民衆に支えられた、とその勝因をあげている。戊辰戦争の歴史的意義は、このミカドのために活動することで民衆に支えられた、という理解と分かち難く結びつくことになる。すなわち、ロシアにおける戊辰戦争の歴史的意義を理解するためには、ミカドがどのような存在としてとらえられていたのか、という点を考えなければならないのである。次にこの点を考える。

まず「日本と改革」が、ミカドを「民衆の信仰における比類ない唯一の絶対的な最高の支配者」と位置づけていることを指摘しておきたい。この点に留意して、孝明《こうめい》天皇と明治天皇がどのように描かれたのかを次に紹介する。

戊辰戦争への道程と孝明天皇

「日本と改革」は戊辰戦争におけるミカドの活動に重きを置いていた。「日本と改革」が戊辰戦争の原因を、開国による外国人の日本への進入に対する大名たちの不満に見出していたように、やはりミカドを考える際にも外国人との関係に注意が向けられる。この点をふまえて、「日本と改革」が孝明天皇を戊辰戦争への道程との関連でどのようにとらえていたのかをみていこう。

南方の大名たちがミカドのために活動することを決定し、彼の周りに集まった時、重要だったのはヨーロッパ人たちの動きだった、と指摘されている。それはヨーロッパ人たちが、戊辰戦争への道程においてミカド（孝明天皇）と大君（徳川家茂《いえもち》と徳川慶喜《よしのぶ》）の関係を大きく変化させることに寄与したからだった。次のように説明されている。

この両者の関係の変化は、大君（徳川家茂）の上洛が契機だった。大名たちに何が起きているのかを理解できなかったヨーロッパ人たちは、孝明天皇に直接依頼して、大君と結ばれていた条約の承認を求めようと考えた。それはヨーロッパ人たちが、自分たちには軍事力があり、その点で優位にあるとしても、これまで大君と結ばれた条約がヨーロッパ人たちの安全にとって意味がなく、暗殺から彼らが守られないことをわかっていたからだった。このようなヨーロッパ人たちの動きに、大君は彼らにそうしないよう依頼し、ミカドから条約の承認を自分が取りつける、と約束した。大君は京都のミカドのところに行った。しかし、彼はその後、すぐに死去した。

この次の大君になったのは、「すでに私たちが知っている水戸公の息子」の徳川慶喜だった、と彼が攘夷主義者の徳川斉昭《なりあき》の息子であることに注目する。しかし、その出自と関係なく新しい大君はミカドから条約の承認を得る任務を引き受けた。彼は、慶応二年（一八六六年）に軍勢を伴って京都に現れた。彼はそれまでミカドに会ったことがなかった。そこで、彼は思ってもみなかった光景を目にすることになった。それまで控え目でみすぼらしくさえあるといわれていたミカドがその時は、堂々としていたのである。最も強力な大名たちに取り囲まれたミカドは、あらゆる古の「精神的」「世俗的」な偉大さをもって大君と面会した。「日本と改革」は、ミカドと大君の会談の内容はわからないものの、「私が活動のトップに就き、日本を新しい道に導くのである」とミカドが宣言したのだろう、と推定した上で、少なくともヨーロッパの大使たちが「ミカドが条約の承認をなされた」と大坂で大君から伝えられたことは確かである、と記している。

戊辰戦争への過程を理解するためには、ミカドを理解する必要があった。ここでは、ミカド（孝明天皇）が大君（徳川慶喜）よりも優位になる契機として、条約の承認の問題がクローズ・アップされている。ここでミカドが日本の政治をみずから行うことを力強く主張した、という推定は、ミカドの政治的な浮上という構図の中で「日本と改革」が彼をとらえているところから生じるものである。

三　戊辰戦争への道程と明治天皇

戊辰戦争と天皇

戊辰戦争への道程の次のステップは、孝明天皇の死去と次のミカドになった明治天皇の即位である。孝明天皇が、慶応二年十二月（一八六七年一月）に死亡したあと、ミカドの地位に十五歳の少年が就任した。これによって、ミカドについていた南部の大名たちの活動は、束縛から解放され情勢は大きく変化した、と「日本と改革」は評する。そして、外国の大使たちに慶応三年十二月（一八六八年一月）に次のことが伝えられた。第一に、大君はみずから統治を放棄した。第二に、新しい大君は任命されなかった。なぜならミカドがみずから「俗世」の権力を手にするからである。さらに新しい憲法を作成するために上級の官吏が集められた。これらは幕府が、慶応三年十二月十七日と十八日にイギリス・アメリカ・オランダなどの国々に王政復古についての勅書の内容を伝えたことを指している。

その上で、ミカドは、慶応四年一月十五日（一八六八年二月八日）、ヨーロッパの大使たちのところに特使を派遣した。特使は、大使たちにミカドが大君と彼らが締結したすべての条約を承認し、それとともに彼らに新しい次のようなマニフェストを示した、と伝えた。

ミカドは大君の退任によりこれまで彼に委ねられてきた統治をみずから行う。ミカドの安寧なる心が、嘉永六年（一八五三年）から国内で発生した騒擾によって乱されたことをみなが知っている。それゆえ、次のことが実行される。政府に以前のような安定性を与え、国の力を復活させるために、大君の職位も含め、時代遅れになったミカドの宮廷の職位を廃止して、これらからあらゆる事案について命令を出す三つの新しい役職（総裁・議定《ぎじょう》・参与）を設置した。彼らがこれからすべてのことについて命令を出すのである。すべての点で「神武」（日本の皇帝の最初の設立者）の組織が留意される。そしてすべて、すなわち宮廷と軍隊の高位が、あらゆる貴族に分け隔てなく与えられる。「皇帝」は喜びも悲しみも万物とともにあらせられるのである。ここでは「ミカド」ではなくロシア語で「皇帝」を意味する「インペラートル」という単語が使われている。

これは参与兼外国事務取調掛の東久世《ひがしくぜ》通禧《みちとみ》から一月十五日（二月八日）にイギリス公使のパークスやフランス公使のロッシュなどに兵庫で王政復古の大号令が伝えられたことを指している。この歴史的意義を「日本と改革」はさらに説明する。この新しい法は、一撃で大君とともに源《みなもとの》頼朝《よりとも》と太閤《たいこう》の七〇〇年にわたって日本で行われてきたもののすべてを根絶やしにした。すべての権力を得たミカドは、再び日本の唯一の専制的な「皇帝」となった。

戊辰戦争と二つの陣営

マニフェストの宣言のあとでただちに北部の大名たちは、引きずり下ろされた大君の軍隊と自分たちの軍隊を合わせて武器を手にした。南部の大名たちがそれに対抗した。彼らは、慶応四年一月六日（一八六八年一月二十八日）に発生した大坂と京都での戦いのあと、最終的な勝利を手に入れた。敗れた大君は江戸に逃げ去った。ここにすべてが残された。大君は完全にミカドに服従し、彼はミカドに自分の船も武器も残していった。大君は自分の故郷の城がある水戸に逃げ帰っていった。

しかしながら、北方の大名たちはこのあとも静まりはしなかった。彼らは南部の大名と明治元年の間、戦争を続けた。北方の大名たちは、ミカドが上流社会に干渉し、みずからの称号を失った、と宣言した。北方の大名たちは、新しいミカドを選んだ。それとともに、ミカドと外国人たちに被害を与えるためにこれまでの暗殺を続けることを欲した。この北方の大名たち（奥羽越列藩同盟）が新しいミカドを選んだ、というのは輪王寺宮公現《りんのうじのみやこうげん》親王を「東武皇帝」にしようとしたことを示唆している。

さらに「日本と改革」は、戊辰戦争を経て成立した明治政府の外国人に対するテロへの対応を取りあげて評する。

まず、一月十日（二月三日）に外国の公使たちのところに派遣された南部の大名たちの使者に注目する。彼は次のように述べた、と報じている。現在、ミカドが唯一の皇帝である。これによって、外国人たちは自分たちの条約と安全を確保することができるようになる。これを裏付けるものとして「日本と改革」は、二月十五日（三月八日）にフランス人の水夫が暗殺された事件をあげる。現在においては「暗殺の時代はもう過ぎ去った」と記し、その根拠としてこのフランス人水夫の暗殺者がすぐに捕えられて、二月二十三日（三月十六日）に死刑になったことを記している。これはフランス軍艦のデュプレークス号の船員、十数名が、二月十五日に高知藩の藩士に殺傷された事件である。

「日本と改革」の戊辰戦争から明治維新への記述をみていくと、大君とミカドの双方の大名が外国人にどのように対応したのか、そして締結した条約を遵守するのか否か、という点からその過程が分析され評価されている。また、ミカドが民衆の支持を得て「精神的」「世俗的」な力を徐々に回復していく姿が描かれている。その民衆の支持を得て、この二つの力を回復する「皇帝」に賛同した南部の大名たちが戊辰戦争で勝利するのは、当然の帰結なのであった。

四　戊辰戦争の世界史的意義

注目された戊辰戦争

なぜ、これほどまでに極東の日本という島国の変革、すなわち戊辰戦争とそれを契機とした明治維新を「日本と改革」は詳細に報じたのであろうか。この点は「日本と改革」がこの変革に見出していた世界史的な意義と関連していたようである。この点を次に取りあげる。

「日本と改革」は冒頭で、

現在、東洋の最も端にある国の一つ、すなわち日本において進行している大きな変動にあらゆるヨーロッパの人たちの関心が向けられている。この変動は、実際、ヨーロッパのそしてとりわけ日本に最も近い隣人であるロシアのすべての知識人の大きな関心の的になっている

と記している。なぜ、ヨーロッパの知識人、とりわけロシアの知識人たちは戊辰戦争を起点とする日本の変動に関心を寄せたのであろうか。それは、「日本と改革」によれば、近いうちにヨーロッパとの関係、何よりもロシアとの関係において日本の変動が大きな影響を与えるからであるという。

日本の変動はまず中国に影響を与え、そしてついには東洋のすべてに影響を及ぼす、と予見されている。日本の変動が中国をはじめとする東洋に広がると何が問題なのであろうか。それはヨーロッパの国々がこれまでアジア、たとえばインドにおいてわが物顔で振る舞っていたようにはできなくなる、というのである。具体的には、ヨーロッパの国々がアジアのいろいろな場所で行ってきた搾取・襲撃・強盗などができなくなるのであり、さらには、キリスト教の神聖な真理や文明の観念を隠れみのにして行ってきた圧迫・淫売・個人的な金儲けももはや不可能になる、と指摘する。ヨーロッパは、おそらく自分たちのかつての罪の仕返しを受けることになるだろう、と警鐘を鳴らすとともに、このアジアからの仕返しのことを考えるのは「恐ろしいことである」と「日本と改革」は示唆する。そして、ヨーロッパがそうだったように、すべてのアジアがヨーロッパのように武装し、現代のヨーロッパの原則（「力は法に勝る」）を自分たちの文明の基本に据えたらどうなるのか、と問いている。

ヨーロッパの国々がアジアで行ってきた搾取や圧迫が、日本の変動の中国やインドなどへの連鎖によって不可能になるどころか、その仕返しを受けると「日本と改革」は予見したのである。すなわち、アジアの諸国に近代化が連鎖し、それが生みだす状況が提示されているのである。

戊辰戦争とフランス革命

戊辰戦争を生じさせた原因は、開国以後の外国人の進入とそれに対する大君の妥協的な姿勢だった。そして、ヨーロッパ人たちによって生じさせられた日本の内乱の終息がヨーロッパへの仕返しを惹起する、というのである。戊辰戦争以後の日本の変動がアジアに与える影響だけでなく、ヨーロッパの人たちにとって戊辰戦争が看過できない理由がもう一つあった。「日本と改革」は次のように指摘する。

戊辰戦争以後の日本の変動と同様のものをヨーロッパにおいて見つけだすことができないのみならず、その可能性を考えることもできない、と「日本と改革」は言う。そして、ヨーロッパのこれまでの革命は「修辞的」、すなわちレトリックでしかない、と評する。ヨーロッパでは、共通の思考や原則が支配していて、いままでいかなるヨーロッパの革命もそれを越えたことはなく、ヨーロッパの革命は「コップの中の嵐」にすぎないというのである。それゆえ、一七八九年以後の革命、すなわちフランス革命を除けば恐怖もセンセーショナルなこともなかった、というのである。「日本の変革」は、一七八九年のフランス革命と戊辰戦争に類似性を見出しているのである。

なぜなら、ヨーロッパ人の通常の観念でこの二つの事態を理解することができないからであった。これが戊辰戦争に注目が集まるもう一つの理由なのである。

＊　　　＊

遠い島国の戦争を知っていたロシア人

本章の第一の課題は、ロシア人が戊辰戦争を知っていたのか、そしてもし知っていたとすればどのようにとらえていたのか、ということだった。この点を考えるために、「日本における革命」（『現代史』一四号）と、「一八六九年五月二十七日（六月八日）のミカドの部隊による箱館の封鎖」（『世界画法』四七号）を取りあげた。これらの論説から、戊辰戦争がほぼ同時代にロシアで広く知られていたことがわかった。戊辰戦争の事実だけでなく、詳細にその過程が報じられていた。たしかに、ロシア人の視点から戊辰戦争をとらえていたので、外国人の暗殺や幕府の条約が明治政府に引き継がれるか否かなど、外国人の利害に関する視点から戊辰戦争が論じられていた。

また、ミカド（天皇）に着目して戊辰戦争の二つの勢力の形成が論じられるとともに、ミカドが権力（「精神的」「世俗的」）を掌握していく延長線上に戊辰戦争が位置づけられていた。戊辰戦争の勝利の理由もミカドについた南方の大名たちが、単に軍事的に優位だったからではなく、民衆の支持を得ていたミカドのために戦った、という点に求められていた。

次に、戊辰戦争とそれを契機とした日本の変動の歴史的意義である。これは二つあげられていた。一つは戊辰戦争の発生が日本からアジア全体に変革を波及させる、という点である。すなわち、近代化の連鎖である。そしてヨーロッパによるアジア支配の終焉を促すことに繋がる、ととらえられていた。これまでヨーロッパがインドや中国をはじめとするアジアで行ってきた搾取や圧迫などへの罰が加えられることになる可能性が生じた、ということだった。もう一つは戊辰戦争がフランス革命との対比で論じられ、その意義が示されていた。それはフランス革命がヨーロッパの革命の中でどのようにとらえられていたのか、ということとも関連していた。フランス革命はヨーロッパ人たちが持っていた共通の原理や原則を大きく逸脱した変革だった。その点で戊辰戦争は類似性のある変革の起点だったのである。

ドイツ公使から見た戊辰戦争
——蝦夷地と内戦の行方をめぐるブラントの思惑——

福岡万里子

戊辰戦争期の国際関係とブラント

本章では、幕末から戊辰戦争期の日本に駐在したドイツの代表マックス・フォン・ブラントの史料を素材とし、戊辰戦争期の日本をドイツ人の視点からみてみたい。ブラントは、一八六二年（文久二年）末、北ドイツの強国プロイセンの領事として日本に着任し（のち代理公使に昇任）、ドイツ語圏で初めての駐日外交代表となった（プロイセンは一八六一年に日本と修好通商条約を締結し、国交が成立していた。福岡万里子—二〇一三ａ）。その後、一八六七年に故国で北ドイツ連邦が成立したのに伴い、六八年秋に同連邦の代理公使兼総領事となり、やがて明治維新を迎えた。その間、主に横浜にあった彼は、日本で巻き起こった内戦と政治体制の転換過程をどのように観察し、経験したのであろうか。

戊辰戦争期の日本をめぐる国際関係についてはつとに、維新政府支持か旧幕府支持かをめぐって対立したイギリス・フランスの駐日外交代表の競合関係が知られている。英公使パークスと仏公使ロッシュの対立を軸として展開したこの駐日外交団内の国際関係を、英米仏の外交史料から描出した石井孝は、さらに続けて、ロッシュの退任後は英公使とプロイセン（のち北ドイツ連邦）・アメリカ・イタリア公使らの間に新たな対抗関係が生じた経緯に言及している（石井孝―一九六六）。たとえば彼らは、天皇への謁見問題や、新潟開港問題、箱館戦争での旧幕府軍の扱いの問題など、戊辰戦争の終盤で浮上した種々の案件で、見解の大きな齟齬を生じ行動を異にした。英公使が新政府側を支持し、独米伊公使らが旧幕府寄りの立場をとった構図は、先行した英仏対立の際の延長線上にある。こうしたなか、率先して英公使の向こうを張っていたかに見える北ドイツ連邦代理公使フォン・ブラントの動向については、ドイツ側の中核的史料の所在が不明であったことから（後述）、実態の解明が遅れていた。

しかし近年、状況は変わりつつある。二〇一三年以降、日本近代史に関わるドイツ所在の史料を広範に調査・収集・活用する研究プロジェクト（研究代表者　五百旗頭薫）が実施され、その結果、従来所在不明であった戊辰戦争期のブラントの本国宛外交書翰の束が、他の無数の史料群とともに複写の形で日本に招来された。筆者は現在、それらの調査を進めている。そこから姿を現しつつあるのは、前述の石井以降、先学が散発的な関連史料から紡いできたブラントの戊辰期の動向の具体的実相である。本章は、現段階までの調査成果に基づき、そのエッセンスを紹介するものである。

一　戊辰期ブラントの独自動向？――研究史

戊辰戦争期のブラントの動向について、まずは前述の石井後の研究史を整理しておく。本章で扱う事実経過は、その研究史を通じて解明されてきた事実群に直接接続することになる。

まず田中正弘は一九七〇年代以降の研究で、幕末維新期の日本側関係史料の博捜を通じ、戊辰戦争が勃発する直前までのブラントの動向や、後述するシュネルなどその周辺人物の足跡を跡付けた（田中正弘―一九七三・二〇〇八）。たとえば、ブラントが一八六五・六七年（慶応元・三年）の二度にわたり独自に蝦夷地《えぞち》視察を行った経過や、オランダ人ともプロイセン人ともいわれてきたシュネル兄弟が、戊辰期に東北諸藩に潜入し奥羽列藩同盟側で暗躍した足跡を再構成している。田中はその行論を通じ、シュネル兄弟の活動の背後にはブラントの影があったのではないかと推定するとともに、「列国のかかる政策の間隙《かんげき》を縫って、いかにしてプロイセンの権益を確保し、影響力を扶植するかを考慮し野心鬱勃《うつぼつ》としていたのはパークスより寧《むし》ろ、フォン・ブラント自身ではなかっただろうか」という見通しを述べている。

ブラントの蝦夷地植民地化計画

ブラントが慶応年間（一八六五～六八）に行った蝦夷地視察についてはその後、ドイツ語圏の研究者により、彼が蝦夷地の植民地化計画を本国政府に具申していた経過が明らかにされた（Wippich—1997、バウマン—二〇一二）。それによればブラントは、一八六七年二月、一時帰国中のベルリンにおいてプロイセン海軍大臣（陸軍大臣兼務）フォン・ローン宛てに蝦夷地をめぐる意見書（一八六七年一月付）を提出した。ヴィッピヒの論文末尾には、意見書中、蝦夷地に直接関わる部分のドイツ語翻刻が掲載されており、そこでブラントは、蝦夷地の植民地としての有望性を力説し、さらに現段階で相応の軍隊を派遣すれば全島の軍事占領も可能であるとまで論じている。しかし本国政府としては、通商保護のための海軍拠点を東アジアに欲しはしても、入植地としての植民地は想定していなかったことから、これに取り合わなかったという。加えてバウマンは、ブラントの蝦夷地視察に同行しその植民地化構想の準備に関わったゲルトナー兄弟の出自や、後に箱石大がより詳細に内容を紹介することとなる、会津・庄内藩との蝦夷地をめぐる秘密交渉にまつわるブラントの一八六八年七月付報告書翰、およびそれに対する本国政府の当初の消極的反応について、日本の学界に初めて紹介した。

二〇〇〇年代以降には、箱石大が新たな研究を発表した。箱石はまず、幕末から明治前期にかけ横浜で英国人C・ワーグマンが刊行した雑誌『ジャパン・パンチ』掲載の風刺画から、ブラントを描いたものに焦点を当て、戊辰期の彼の動向を推察した（箱石大―二〇〇四〜〇六）。風刺画の緻密な分析から浮かび上がったのはやはり、維新政府を暗に支持する英公使パークスに対抗し、旧幕府勢力および奥羽越列藩同盟寄りの立場から、イタリア・アメリカなどの公使とともに画策していたブラントの動向の輪郭である。さらにその後箱石は、ボン大学名誉教授ペーター・パンツァーらと協力しつつ、主にドイツ連邦文書館フライブルク軍事文書館に所蔵される、戊辰期のプロイセン側未刊行史料の抜本的調査も実施した。その成果として、東北戦争中の会津・庄内藩とプロイセンの蝦夷地をめぐる秘密交渉、およびそれに対するプロイセン本国の反応の一部始終を示す史料が、より詳細に学界に紹介された（箱石大編―二〇一三）。

蝦夷地をめぐる戊辰期の秘密交渉

そこで紹介されたブラントの本国宰相兼外相オットー・フォン・ビスマルク宛報告（一八六八年七月三十一日付）によれば、奥羽越列藩同盟と新政府軍との戦闘が東北各地で展開されていた渦中の一八六八年（慶応四年＝明治元年）七月、会津・庄内両藩は、蝦夷地もしくは日本の西海岸にある両藩の領地をプロイセンに売却したいと内密に申し入れてきた。そのブラントの報告に対し、ビスマルクは当初、他国の嫉視を買う恐れから、海軍拠点の獲得といった限定的な範囲であれ、交渉に応じるのは適切でないとして提案を拒絶するよう指示した（フライブルク軍事文書館蔵一八六八年十月八日付海軍大臣ローン宛ビルマルク書翰）。しかし英国政府が琉球諸島の権益をにらんで水面下で準備をしているとのブラントの続報を受け、翻《ひるがえ》って、その情報が確かめられた場合は、件の提案についての交渉を、万全の注意を払いつつも開始する権限をブラントに与えることとなった（同年十月二十九日付ローン宛ビスマルク代理デルブリュック書翰）。ところがその間に日本では戊辰戦争が終結し、同件が立ち消えとなった経緯を、前記の研究は復元している。

ちなみに会津・庄内両藩がいかなる由縁でブラントにこういった話を持ちかけてきたのかについて、箱石はさらに、間に立って仲介していたのは前出のシュネル兄弟ではないかと推測している（戊辰期、シュネル兄弟の兄ヘンリーは会津藩で厚遇され、西洋軍法の伝習や器械製造、金銀山の開削などを指導した。一方、弟エドワルトは同じ時期、新潟を拠点に、庄内・会津を含む東北諸藩に対しさかんに武器の密売を行った（『会津若松史』第五巻、田中正弘―一九七三）。

以上がこれまでの研究で明らかになってきた、戊辰期のブラントおよびその周辺人物たちの動向である。これら先学の研究においては、ブラント自身の手になる史料が参照される場合は、彼が後年公刊した回想録（Brandt―1901）か、フライブルク軍事文書館蔵のプロイセン海軍省文書に断片的に残る、戊辰期の彼の本国政府宛書翰（宰相府に届いた後海軍省に転送・転写されたもの）とその関連史料が使われてきた。しかし幕末維新期、ブラントが報告書の大部分を送っていたのは、海軍大臣にではなく、直属の上司である宰相兼外相ビスマルク宛てにである。したがって戊辰期のブラントの行動を考察するための中核的史料は、ビスマルクの宰相府ないし外務省に保存された彼の書翰群であるはずなのだが、それらは長らく所在不明であり、その研究は手つかずのままとなってきた。

しかし冒頭で言及した五百旗頭研究プロジェクトの結果、それらは現在ドイツ連邦文書館ベルリン館に保管されていることが突き止められ、複写が日本に招来された。筆者はこれまでに、一八六八年五月末から十二月末にかけての書翰群の解読を進めているが、その内容は豊富である。とりわけ前出の会津・庄内との蝦夷地をめぐる秘密交渉の件についてはさらに新史料が見出され、推察されていたシュネルの関与も果たして明らかになった。以下ではそれらの内容を紹介するとともに、その背後に通底したブラントの戊辰戦争観について考えていきたい。

二　蝦夷地をめぐる秘密交渉の新史料

シュネルが会津から戻ってきた―ブラントの速報

一八六八年十一月十二日（明治元年九月二十八日）、ブラントはビスマルクに宛て、横浜から直近の郵便船が出港するに先立ち短い報告をまとめ、郵便船に託した。それは以下のような内容で、先に同年七月末に発信した蝦夷地の会津・庄内藩領をめぐる報告に次ぐ続報となっている。全文を拙訳で引用する（後述の第二信も同様）。なお以下の引用ではすべて、（　）は原文注、〔　〕は引用者（福岡）補足、――は原文の傍線、……は引用者による点線とする。

一八六八年十一月十二日付ビスマルク宛ブラント書翰第一〇七号　解読

在外公館のかつての通訳シュネルは、三月以降北部諸大名の元にいたのですが、昨日当地に戻ってきました。彼は会津と庄内の大名の委任状を持参していて、それは彼らに属する蝦夷島の土地を借款と引き替えに九九ヵ年担保に出すというものです。委任状〔の形式・内容〕は問題ありません。三〇万メキシコドルあれば、約一〇〇平方マイルの領地を買うのに十分すぎるほどでしょう。秋田、南部、そして徳川の領域も、つまりそれでほとんど〔蝦夷〕島全体が、おそらく少額の金で簡単に手に入るでしょう。庄内と会津の領域（報告第一〇四号の地図をご覧下さい）は良港がありません。しかしいったんそこに足場を得れば、ほかの購入は容易でしょう。回答は来年の三月半ばまでに用意しなければなりません、もしそうでないときには提案はほかの列強になされるでしょう。それまで私は委任状を手元に置いておきます。十一月十七日の郵便で、より詳しく報告するつもりです。〔ブラント署名〕〔ドイツ連邦文書館ベルリン館蔵北ドイツ連邦宰相府文書 R 1401/173. fol.132r./v.〕

ここに登場している「シュネル」とは、先にも述べたヘンリー・シュネル（兄弟の兄）である。彼は、ドイツ語圏出身の両親の下、一八四一年にオランダ領東インドに生まれ、四三年に母親とともに欧州へ渡り、ドイツ語圏（カッセル）、次いでオランダで成長した。その後航海士になって再びオランダ領東インドに渡り、さらに六三年中に日本に渡ったと見られる（福岡万里子―二〇一三b）。来日後、六三年（文久三年）末から六七年（慶応三年）にかけ横浜のプロイセン領事館（のち公使館）に書記官として勤務し、ブラントの下で通訳の職務に従事した。しかし一八六八年一月十六日（慶応三年十二月二十二日）に大坂でプロイセン公使館書記官を辞した。シュネルはそれから東北方面に渡り、プロイセンの元陸軍大将を名乗りつつ、会津藩や米沢藩の要路に接触した。会津では城下に建てられた「異人館」に寓居を許され、やがて日本名「平松武平衛」を名乗った。戊辰戦争が勃発すると、奥羽越列藩同盟の事実上の軍事顧問となり、戊辰の戦闘にも参加した。武器商として新潟港に乗り込んだ弟エドワルトとも相通じつつ、同盟諸藩への武器弾薬の調達を仲介したと考えられている。なお兄弟と接触のあった米沢藩士甘糟《あまかす》継成《つぐしげ》の記録によれば、ヘンリーは「袴羽織・大小」を身につけ、「通詞いらずに話も出来、料見も尤なる事を申」していたという（田中正弘一九七三・二〇〇八）。

そのシュネルがこの時期、横浜にいたかつての上司のもとを訪れ、引用にあるような取引の提案をもたらしたというのである。ブラントはまずは取り急ぎの報告を重視したらしく、より踏み込んだ詳報は、次回横浜を出発する郵便船に託すことが企図された。

なおこの頃ブラントは、蝦夷地をめぐる秘密交渉の第一報となった先の七月末付報告に対し、ビスマルクからの返答をまだ何ら受け取っていない段階と考えられる。というのもこの時期、横浜とベルリン間の書翰の往復は海路・陸路を経て片道約二ヵ月を要した。したがって第一報を受けた本国の当初の抑制的指示が横浜に届いたのは一八六八年十二月初旬、その後の条件付き交渉開始指示は同年十二月末頃になって届いたものと推定されるのである。

引用に付した点線部について補足しておく。「報告第一〇四号の地図」とは、この書翰の前日に記されたビスマルク宛ブラント書翰に添付されていた蝦夷地の領地割図であり、幕末段階の庄内・会津藩領や幕領を含め各家の領地が色分けで示されている（口絵4に掲載）。「委任状」は問題の提案が書かれたものであり、その内容は後出の書翰で詳述されるが、それらをブラントは、本件の交渉にけりがつくまで手元にとどめておくとし、本国に添付して送ることを当面控えた（それらがその後、本国に送られたかどうかはこれまでのところ不明。本書翰と次便が収録された簿冊およびその後に続く簿冊には見出されない）。

蝦夷地をめぐる交換条件―ブラントからの詳細情報

その翌日、ブラントはより詳細な報告を認めた。以下にその全訳を載せる〈原書翰の第一頁を口絵3に掲載。なお本史料の一部の解釈については、高橋宗吾東京大学教授およびグイド・ラッペ同大学准教授の助言を得た。文責はすべて筆者に帰するが、ここに記して謝意を表する〉。

一八六八年十一月十三日付横浜発ビスマルク宛ブラント書翰第一一〇号　解読

フランスの郵便船の出発が悪天候のために延期されたので、本日すでに、昨日付の私の忠実な報告第一〇七号で言及した事柄についてより詳しく閣下にご報告することができます。

シュネルに対し会津の大名から与えられた委任状は翻訳すると以下のとおりです。

会津侯松平肥後守《まつだいらひごのかみ》は本状によりシラマッブへ〈シュネルの日本の名前〉〔平松武兵衛〕を全権代理公使および名代〔seinem bevollmächtigten Chargé d'affaire und Stellvertreter〕に任命し、添付されている訓令に従って行動する全権を彼に与えた。すべての人々が彼をそれとして認承し、彼が礼儀をもって行動することを、我々は望む。証拠として我々は本状に我々の署名を付し、国〔Staat〕の印を添えた。

訓令：私の全権代理公使シラマッブへへ。私の全権代表として、あなたは私の家〔Haus〕と国〔Land〕のために状況に応じて行動するがよい。そして蝦夷における我々の領地を、銃で武装した軍隊の用意または借款と引き替えに担保として与えるように。先に述べた我々の土地の請け出しの期限は九九ヵ年と定める〔A〕。

両方の文書〈委任状と訓令の内容を記した文書二点〉は大名によって署名されており、今年の第八月〈十月〉付です。庄内の大名の委任状も同一のものです。両方の領地の収益は添付の計算書〈添付文書は簿冊に収録されず〉によれば三万八四〇〇ターラーおよび三万四一〇ターラーです。

閣下は前述から文書が完全に形式が整っていることがおわかりになるでしょう。とはいえ第一の条件に関していえば、閣下のご決定を先取りするまでもなく、その受け入れは全く考えられません。この条件はまた私の前ですぐに取り下げられました。二つ目〔の条件〕に関していえば、これを相応に修正することは同様に容易なことでしょう。仮定的なメリットとデメリットに関していえば、閣下、ここで私が一八六七年一月に海軍大臣閣下および枢密顧問官フォン・コイデルに対して提出した意見書〔B〕を引き合いに出すことをお許し下さい。そして私が付け加えられるのは、私が当時得た経験そして当時表明した見解はあらゆる点において立証されていることです。

提案に沿った決定が閣下によってなされる場合もそれは常に条件付きのものにしかなり得ないでしょう。というのもすべてが、北部側が蝦夷において再び優位を示し――そのために遠征団が向かっているところですが――、同地で地歩を確保することができるかどうかにかかっているからです〔C〕。いずれにしても、秘密保持を信頼できる当地の商会を通じて、適当な額を前払いとして払うことは考えられるでしょう、そうすれば王国政府にとってすべての利益が維持されると同時に、それに直接義務を負うこともないからです。

もし王国政府がこの機会を利用されるようでしたら、自由裁量で使える金額を頂けるようお願いいたします。信任状や委任状は当面は必要ありません、というのも始まった案件はいつでも長引かせることができるからです。ただし秘密の遵守は、成果のための主要条件です。〔ブラント署名〕〔R 1401/173, fol.133r.-135v.〕

以上のビスマルク宛書翰二点には、いずれも冒頭に「Entzifferung〔解読〕」の文字が記されている。これは原文書がもともと暗号で記されており、ベルリンの連邦宰相府（Bundeskanzleramt）で受領された際に解読の上で清書されたものであることを意味すると考えられる（ただし暗号のような原文書は同じ史料簿冊の中に残っていない）。文書はいずれも、ブラントが末尾にみずから記すように、機密の保持が求められる事案を扱う一方、書翰は横浜を出港するフランスの郵便船に託して発送された。それらは外交封印袋に入れられ厳封されていたであろうが、万一の場合に備え暗号化されていたものと推察される。

なおこれらの文書は、ビスマルク宛ブラント報告書翰の束を収めたドイツ連邦文書館ベルリン館所蔵宰相府文書の簿冊中に、同時代の受領印とナンバリングを付された上で収録されている。こうした状況に鑑みて、文書自体の信憑性は疑いにくい。以下ではそれを仮定した上で、点線部を中心に補足しながら書翰を吟味していく。

蝦夷地への熱い視線

まず〔A〕に見られる提案された取引の内容を整理する。蝦夷地の領地を九九ヵ年間担保に出すのと引き替えに会津・庄内両藩が求めていたのは、①銃で武装した軍隊の提供、または②借款の提供、であった。書翰で続けてブラントは、①の受け入れは全く考えられないので言下に否定したと述べ、一方②については、交渉の上で受け入れてもよい可能性に言及している。

彼はここで、提案に応じる際の「仮定的なメリットとデメリット」については、去る一八六七年一月に本国に送付した意見書〔B〕を参照してほしいとし、そこに記した内容は全面的に立証されていると付記している。この意見書(Denkschrift)は、ヴィッピヒやバウマンの研究で紹介された、蝦夷地植民地化をめぐるブラントの意見書を指すものと考えてよいであろう。

ここでその内容を、ヴィッピヒの翻刻に基づき、より詳しく紹介しておく。それはまず、①蝦夷地の位置と面積、アイヌ人と和人の居住の状況を概観し、また②蝦夷地は現在、日本外部の植民地として将軍および日本北部の諸大名によって分割統治されているものの、軍備は箱館や松前にいくらか要塞がある程度で総じてとるに足らず、簡単に攻略可能であると述べている。一方、③その広大な面積は一五〇万人までの人口を受け入れ可能と見られ、気候は北ドイツに類似しており、鉱物資源や木材、海産物など各種豊富に産出し、馬・牛・豚・鳥類も少なからず、伝染病は少ないため、本国からの移民に好適な耕作植民地となり得ること、などを順に説明している。その上で後段において、④プロイセンから国外に出ている年平均二万四〇〇〇人の移民の一定数を蝦夷地に振り向けることの意義、⑤移民の東アジア移送の際は海路で蒸気船を使うのが適当であり本国の助成が必要であること、さらに⑥蝦夷地の軍事占領に必要な実際の戦力、⑦予想される他の諸列強の反応は対処可能であることなどを、事細かに論じたものとなっている。

ちなみにその概要は、後年のブラントの回想録では、いわば他人事のように、次の如く言及されている。

……私は蝦夷を旅行する間に、この土地はヨーロッパ人の植民地として格別に適していると確信することができた。気候は少なくとも島の南部において北欧のそれと合致し、地味は肥え、灌漑の便が非常に良く、石炭の埋蔵量も多い。魚類の豊富なことも特記に値し、また、海藻や硫黄、そのほかの品目は直ちに有利な輸出貿易の基礎となる。土着のアイヌと本土からの移民は数が少ないので、ヨーロッパ人の入植に障害となりうるものではないし、また、島に置くべき守備隊や駐留地のことは問題とするに足りなかった。かくして蝦夷は、この島の攻略を真剣に勘案した最初の強国の好餌となりうる土地であった（ブラント著／原潔・永岡敦訳―一九八七）。

蝦夷地植民地化の意見書は一八六七年初めに提出された当時、前述のように、本国政府では受け流されていた。しかし翌年十一月付の本書翰においてブラントは、かつて力説した趣旨に改めて本国政府首脳の関心を喚起した上で、今回の提案に前向きに応じる意味を強調したわけである。

蝦夷地をめぐる微妙な情勢

一方ブラントは、点線部〔C〕に見られるように、蝦夷地をめぐる現今の微妙な情勢も認識していた。すなわちそこには、蝦夷地は現在、「北部側」（旧幕府側）が確保しているわけではなく、「遠征団」が蝦夷地に向かい同地を平定するという条件が満たされた際にはじめて、件の提案に基づく交渉が可能になるという見解が示されている。ここに言う「遠征団」は、榎本武揚《えのもとたけあき》率いる旧幕府艦隊のことを指すものであろう。

ここで幕末維新期における蝦夷地をめぐる状況の変遷をまとめて確認しておこう。幕末、蝦夷地はロシアの動向をにらんで幕府の下に再上知され（一八五五年〈安政二年〉）、あわせて縮減された松前藩領を除く領域が箱館奉行所の支配下に置かれた。各地の警衛は東北諸藩に任されたが、その後一八五九年（安政六年）に至り、幕府は蝦夷地の内を分割し、警衛に携わってきた六藩（仙台・会津・秋田・庄内・盛岡・津軽藩）に領地として分与することとした（ただし秋田藩は一八六七年〈慶応三年〉に幕府の命により支配地を返還）。その後維新期に至り、新政府は一八六八年五月四日（慶応四年四月十二日）に箱館裁判所の設置を決定し、総督（清水谷公考《しみずだにきんなる》）を任命した（のち六月〈閏四月〉に箱館府・府知事に改称）。総督一行（百余人）は六月十六日（閏四月二十六日）に箱館入りし、旧箱館奉行側はこれに恭順して平穏裏に政務引継ぎがなされた。総督の任命書には、新政府の全権として「蝦夷全島一切御委任」する旨が記載された（ただし重要事項については「伺之上所置《うかがいのうえしよち》可有之候事《これあるべくそうろうこと》」との但書が付され、その権限は漠としていた）。蝦夷地の警備については、先の東北六藩から会津・庄内を除いた四藩および松前藩に対し新政府から布告が下され、旧幕府期とほぼ同様の区域の警衛が任された。とはいえこの間、各藩とも戊辰の動乱の中でそれどころではなく、箱館裁判所（箱館府）の機構や政務の実態も、過渡期特有の流動的・不安定な状態にあった模様である。

この後、十二月三日（明治元年十月二十日）に榎本武揚率いる旧幕府艦隊（総数二千余人）が蝦夷地に到来し、やがて箱館を占拠、新政府陣営は青森に退却した。一月二十七日（十二月十五日）、旧幕府軍は蝦夷地平定が完了したとして、榎本を総裁とする蝦夷島政権の成立を宣言した。のち新政府軍が蝦夷地の奪回に乗り出し、一八六九年五月二十日（明治二年四月九日）に箱館戦争に突入、六月二十七日（五月十八日）に旧幕府軍は降伏に至った（『新北海道史』第二巻通説一・第三巻通説二、『函館市史』通説編第二巻）。

ブラントの問題の書翰は、この間の一八六八年十一月十三日付である。その時点で蝦夷地は新政府の管轄下に入っていた一方、旧幕府艦隊が該地に向かいつつあったのであり、前記〔C〕に見える見解は、こうした予断を許さない状況を指したものといえる。

三　ブラントの戊辰戦争観

以上に見たように、シュネルが戊辰戦争の東北戦線から持ち込んできた話に、ブラントは情勢の刻一刻たる変遷をにらみつつ、機会と状況が許し次第身を乗り出して応じようとする構えをとった。これに対する本国政府の反応を示す文書は、調査途上でありいまだ詳らかにしえない。一方、戊辰戦争の東北戦線の経過を振り返ると、実は、ブラントが前記の書翰を認めた一八六八年（明治元年）十一月半ば当時、奥羽列藩同盟の諸藩はすでに新政府軍に次々と降伏し、東北戦線は終結に向かいつつあった。すなわち会津藩の降伏は十一月六日、庄内藩は翌七日であり、前述の書翰が記された十一月十二・十三日はその後となる。会津・庄内藩は、戦闘の決着が着く直前のきわめて切羽詰まった情勢下で、蝦夷地を梃子とした戦局の打開策を急ぎ具体化しようとしたものの、シュネルが東北の戦線から委任状を携え横浜まで移動してくる期間のうちに、両藩の相次ぐ降伏に至ったものと推測される。

ただしブラントは問題の書翰中で、「始まった案件〔会津・庄内藩との交渉〕はいつでも長引かせることができる」との見解を示しており、両藩が間もなく新政府軍に敗退し、交渉そのものが成り立たなくなる可能性を、かなり過小評価していたようである。彼はそもそも、時事情勢をどのように理解していたのであろうか。以下では、ブラントの姿勢の背後にあったと見られる彼の情勢認識、ないし戊辰戦争観について考えてみたい。

「南北戦争」としての戊辰戦争

結論からいえば、実はブラントは、戊辰戦争が実際の結末のように早期に終結するとは予想しておらず、むしろ内戦状態は長期化すると見込んでいた。

たとえば前節の書翰の約一ヵ月前に書かれた一八六八年十月八日付ビスマルク宛報告でブラントは、榎本武揚率いる旧幕府艦隊が「ミカドの役人たち」に軍艦や武器を引き渡すことを拒否し、公に「北部〔佐幕派の東北諸藩〕」側に与することを宣言して、英語のマニフェスト文書を外交団宛てに送付し江戸湾を去ったという経過を報告した上で、次のような見解をつづっている。

〔前記のマニフェスト〕文書の意味についてですが、過小に評価することはできないと思います。すべてではないにしても、多くが徳川の人々の行動するエネルギーによることはたしかですが、しかし彼ら〔榎本艦隊〕が北部と合流したという単純な事実がすでに、個々の氏族や諸大名の間に存在する相違が、調停されるにははるかにかけ離れ、むしろ日に日に鋭さを増しており、平和の再構築が当面は考えられ得ないということの証左になっています。戦争はますます、南部と北部との間の戦闘の性格を帯びつつあり、何世紀もの間存在してきた、まさにこの古い氏族間の憎悪が、南部連合の決定が支配的になるような政府の統治体制の構築を、たとえ南部側が一時的に成果を挙げたとしても、不可能にするだろうと思わざるを得ません〔R 1401/173, fol.99v.-100r.〕。

この中で、「北部（der Norden）」は旧幕府および徳川方に与する東北諸藩の陣営を、「南部（der Süden）」は「ミカド」を頂点とする新政府側の陣営を指している。「南部連合（die südliche Conföderation）」という表現からしても、いまだ近い過去であったアメリカの南北戦争が重ねられていたと見られる。

日本は群雄割拠状態に陥る？

さらに、前節で取り上げた書翰の数日前に作成された一八六八年十一月十一日付のビスマルク宛機密書翰でブラントは、確実で信頼できる情報の不足により戦況の全体像の描写や結末の予測はきわめて困難であると留保しつつ、次のようにさらに踏み込んだ推測を行っている。

日本の歴史では数百年来、南部の北部に対する敵対関係が主要モチーフとして一貫して流れてきており、そこ

において は現在まで常に北部が、戦争の勝利者となってきました。現況の戦闘においても、それは主に、南部の薩摩・長州、および北部の会津・庄内などの個々の氏族間の抗争となっており、それが事柄に独特の特徴を帯びさせ、その結果として、最終的な神の調停への期待を抱きにくい状況となっています。〔中略〕

このような現状が情勢の概観をほぼ不可能にしていることは、ほとんどいうまでもないことですが、しかし私は、最終的には北部が戦争の勝利者になるだろうと思わざるを得ません。というのも北部はまず、より粘り強く耐久力があるように思われ、また他方で、〔南部のように〕抑圧や強要といった手段に訴える必要がないからです。一方これら〔抑圧や強要〕により、南部に対する都市民や農民層の共感は全く失われてしまっています。反対のことを種々主張してはいるものの、こういった反動を体現している南部が、勝利を収め北部全体を服従させたとしても、南部は北部においてほとんど地歩を固めることはできないでしょう。というのも農民層や人口のあらゆる階層の憤懣は非常に大きなものであり、また後々まで尾を引くもののようであるからです。そのため私は、戦争はまだまだ長引き、最終的には、もはやおそらく不可能になった大君の復活とはならないまでも、現在の政府すなわち南部連合の崩壊で終わるであろうとしか推測できません。その後どうなるかということは、結論が難しいですが、おそらく国はミカドに外面的には従属し続けるでしょうが、個々の諸侯たちはそれぞれの領地で多かれ少なかれ独立的になるでしょう〔R 1401/173, fol.140r.-141v.〕。

ブラントはこのように、戊辰戦争の東北戦線が終結間近になった段階でも、南部すなわち薩長連合の勝利とそれによる日本平定の見通しには、きわめて懐疑的であった。むしろ「南部連合」は崩壊し、日本が、天皇を名目上の頂点に戴きつつも、諸大名が各地に割拠する分裂国家になるという可能性を、にらんでいたのである。

そうであるならば、件の委任状にあるように、蝦夷地に領地を持つはずの会津・庄内両藩と独自に取り決めを結んだとしても、それは日本国内の混乱と分裂の情勢の下、そして内政と外交の権を収攬《しゅうらん》する統一政権の不在の下で、後々まで有効なものとして残る可能性が見込めることになる。さらにブラントが数年前の蝦夷地視察で観察したところでは、同地の防備体制は取るに足らない状況であった。その間に、蝦夷地の当該領域を中心とした一帯の実効支配に向けて措置を講ずれば、ごく容易に、そこはドイツ人の植民拠点となり得るのではないか。前節の書翰を認めた際のブラントの目論見《もくろみ》は、おそらくこのようなものであったと考えられる。

ブラントが見る内戦下の日本をめぐる国際情勢

ブラントはまた、当時の日本をめぐる国際情勢についても、生々しい認識を抱いていた。同じく一八六八年十一月十一日付で記された別のビスマルク宛機密書翰で〔彼〕は、英国が日本での植民地獲得に向けてすでに具体的な動きを行っているとの説を展開している。それによれば、彼が以前の書翰ですでに報じていたように、薩摩侯が領有している琉球諸島を担保にした三〇万ドルの額に上る借款が、英国政府が保証する形で、長崎のグラバー商会からすでにしばらく前に〔新政府に対して〕なされており、この事実はあらゆる情報筋から判断して疑いがない。さらに最近、〔やはり英国資本の〕オリエンタル銀行からなされた五〇万ドルの借款は、日本の開港地の税関収入のみならず、蝦夷島の収益または同島の一部の土地を担保としてなされたと見られる、とも報じている。ブラントが記すには、前記の情報はさまざまな情報筋から伝わってきており、「これらが事実であると考えるあらゆる根拠がある」という。

なおこの時期の英国駐日公使パークスの個人文書には、一八六八年九月十五日に会津藩〔軍事方〕と英国籍商人ジャクモ〔スイス出身〕の間で締結されたという、会津藩領の鉱山リース権をめぐる契約文書〔英語〕が残っている〔保谷徹―二〇一三〕。それは「会津侯の所有地と領有地に含まれる」鉱山のリース権を、五〇万ドルと引き替えに、いずれかの外国側組織ないし会社に二一年間付与するための交渉権を、会津藩主の特別代理人とされたジャクモに与える趣旨の契約文で、リース条件の詳細を列挙した文書が付属したものである。前記のブラント書翰の情報との関連性についてては精査を要するが、参考までに付記しておく。

ブラントの書翰に戻ろう。続く部分はまとめて引用する。

ただし、そのような目論見〔琉球諸島や蝦夷地の権益獲得〕を実行するのに、英国はほかの国々同様、あまりチャンスを望めないでしょう。というのも、北部連合による蝦夷地の奪還が不可能なわけでは全くないという情勢を差し置いても、ロンドンの内閣のそのような計画は、実行しようとする際には、ロシア・フランス・アメリカ合衆国からの甚大な反発を引き起こさずにはいないであろうからです。その反発は、英国の東アジアでの影響力の増大がこれらの国々にとって不都合であればあるほどに、強力なものとなるでしょう。これに対して、第二または第三の海軍国による蝦夷地の取得は、それらの国々のいくつかにとり、ロシアのさらなる南下に対抗するための保証〔Garantie〕になると同時に、この海域における英国の地歩の確立に対抗するための安全保障〔Sicherheit〕ともなるでしょう〔R 1401/173. fol.128v.-129r.〕。

このように、英国が琉球諸島や蝦夷地の一部に権利を得ようとすれば、それは東アジアに利害関係を持つ露・仏・米の強力な反発を招かざるを得ず、また蝦夷地が旧幕府方によって取り戻される可能性を勘案すれば、英国の「計画」が首尾よく実現される見込みは少ないとの見方を、ブラントは呈している。次いで言及されている「第二または第三の海軍国」（点線部）は、明らかに自国を指す語であろう。すなわちドイツ勢が蝦夷地を取得するならば、一部列強には、極東でのロシアないし英国の影響力増大を防ぐ歯止めとして認識され、歓迎されるはずと彼は示唆しているのである。この上でブラントは、蝦夷島における個々の大名の領地割図（口絵4）〔R 1401/173. fol.130r.〕を同封して提出すると述べ、書翰を結んでいる。

戊辰動乱期の闇

諸列強の海外進出の後塵をこれまで拝してきた極東におけるドイツの代表が、戊辰の動乱を前に、ここぞとばかりに野心をたくましくしていた有様が、以上の行間にはありありと残っている。本章冒頭で言及した戊辰期のブラントの動向をめぐる先学の見立て――「いかにしてプロイセンの権益を確保し、影響力を扶植するかを考慮し野心鬱勃としていた」のは英国のパークスよりもむしろブラント自身であったのではないかというもの――は、正鵠を射ていたというべきであろう。

と同時に当時の欧州情勢は、周知のように、北ドイツ連邦が成立していたものの、ドイツ語圏南部の諸邦はいまだプロイセン主導の連邦の版図外にとどまっている微妙な時期であった。これらを連邦内に吸収し、「小ドイツ主義的統一」という宿願を果たすために、プロイセンは、当時の複雑な欧州国際関係の中で何よりも、自国の東西に控える英露両大国の好意的中立を保持しておくことが、死活的に重要なはずであった（キッシンジャー著／岡崎久彦監訳―一九九六）。であるからこそ、すでに先学の研究で確かめられたように、北ドイツ連邦宰相兼外相ビスマルクは、会津・庄内藩の蝦夷地をめぐる提案の第一報をブラントから受けた当時、提案に応じる選択肢を即座に却下したものであろう。しかしその後、琉球諸島の権益をめぐる英国の動向を報じた続信に接し、ビスマルクは条件付きながら件の提案に関する交渉に入る権限を彼に与え、一時的にも、その抑制を踏み越えることとなった（箱石大―二〇一三）。そして現地の渦中にあるブラントは、その後さらに、本章でみてきたように、極東でのドイツ植民地獲得という夢に傾倒することとなり、その幻想が破れたのは、新政府軍による戊辰動乱の平定という事態の収拾を得た後のことであった。当時の流動的な日本・東アジア情勢が、関係列強にとってはいかに危険に富むと同時に誘惑的な地政学的空間であったかということを、これらの経過は示唆している。

＊　　＊

以上、ブラントの本国宛報告書翰を素材として、ドイツ駐日外交代表の視点から見た戊辰動乱の一幕を素描した。本章で明らかにし得たのは、当該期のブラントの動向のごく一部にすぎない。今後、書翰群の継続的な調査により、英仏に比べると未解明の部分が多かったドイツ勢の動向の実態解明を進め、それを通じ、幕末維新期の国際情勢をより重層的に考える手がかりを提供していければと思う。

ブラントの疑心と共感

本章では最後に、以下の点についての考察を行い、結びに替えたい。第三節で見たとおり、ブラントは戊辰戦争の帰趨について、「北軍」（旧幕府・奥羽列藩同盟側）の勝利と「ミカド」政府の崩壊、日本の中長期的分裂という、最終的には正反対の結果となる予測を行っていた。それは後世の結末を知る眼から見れば、滑稽にすら映ずる。彼がこのように予測を大いに誤った背景は、いかなるものであろうか。

筆者はこれにつき、現段階でさしあたり、次のようなふたつの要因を考えている。ひとつはブラントが抱いていた新政府に対する疑心、そしてそれと裏腹の旧幕府方に対するシンパシーである。彼は本国宛書翰でたびたび、日本で発行された諸新聞（英字および日本語）に現れた報道の断片的情報に基づき、新政府の内部・周辺における攘夷派勢力の伸張を報じている。そして「北部が独立した地位を守ることができないのであれば、勝利し、自分たちの成果によりつけあがった党派と、条約諸国との間に、間もなく深刻な軋轢《あつれき》が生じることは間違いない」（一八六八年七月一日）といった見通しを述べている。別の書翰では、攘夷派の勢力増大を背景として、キリスト教および外国人を標的とした新政府のさまざまな措置が繰り出されており、対外政策を条約締結前のオランダ人に対する政策レベルに引き戻そうとする動向が生じているなどと報じ（七月二十四日）、このような動きに警戒し備える必要性を説いている。

他方、ブラントの徳川方・「北部」側に対する見方は好意的なものが多い。たとえば、英国公使が「南部」側に肩入れしているせいで戦争は長引き、「北部」側の親外感情が減退してきているとか（十一月十二日、機密書翰）、榎本艦隊が箱館を攻略した経過を報じるなかで、「徳川軍はすべての点においてしっかり行動し、箱館の外国人は全く被害を受けなかった」（十二月十七日）、「彼らの外国人に対する扱いはあらゆる点で称賛できるもので、外国人は何も恐れる必要がない」（十二月二十九日）などと報じているところに、そうした傾向が読み取れる。このようなバイアスが、戊辰の戦況をめぐって錯綜する情報をまがりなりにも総合し、見通しを得ようとするブラントの判断を、「北部」びいきの方向に傾けさせた可能性が指摘できる。そこにはまた、英公使パークスが当初から新政府を支持し、政府要路との利害関係を水面下で構築しつつあるなか、そこにつけいる隙がなく、その反対陣営に入れ込むことで、駐日外交団内や本国に対してみずからの存在感を示そうといった、極東の弱小アクターとしての虚栄心や大英帝国への対抗心も、働いていたことであろう。

情報収集体制の落差

さらなる要因として考えられるのは、ブラントの率いる北ドイツ連邦公使館が当時、さほど有能な日本語通訳ないし情報収集エージェントを擁さず、彼が多くの場合、新聞など二次的な情報源に基づいてしか情勢を読み解く手がかりを有さなかったと見られることである。ブラントはこの時期、みずからの情報源について次のように記している（五月三十日）。

閣下にここ数日の出来事について踏み込んで詳細に報告するのは困難で、ほとんど不可能です。日本の新聞やビラは全く格言的に捉えられた情報やばかげたディテールしか〔nur ganz aphoristisch gehaltenen Nachrichten oder kindische Details〕伝えず、私の大君の支持者へのコネクションは不確実でめったになく、またミカドの役人たちは当然、敗北に関する詳細な情報を伝えることはなく、それについて否定しないまでも、意味を減じて伝えようとするからです〔R 1401/172, fol.28r./v.〕。

「私の大君の支持者へのコネクション」ということで示唆されているのは、東北に潜伏していた公使館元通訳シュネルのことであろうか。いずれにしても、そういった一次的な情報源を除けば、ブラントは当時、「日本の新聞やビラ」か、外交交渉でいずれにしても接触の機会がある「ミカドの役人たち」といった、ごく一般的なインテリジェンスの手段しか持たなかった。そうした状況は、戊辰戦争期を通じて、その後もさほど変わることはなかったと考えられる。

このような状況は、たとえば同時代の英国公使館が実践し得た情報収集活動に比べた場合、比肩しようのない貧弱さであったといえる。というのも当時、英国公使パークスの下には、日本語を自在に駆使し、伊藤俊輔《いとうしゅんすけ》や木戸《きど》孝允《たかよし》、西郷隆盛《さいごうたかもり》、勝海舟《かつかいしゅう》など、新政府および旧幕府方双方の中枢にある要人たちと個人的なコネクションをすでに戊辰以前から築いていたきわめて有能な通訳官がいた。アーネスト・サトウである。サトウは英国外務省の通訳生試験に合格して中国・日本に送り込まれ、漢字・漢文の学習から徹底的に仕込まれた専門的通訳官であった（横浜開港資料館編二〇〇二）。シュネルなど現地採用の即席通訳に頼らざるを得なかったドイツ勢の事情とはおのずから異なる。パークスが新政府の可能性を早々に見出し、戊辰戦争期には中立を表向き維持しつつも、陰に陽に新政府を支える側に回ったその先見の明は、こうした高精度の情報源があってこその結果であったろう。戊辰動乱の渦中にブラントが示した見通しの限界は、このように、極東に進出した外国公使館が備えた情報収集体制の質の圧倒的な落差をも、おそらく反映していたものと考えられる。

Ⅱ　戦争と政治

維新政府による旧幕藩領主の再編と戊辰戦争

箱石　大

大名と旗本の戊辰戦争

維新政府は、その発足当初から、従来の幕藩制的に編制された大名（万石以上ともいう）を諸侯《しょこう》と公式に呼称するようになった。また、元来は江戸時代の儒学者による雅称であった藩という呼称も正式な名称とされた。雄藩連合政権とも評される維新政府のもとで、全国の諸侯・諸藩は新たな国家体制のなかに組み込まれたのである。そして、戊辰戦争の勃発により、雄藩を中心とする多くの諸侯・諸藩は、新政府軍の軍事力としても動員されることになった。

本章では、天皇の直臣すなわち朝臣《ちょうしん》としての諸侯となった旧大名とともに、中大夫《ちゅうたいふ》・下大夫《かたいふ》・上士《じょうし》という新たな身分・格式上の呼称を付与されて朝臣となった大身の旧旗本を含めて旧幕藩領主と総称する。

そのうえで、戊辰戦争期の維新政府が、徳川宗家（将軍家）と旧幕藩領主との間に存在する従来の封建的主従関係を断ち切る一方で、新たに天皇との君臣関係を構築・確立させ、どのように彼らを再編制していったのかという問題を、とくに制度面に着目してみていきたい（なお、とくに典拠の注記がない箇所の記述については、『復古記』または東京大学史料編纂所蔵「大日本維新史料稿本」によっていることを、あらかじめお断りしておく）。

一　大名家格制の解体

戊辰戦争によって解体された大名家格制

江戸時代における大名の家格は、①三家（三卿は大名とみなされない）・家門（親藩）や譜代・外様という徳川将軍家との親疎関係、②国持（国主）・国持並（准国主）という領知の規模、③石高の多寡、④城主（城持）・城主格（城持並）・無城という城郭の有無（無城の大名は在所に陣屋を構えた）、⑤武家官位の高低、⑥江戸城殿席の所属（大廊下《おおろうか》・溜間《たまりのま》・大広間《おおひろま》・帝鑑間《ていかんのま》・柳間《やなぎのま》・雁間《がんのま》・菊間《きくのま》）などによって複合的に形成され、かつ表現されていた（松尾美恵子―一九八一）。

このような大名の家格制は、大政奉還・王政復古から戊辰戦争を経て解体していくことになる。詳細は後述するが、領知と官位については旧大名が諸侯として朝臣化したため、維新政府においてもひとまず継承された。すべての土地・人民は天皇のものであるという王土王民思想を理論的な根拠として、将軍・大名間の封建的な君臣関係は天皇・諸侯（旧大名）間の関係へと移行したのである。官位についても、将軍が与える栄典から、天皇が与える本来の律令制的な官位へと転換した。これに対して、戊辰戦争のなかで失われていった大名家格制の要素もある。まず、親藩・譜代・外様の区別が維新政府のもとでは無意味なものとなった。また、一八六八年（慶応四年＝明治元年）四月十一日の江戸開城により、徳川将軍に臣従した大名が伺候する殿席は、本来の意味を失って制度的に解体・消滅した。

朝臣化を拒絶する譜代大名

一八六七年（慶応三年）十月十四日、将軍徳川慶喜《とくがわよしのぶ》が大政を奉還し、翌十五日これが朝廷に聴許されると、ただちに朝廷は一〇万石以上の大名に対して上京を命じ、二十一日には一〇万石以下の大名にも同様の召命を発した。結果としてこの朝命が、諸大名に対して、天皇の直臣すなわち朝臣となるのか、それとも徳川宗家との主従関係を維持して陪臣のままでいるのかという判断を迫るきっかけとなった。こうしたなかで、一部の譜代大名は、徳川宗家との主従関係こそ唯一絶対的なものと考え、殿席ごとに結束した行動を取る。

十一月十五日、菊間縁頬《きくのまえんがわ》詰（以下、菊間詰と表記）の譜代大名が、朝廷の召命辞退を幕府に懇願した。またこの頃、溜間詰・同格の譜代大名有志が、官位返上を幕府に願い出た。譜代大名が、朝廷との直接的な関係を拒否するため、官位返上を主張している点は、武家官位が将軍の恩典から天皇との君臣関係を明示するものへと変化しつつあったことを象徴的に示している。こうした殿席ごとに結束した譜代大名による朝廷の召命辞退は連鎖的に続き、翌十六日には、帝鑑間詰の譜代大名も朝命辞退を願い出た。朝廷に対しては陪臣の身分であることを理由に朝廷の上京命令を固辞し、朝臣となることを拒絶したのである。その翌日には、江戸にいる雁間詰の譜代大名も朝廷の召命辞退を幕府に願い出ていた。

このように、徳川宗家との君臣関係を絶対視し朝臣化を拒否する主張は、すでに一部の親藩から出てきていた。十一月五日、紀州藩士が呼び掛けて江戸で開催された親藩・譜代藩の藩士たちの会合では、幕府との君臣の大義を明らかにし、「忘恩之王臣」となるよりは「全義之陪臣」となるべきであるとの決意が表明されている。こうした主張が帝鑑間・雁間・菊間の殿席ごとに結束した譜代大名の間で共有され、朝廷の召命を辞退する行動につながっていった（鈴木壽子―二〇一〇）。しかし、一八六八年正月三日、鳥羽・伏見の戦いの勃発によって戊辰戦争が始まると、天皇の権威を背景とした新政府軍の軍事力が、諸藩の藩論を勤王に転換させることを強制し、従来の幕藩制を支えてきた封建的主従関係と、それを前提にした譜代大名同士の結束をもあっけなく崩壊させていくことになる。

江戸城殿席制の崩壊

佐倉藩主堀田《ほった》正倫《まさとも》は、朝廷の召命を辞退した帝鑑間詰の譜代大名のなかでも、小田原藩主大久保《おおくぼ》忠礼《ただのり》とともに中心的な存在と目されていた。こうしたこともあって、正月七日に京都で慶喜追討令が発せられたことが分かると、正倫の呼び掛けにより、帝鑑間・雁間・菊間詰の大名が連名で、維新政府に対し慶喜への寛大な処分を歎願することが決まった。今度は各席単独ではなく三席連合で行動を起こしたのである。佐倉藩士の依田七郎《よだしちろう》（号・学海《がっかい》）が起草した歎願書を、小田原・佐倉・上田（松平）・佐野（堀田、佐倉藩堀田家の分家）の帝鑑間詰四藩が総代となって上京し提出することになった（『学海日録』第二巻）。

ところが、三月二日、京都の維新政府に歎願書を提出すると、すでに東征大総督有栖川宮熾仁親王《ありすがわのみやたるひとしんのう》が進軍中なので、大総督府の陣前に歎願せよと命じられる。そこで、十二日、歎願書に連署した諸大名の在京家臣が集まり、あらためて大総督府への歎願書提出を協議したが、総代の佐倉・小田原・上田藩を除きこれに応じる藩はなかった（佐野藩堀田家は本家に同調か）。その後、飯野藩（保科《ほしな》、帝鑑間）が歎願書の連名から藩主の名を除いてほしいと申し出たことをきっかけに、同じように除名を請う申し入れが相次ぎ、磐城平《いわきたいら》藩（安藤、雁間）、勝山藩（酒井、菊間）、黒川（あるいは三日市《みっかいち》）藩（柳沢、帝鑑間）が脱退し、さらに泉藩（本多、帝鑑間）も脱落した。こうした事態に至ったため、総代たちは、十七日、大総督府への出頭は見合わせ、江戸に帰って復命したが、結局、大総督府への歎願書の提出は見送られた。大政奉還直後の江戸であれほど意気盛んであった帝鑑間・雁間・菊間詰の大名たちの結束も、江戸に向かって進撃する新政府軍の軍事的な威圧の前に、自家の存続が優先され、あえなく崩壊していった。そして、四月十一日の江戸開城により、殿席制は事実上解体・消滅の時を迎える。

松平称号と将軍偏諱の廃棄

一八六八年正月二十七日、朝廷は、諸大名が松平の称号を姓に冠することを止めさせ、本姓に復することを命じた。松平称号とは、徳川将軍が大名に与えた栄典の一つで、本来の苗字の代わりに松平姓を名乗ることを許すものであった。松平称号を授与された大名は、家門と譜代の一部のほか、外様の国持が多かった。しかし、慶喜追討令が発せられたのち、松平称号を冠することが一斉に停止されたのである。

そして、松平称号と同じく姓名に関わる将軍が授与した栄典が偏諱《へんき》であった。これは将軍の諱《いみな》の下の一字を与えたものである。偏諱を授けられた大名やその世子たちは諱の上の一字にそれを冠した。偏諱を授与された大名は、三家（大名ではないが三卿も）と家門の一部のほか、外様の国持が多く、前田（加賀）・島津《しまづ》（薩摩）・伊達《だて》（仙台）・黒田《くろだ》（福岡）・浅野《あさの》（広島）・毛利《もうり》（長州）・鍋島《なべしま》（佐賀）・池田（鳥取・岡山）・蜂須賀《はちすか》（徳島）の諸家は松平称号と偏諱の両方を授与されている。松平称号は維新政府により一斉に停止されたが、偏諱の方は、戊辰戦争の勃発後、維新政府側に付いた外様大名がみずから改名して廃棄されるようになった。

大名（諸侯）の改名

薩摩藩主島津茂久《もちひさ》（十四代将軍徳川家茂《いえもち》の偏諱）は、正月十六日に諱を忠義《ただよし》と改めた。その後、二月二十九日、福岡藩主黒田斉溥《なりひろ》（十一代将軍徳川家斉《いえなり》の偏諱）が長溥《ながひろ》、世子の慶賛《よしすけ》（十二代将軍徳川家慶《いえよし》の偏諱）が長知《ながとも》と改名。三月十四日、前佐賀藩主鍋島斉正《なりまさ》が直正《なおまさ》、同藩主の茂実《もちざね》が直大《なおひろ》と改名。四月十三日、熊本藩主細川慶順《よしゆき》が韶邦《よしくに》、世子の喜廷《のぶたか》（慶喜の偏諱）が護久《もりひさ》と改名。十二月九日、広島藩主浅野茂長《もちなが》が長訓《ながみち》、世子の茂勲《もちこと》が長勲《ながこと》と改名している。なお、長州藩主毛利敬親《たかちか》（もと慶親《よしちか》）と世子の広封《ひろあつ》（もと定広《さだひろ》、十三代将軍徳川家定《いえさだ》の偏諱、一八七〇年〈明治三年〉四月七日に広封から元徳《もとのり》へと改名）は幕府の長州処分によりすでに偏諱を剥奪されていた。ただし、三家（および三卿）・家門、直近で徳川宗家と親族関係がある鳥取・岡山の池田や蜂須賀、前田・伊達・上杉など一部の外様の人々は、維新後も将軍偏諱をそのまま名乗っている。このように、徳川将軍家と諸大名との封建的主従関係を可視化していたさまざまな栄典が次々と剥ぎ取られていく様相は、徳川家への臣従関係が徐々に解消されていく過程を象徴的に示している。

武家官位の存続と官位剥奪処分

江戸城殿席制や松平称号・将軍偏諱などの格式・栄典が消滅していくなかで、大名の官位は存続した。武家官位は、「禁中《きんちゅう》并《ならびに》公家中諸法度《くげちゅうしょはっと》」の規定により公家官位の定員外とされ、事実上徳川将軍が与えた武家に対する栄典であったが、維新政府のもとで継続使用されることにより、あらためて武家官位は朝臣化した大名＝諸侯に天皇が与える栄典となり、天皇の臣下であることを明示する標識へと転化した。実質的には幕府の武家官位制を踏襲し、諸侯の官位による序列や従来の家格による官位の高低もほぼそのまま残された。また、徴士として維新政府の官員となった諸藩士にも位階が授けられることになる一方で、幕府時代には将軍の直参《じきさん》として官位を与えられる恩恵に浴していた旧旗本たちは、天皇から見ると陪臣であるということで、六八年五月二十四日、朝臣化した者以外は官位の保有が許されなくなった。そして、維新政府が武家官位を継続使用した結果、「朝敵」と認定した者から官位を剝奪することが処罰として効力を持つことにもなった。官位剝奪・入京禁止・藩邸没収という処分は、天皇との君臣関係と朝廷とつながる回路の切断を意味する。その一方で、帰順した大名は官位を復旧された（箱石大―一九九六）。

二　天皇・諸侯間における新たな君臣関係の構築

大名から諸侯へ

幕末期の文久～元治年間（一八六一～六四年）には、幕府や諸藩の間にも尊王思想がかなり浸透し、公武合体の名のもとに、天皇が将軍に大政を委任する形式の政治体制が制度化され、幕府が朝廷を尊崇する姿勢を明示するための諸制度も整備されていった。朝廷は幕府に依頼し、幕府は朝廷を尊奉し、諸藩は勅命を奉じた幕府の命令に従うという相互関係が基本的な国政運営の仕組みとして、幕藩領主間で大筋では合意されていたものと思われる（箱石大―二〇〇一）。こうした考えが前提になっていたからこそ、鳥羽・伏見の戦いの結果、維新政府により慶喜が「朝敵」として追討の対象にされたことが要因となって、徳川宗家と諸大名との間の主従関係は動揺し、次第に旧幕府の命令に従わない大名も現れてくることになった。

さらに、維新政府が、軍事的圧力を背景として、全国の土地と人民はことごとく天皇のものであるとする王土王民思想を標榜し、諸大名の領知は徳川宗家ではなく天皇が与えるものであると宣言したことが、従来の徳川宗家と諸大名との封建的な主従関係を成り立たせていた根拠をも失わせる方向に向かわせることになった。つまり、天皇に臣従しなければ先祖伝来の領知は安堵されず、もしこれに反抗するならばその領知を没収されるかもしれないという恐怖感を諸大名に与えることになったのである。こうした状況が、一時は朝臣化を拒絶していた譜代大名の意識をも変えていった。

そして、二月三日の「親征の詔《みことのり》」により、天皇がみずから軍事統帥権を発動し、その権限を大総督に委任することを宣言して東征が開始されると、慶喜の恭順・謹慎、江戸開城、徳川処分（徳川亀之助《かめのすけ》の家督継承と駿河移封）を経て、諸大名の上に立つ徳川将軍権力は最終的に解体・消滅した。維新政府は、諸大名を動員して戊辰戦争を遂行しながら、彼らを幕府とは異なる方式で再編制し、天皇の直臣である朝臣大名すなわち諸侯へと転化させていく。

諸侯という呼称

江戸時代において、大名は諸侯とも俗称され、しばしばその居所の地名や苗字を冠して「〇〇侯」と呼ばれた。また、大名の領地を藩と称することもあったが、これは幕府の公式な呼称ではなく、儒者たちが中国の周代の制度になぞらえて当時の国家体制を理解したことに由来する呼称であった。しかし、幕末期には藩の呼称も広く使用されるようになり、維新政府が公称として定着させた（奥田晴樹―二〇一六）。初期の段階では諸侯と大名の呼称が混用されているが、次第に諸侯と藩が公式な呼称となっていった。

一八六八年（慶応四年＝明治元年）閏四月二十一日、政体書（原題は「政体」）によって維新政府の官制改正が行われ、これ以後、基本的には一八六九年（明治二年）七月八日の職員令公布までこの政体書官制が続く。政体書はアメリカ合衆国憲法を参照して三権分立制を取り入れたとされ、太政官の名のもとに議政官《ぎせいかん》・行政官・刑法官などの七官を設置した。地方統治制度は、政府直轄の府・県と諸侯の領知である藩を併存させた府藩県三治制となった。これは、郡県制と封建制が混合した制度とみることもできる（浅井清—一九三九）。

政体書のなかには、諸侯や藩という呼称以外にも中国の制度を参照したと思われるものがある。たとえば、政体書には、身分階層を表すものとして、親王・諸王・公卿・諸侯・大夫・士・庶人という呼称が見られるが、そもそも諸侯や公・卿・大夫・士は周の身分制度として知られる。政体書の起草者の一人である福岡孝弟《ふくおかたかちか》は、王を親王・諸王、公卿を上・下、大夫と士を上・中・下に分け、帯刀身分以上の者は皆この「朝爵」を受けるべしとの意見を述べていた（東京大学史料編纂所蔵「福岡孝弟意見書」、寺島宏貴—二〇一三）。

封建制・連邦制と諸侯会盟

こうした呼称は、儒学の素養があった当時の武士たちからすると理解しやすかったのではなかろうか。政体書草案の作成にあたっては、『令義解《りようのぎげ》』『職原抄《しよくげんしよう》』という日本の律令制と有職故実《ゆうそくこじつ》に関する書籍、『雲上明覧《うんじようめいらん》』『大武鑑《だいぶかん》』という近世公家・武家の名鑑、福沢諭吉《ふくざわゆきち》の『西洋事情《せいようじじよう》』やブリッジマンの『聯邦志略《れんぽうしりやく》』といったアメリカの憲法・政治制度を知るための参考書、馬端臨《ばたんりん》の『文献通考《ぶんけんつうこう》』という宋代までの中国歴代王朝の制度を記した書籍が参照された。幕藩体制を崩壊させたあとの新たな国家制度のモデルとして、中国の封建制やアメリカの連邦制などが意識されていたことが分かる。とくに近世日本の儒学においても理想化された周の王（天子）とそれに臣従した諸侯との間の封建制度は、これを現実化したものとみなされた日本の幕藩体制を正当化する根拠にもなっていたから、中国の封建制に由来する諸制度に倣って幕府専制に代わる新政体を構想することはごく自然な発想であっただろう。したがって、内実は天皇のもとに国政を議する列藩会議を設置しようとする公議政体論があったとはいえ、国家体制の骨格の一部は、天皇と大名の関係を周の天子と諸侯の関係になぞらえて構想されたともいえる。

中国風の国家イメージが構想の背景にあったであろうことは、五箇条の誓文の起草過程でも確認できる。由利公正《ゆりきみまさ》

（三岡八郎《みつおかはちろう》）や福岡孝弟の構想では、中国の春秋時代の覇者による諸侯会盟が意識されていた。しかし、中山忠能《なかやまただやす》・岩《いわ》倉具視《くらともみ》らの公家たちが、王政復古によって天皇が日本の政治の中心になったのだから、天皇が万機を親裁する制度でなければならない、天皇が諸侯を招集して諸侯とともに誓約するのは中国流の覇道であり、日本の国体にはそぐわないとして、「列侯会盟ノ式」に反対したため、天皇が公卿・諸侯および百官を率いて神前で誓約する儀式を行うことになったという（福岡孝弟―一九一九）。

大藩・中藩・小藩

維新政府は藩を公称化しただけでなく、石高の多寡によって藩を三等に区分し、地域ごとの組み合わせによって諸藩を再編制した。まず、一八六八年二月八日、触頭《ふれがしら》二四藩を定め、諸藩触頭制を創設した。そして、同月十一日、四〇万石以上を大藩、一〇万石以上で三九万石までを中藩、一万石以上で九万石までを小藩と定めた。この大・中・小藩に区別する基準は七〇年九月十日布告の藩制によって改められ、大藩は一五万石以上、中藩は五万石以上、五万石未満が小藩となった。ただし、改定時の基準となった石高は、従来の領内で収穫される米の総量を表す草高《くさだか》ではなく、物成《ものなり》すなわち年貢の総収納量を表す高とされている。

このような藩の区分は、維新政府が藩士を徴発する際の基準にもなり、輿論・公議を採用するとの方針により諸藩から差し出させた貢士の人員は、大藩が三人、中藩が二人、小藩が一人と定められた（『復古記』は二月十日通達とする）。五月二十八日には、これまで諸藩では朝廷に関係する公務を留守居役が取り扱ってきたが、これを不都合として新たに公務人を設置させ、貢士にその職を務めさせることになった。貢士・公務人は、維新政府の諮問に答え、種々の建策を行うことを職務とした。そして、八月二十日、公務人を公議人と改称し、職名上も議員であることが明確にされ、それと同時に、従来の留守居役の職務を担当する公用人を別に置くことも命じられた（前述の藩制によって公用人の職名を廃止し、参事または属が事務を継承することとなり、同時に公議人の職名も廃止された）。なお、公務人・公議人の人数は、大藩三人、中藩二人、小藩一人という貢士の規定と同様とされた。また、六八年四月十三日、在京諸侯に一旦帰藩が許された際には、大藩が一五〇人から二〇〇人まで、中藩が一〇〇人から一五〇人まで、小藩が二五人から一〇〇人までの兵隊を京都に残すことも命じられている。

藩名の確定と藩制の統一

一八六八年五月九日、維新政府の行政官より府・藩・県に印鑑の製作が命じられた。諸藩に対しても「某藩印」と彫刻すべきことが指示されたので、藩の公称化とともに地名などを冠した藩名の確定が求められることになった。藩が公称化されて藩名も公式なものに確定させられていくと、居所の移転による藩名の変更や重複する藩名などの改称が行われるようになった（口絵1参照）。

さらに、維新政府によって諸藩の制度も全国統一的なものに改変することが強制されていく。十月二十八日、藩治職制が定められ、諸藩には、執政・参政・公議人（執政・参政から選任）・家知事（従来の用人などに相当）という職が一律に設置されることになった。このとき藩主という職名も明記される。そして、六九年六月十七日以降、版籍奉還を聴許したうえで、従来の藩主をあらためて地方官である知藩事（藩名を冠する場合は「〇〇藩知事」と称する）に任じ、同じ十七日、公卿と諸侯の呼称を廃止し、両者を併せて華族と称すべきこととした。旧大名である諸侯＝藩主たちは武家華族という新たな身分を獲得することになった。その後、職員令にも藩に知事を置くことが明記され、この職制が一八七一年（明治四年）七月十四日の廃藩置県まで続くことになる。

諸侯の官位制度

維新政府は武家官位制を継続して運用する方針を取り、一八六八年三月十一日、在京の諸侯に対して官位任叙の年月日を上申させ、諸侯の叙任状況の把握に着手した。旧幕府時代の家格からすれば異例の官位昇進も実施されている。その後、龍岡藩主大給乗謨《おぎゅうのりかた》が、版籍とともに官名の奉還を上表する動きもあったが、六九年六月十七日、公卿・諸侯を併せて華族と改称した際に、公家・武家の官位はこれまでどおりとされたので、旧幕府時代は公家官位の定員外として運用されてきた武家官位が、ここで名目上とはいえ一時的に合体することになった。ところが、直後の七月八日に制定された職員令による官制改正で新たな官位相当制が定められたため、王政復古政変で三職制度が発足した後も並存していた百官・受領という旧制度の官職が廃止され、華族は従来の百官・受領名を名前の一部として名乗れなくなった。しかし、位階はそのままとされたので（ただし、四位以下の上・下を廃し、正・従のみとした）、維新政府の官職に就いていない者は位階を称することになる。

なお、一八六八年（明治元年）十二月七日、陸奥国と出羽国を分割し、陸奥国を磐城《いわき》・岩代《いわしろ》・陸前《りくぜん》・陸中《りくちゅう》・陸奥の五国、出羽国を羽前《うぜん》・羽後《うご》の二国としたため、百官・受領が廃止されるまでの短期間だけ存在する羽前守《うぜんのかみ》・羽後守《うごのかみ》という特異な受領名が登場している（たとえば、菊間藩主水野《みずの》忠敬《ただのり》が出羽守から羽後守へ転任となり、高取藩主植村《うえむら》家壺《いえひろ》が羽前守に任じられた）。

また、旧幕府時代は、大名家の当主だけでなく世子も叙任の対象であったので、当初、維新政府は諸侯の世子にも官位を与えていた。しかし、十二月三日、諸侯の嫡子の叙任は、功労ある者を除き、今後は停止されることになった。

諸侯の領知と家督

旧大名である諸侯が臣従する上位権力が、徳川将軍から天皇へ移行すると、維新政府は、諸侯の領知や家督相続を保証する手続きを行うため、諸侯の領知や履歴を把握することに努め、領知・家督・官位に関する制度の整備を図った。六八年四月七日、諸侯以下に旧幕府の預所を含む所領の諸帳簿の提出を命じ、四月十三日、諸侯に対して、当主の家督相続・叙位任官の年月日、実子・養子、俗名・実名、嫡子・庶子の元服年月日、隠居の致仕年月日などの上申を命じた。そして、閏四月十九日、宮・公卿・諸侯以下に対して、歴代徳川将軍が発給した領知判物《はんもつ》・朱印状の提出を命じ、八月五日、諸侯の家督相続・領知継承が勅裁（朝臣化した旧旗本の中大夫・下大夫・上士は官裁）とされた。また、十月九日、関東では三条実美《さんじょうさねとみ》を関八州鎮将《かんはっしゅうちんしょう》とする鎮将府《ちんしょうふ》が、触頭の諸藩を通じて管下の諸侯に家督相続と叙位任官の年月日を上申させている。十月二十三日には、四月十三日の布達により諸藩から提出された上申書の書き方が区々で疎漏もあるため、旧幕府の明細短冊とほぼ同様の書式雛形を示して再度提出を命じた。さらに、十一月二十八日、堂上《とうしょう》・諸侯・中大夫・下大夫の養子・隠居および家督相続・元服・出陣に関する規則を定めている。

一方、維新政府は新諸侯の取り立ても行った。正月二十四日に徳川三家の付家老《つけがろう》（犬山藩成瀬《なるせ》家・今尾藩竹腰《たけのこし》家・田辺藩安藤家・新宮《しんぐう》藩水野家・松岡藩中山家）、三月十三日に長州藩毛利家支族の吉川《きっかわ》家（岩国藩）、六月から十一月までに元交代寄合の一部（成羽《なりわ》藩山崎家・村岡藩山名家・福本藩池田家・田原本《たわらもと》藩平野家・志筑《しづく》藩本堂《ほんどう》家・矢島藩生駒《いこま》家）、九月十八日に元高家の大沢家（堀江藩）が諸侯に取り立てられた。

諸侯の臣従誓約と参朝

戊辰戦争が勃発すると、諸侯や知行所を有していた旗本たちは、諸道総督府や勤王誘引活動を行った尾張藩・薩摩藩などに対して勤王証書や請書を提出し、さらに上京・参朝することによって天皇への臣従を表明した。こうした臣従儀礼のうち最も重要で大規模なものが、三月十四日に挙行された五箇条の誓文への奉答書に対する誓約・署名の儀式であった。この日在京していた諸侯は公卿らとともに誓約・署名を行い、当時在京していなかった諸侯および中大夫・下大夫も後日上京・参朝した際に誓約を行った。これを契機に諸侯の参朝は制度化されるようになる。三月十七日には、在京の諸侯に対して五節句・毎月朔日および毎月一度ずつの参内を命じ、官位の有無による参内時の服装も定めた。

そして、四月十三日、政府から命じられた役目がなく誓約が済んだ在京諸侯に一旦帰藩が許された際、諸侯参朝制度の制定・布達が予告された。しかし、六月になっても発令されなかったため、これでは禁裏守衛の人員も定まらず、参勤交代も際限がなくなり疲弊が少なくないとして、諸侯の側から早急な制度確立を望む建議がなされたが、ようやく参朝制度が定められたのは諸侯が知藩事となったのちの一八七〇年十月のことであった。これは同年九月十日に公布された藩制によって規定されたもので、朝集は三年に一度とし、一年を四季に分け、滞京期間は三ヵ月とされた。どの時季にどの藩知事が朝集するかという組み合わせは同年十月十三日に示達された。

御所勤番と軍役動員

諸侯の参朝が個別的に行われる一方で、諸侯が禁裏御所に輪番で詰めることが制度化され、当初は主として小藩の在京諸侯たちがこれに従事した。彼らは勤番組に編入され、在京中は番組ごとに交替で勤務した。閏四月二十日、これまで禁裏小番を勤めてきた堂上公家の近習・内々・外様の別は合一されて内番衆となり、新たに勤番することになった諸侯たちは外番衆と称されることになった（東京大学史料編纂所蔵「非蔵人詰日記」）。この御所勤番は諸侯に限られ、旧旗本の中大夫が御所勤番を出願しても、これは諸侯限りのことであるとして許可されていない。

正月七日に慶喜追討令が発せられると、諸藩には軍役動員が命じられることになった。十一日、維新政府は、大政奉還直後に発令した朝召令を止め、藩兵を率いてすみやかに上京すべきことを命じた。ただし、旧幕府時代のように石高に応じた軍役規程を明示したわけではなく、「国力相応」の兵力を編制して引率すべしという命令であった。維新政府として独自の軍役規程を初発の時点で定めてはいないのである（保谷徹―二〇〇七）。こののち、諸藩は、諸道総督府の指揮下に入って出兵したり、江戸・東京あるいは京都その他の要地警衛や兵站などに従事したりすることになった。十一月二十五日には、奥羽地方の戦乱は収まったとして、諸藩に東京・京都の守衛が命じられたが、このときも「各藩高相応」の藩兵を出すこととされ、石高に基づく明確な軍役は規定されていない。

さらに、諸藩に求められた軍事的貢献には、藩兵だけでなく、閏四月十九日の陸軍編制で規定された高割の徴兵（一万石につき京畿常備兵員一〇人、当分三人、同じく一万石につき在所常備兵員五〇人）や軍資金上納（一万石につき三〇〇両）もあった。一八六九年三月十七日、徴兵は一旦帰藩させることになったが、石高に応じて賦課された軍資金は、引き続き上納が命じられた。

城郭制度

城郭の有無は近世大名の家格要素の一つであったが、維新政府のもとでも諸侯の格式として一定の意味を残していた。また、戊辰戦争においては、落城が敗北を象徴する出来事であり、開城（居城の明け渡し）が降伏の証しともなっていた。

維新政府は、旧幕府時代には城主・城主格ではなかった無城の諸侯に対して、新規に城主の格式を付与したり、陣屋の城郭化を容認したりしている。一八六八年六月九日、岩国藩吉川家は、宗家の長州藩毛利家からの請願により城主格の家格とされた。ただし、これは格式の付与のみで新たな築城は行われていない。実際に櫓門《やぐらもん》・櫓などを増築して陣屋を城郭化する工事を実施したのは園部《そのべ》藩小出《こいで》家である。正月十七日、維新政府は園部藩から出された築城の請願を許可した（白峰旬―一九九八）。その際、城主の格式も付与されたのかどうかは明確ではないが、小出家側は城主の家格を得たと認識している。

徳川処分に伴って関東に移封された城主大名である諸侯のなかには、新たな領地でも居城を建設しようとする動きがみられた。田中藩本多家は、城地を駿河国から安房国長尾に移して築城を開始。掛川藩太田家は遠江国から上総国に移り、新たに松尾と命名した地で稜堡《りょうほ》式城郭の建設に着手している。このように城主の家格を持っていた諸侯たちは城郭の保有にこだわった。廃藩置県以前から自発的な廃城の動きがあったが、一方ではこうした新たな築城も試みられていたのである。

諸藩触頭制の創出

維新政府が諸藩を編制するための基本的な制度として採用したのは触頭制であった。王政復古政変直後の一八六七年十二月十七日、まずは水口《みなくち》藩主加藤昭実《あきざね》らに命じて参与《さんよ》役所からの達《たっし》を諸藩に通達させ、翌年正月十二日には、仙台・彦根藩に東山道諸藩、郡山・淀藩に近畿諸藩、鳥取・松江藩に山陰道諸藩、熊本・福岡藩に西海道諸藩への慶喜追討令等の触達を命じた（二十三日、鳥取藩の建議で松江藩は罷免）。そして、二月八日、各地域の二四藩を触頭に任じ、触頭を通じて全国の諸藩を統制することとした。このとき触頭に任命されたのは、加賀・薩摩・仙台・尾張・熊本・紀州・福岡・広島・長州・佐賀・水戸・鳥取・津・福井・岡山・彦根・土佐・秋田・松江・前橋・郡山・忍《おし》・松代《まつしろ》・岸和田の二四藩である。これ以外の諸藩は触頭二四藩の触下となり、全国の諸藩は地域的に再編制されることになった。触頭は大藩の全部と中藩のうちから選定されているので、それぞれの地域で石高が上位にある有力藩であったことが分かる。当初触頭に任命された諸藩のうち岸和田藩だけが小藩である理由は、老中を務めた淀藩主稲葉《いなば》正邦《まさくに》が謹慎中であったためで、正邦の謹慎が免じられると中藩の淀藩が岸和田藩に代わって触頭となった。勤王藩か佐幕藩かという違いも多少考慮されたようである。触頭・触下諸藩の組み合わせには、当然のことながら、徳川将軍家との親疎関係や江戸城殿席の所属などはまったく考慮されず、諸道・諸国ごとに近隣の諸藩が地域的にまとめられて編制されたのである。

四月十七日には、触頭二四藩が申し合わせ三藩ずつ八組となり、順番で三藩一組が毎月交替で当番を務めることになった。この月番触頭三藩の公用人が他の触頭諸藩を代表し、維新政府の弁事役所より布告・達書などを受領する職務を担った。これらの書類は月番触頭三藩から他の触頭諸藩へ伝達され、各触頭藩から触下諸藩へと廻達された。こうして触頭諸藩は、旧幕府時代の触の機能を継承した文書様式である布告などの公文書のほか、五箇条の誓文と宸翰《しんかん》の写しや、征討軍に加わった諸藩が提出した戦争届書《とどけがき》も多数掲載された『太政官日誌』などの官版日誌の交付を受け、かつて江戸城の殿席を同じくする同席大名の間で廻達された同席触のような方式で、それらを触下諸藩に伝達した。また、触下藩が願・伺・届などを行う際に触頭藩が仲介することもあった。

諸藩触頭制が機能しはじめると、旧幕府時代における江戸城殿席の別などにより形成された諸藩の留守居組合に代わって触頭・触下諸藩による新たな公用人組合が形成されていった。しかし、諸藩の公用人たちは、従来の留守居の風習から脱せず、組合を結び用談に事寄せ無用の集会を催すなど風儀が宜しくないと糾弾されるようになった。彼らの悪習は旧幕府時代からまったく変わらなかったのである。このため、六九年二月五日、こうした行為を一切廃絶させ宿弊を一洗することが諸藩主たちに命じられた。

諸藩触頭制に類似した制度は、江戸に下向した東征大総督府のもとでも構築された。五月十七日、大総督府は、水戸藩に常陸国、前橋藩に上野国、忍藩に武蔵国、宇都宮藩に下野国（七月五日、壬生《みぶ》藩に交代）、佐倉藩に下総・上総・安房国、小田原藩に伊豆・相模国諸藩の廻達頭を命じた。そして、十一月二十日には、東京における駿河以東一三藩の触頭月番制を廃止し、京都と同様の二四藩触頭制に改定している。

戊辰戦後処分と諸藩触頭制

当初、会津藩など征討の対象とされた藩は触頭制に組み込まれなかった。一方、途中で「朝敵」と認定されれば触頭制から外され、赦免されれば組み込まれた。また、転封を命じられ居所が移動すれば触頭・触下の関係も変更されたので、たとえば、羽前国長瀞《ながとろ》から上総国大網《おおあみ》に転封となった米津《よねきつ》家の触頭は、久保田（秋田）藩から忍藩に変更されている（国立公文書館蔵「雑種公文」）。

戊辰戦後に赦免された「朝敵」藩も触頭制に編入されていく。桑名藩は、一八六九年八月十五日、松平定敬《まつだいらさだあき》の弟定《さだ》教《のり》への家督継承と旧領一一万石のうち六万石の支配を命じられ、津藩の触下藩に追加された。桑名藩は、九月十九日、これまで受領できなかった『太政官日誌』の昨年・今年の既刊分の交付を、触頭の津藩を通じて維新政府に出願している（国立公文書館蔵「公文録」）。旧会津藩松平家は、同年十一月三日に家名再興が許され、容保《かたもり》の子容大《かたはる》が家督を相続して華族に列し、陸奥国で三万石の支配を命じられた。新たな藩名は斗南《となみ》藩とし、同藩は津軽藩の触下となった。請西《じょうざい》藩林家は、藩主忠崇《ただたか》が脱走して抗戦したため、五月二十七日、領地と京都藩邸が没収され、家臣の入京も禁じ

藩										
長岡	三根山									
半原	重原	挙母								
宇土										
浅尾	成羽	高梁								
生実	多古	結城	牛久	小見川	下妻	麻生	高岡	志筑	谷田部	
小野	安志	三草	福本							
松嶺	亀田	天童								
苗木	宮川	高須	大垣新田	山上	三上	高富	野村			
宇都宮	烏山	壬生	黒羽	佐野	大田原	足利	高徳	吹上		
田原本	高取									
磐城平	館	一ノ関	泉	湯長谷	七戸	黒石				
山中	岩槻	館山	小久保	一ノ宮	六浦	加知山	桜井	飯野	佐貫	鶴牧
須坂										

衛・須原屋茂兵衛）により作成した．なお，藩名表記は適宜現在通用している字体に改めた

津藩の触下となり，斗南藩は同年 11 月以降弘前藩の触下となる．

表　維新期の触頭・触下諸藩（1869年〈明治2年〉初秋）

No.	触頭藩	触　下								
1	金沢	高田	富山	大聖寺	新発田	村上	村松	与板	清崎	椎谷
2	鹿児島	厳原	延岡	飫肥	高鍋	佐土原				
3	名古屋	豊橋	西尾	岡崎	犬山	刈屋	田原	西大平	堀江	西端
4	和歌山	徳島	高松	丸亀	多度津	田辺	新宮			
5	熊本	岡	臼杵	府内	人吉	日出	佐伯	森	高瀬	杵築
6	福岡	久留米	柳河	中津	香春	秋月	千束	三池		
7	広島	津山	福山	鶴田	真島	庭瀬	広島新田	新見	足守	岡田
8	山口	豊浦	徳山	岩国	清末					
9	佐賀	島原	平戸	唐津	大村	平戸新田	小城	蓮池	鹿島	福江
10	水戸	佐倉	土浦	笠間	古河	関宿	下館	松岡	石岡	宍戸
11	津	亀山	鳥羽	長島	神戸	菰野	久居			
12	鳥取	篠山	福知山	鹿奴	園部	栢原	綾部	若桜	山家	亀岡
13	福井	小浜	鯖江	丸岡	大野	勝山	敦賀			
14	岡山	姫路	明石	龍野	鴨方	赤穂	三日月	岡山新田	山崎	林田
15	高知	松山	宇和島	大洲	今治	西条	吉田	山内従五位	小松	新谷
16	久保田	新庄	山形	本庄	椿台	矢島	米沢	長瀞	米沢新田	上ノ山
17	彦根	大垣	膳所	郡上	今尾	加納	岩村	水口	大溝	西大路
18	松江	津和野	宮津	舞鶴	出石	豊岡	村岡	広瀬	母里	峰山
19	前橋	吉井	高崎	館林	沼田	安中	小幡	伊勢崎	七日市	喜連川
20	郡山	狭山	丹南	芝村	柳生	小泉	櫛羅	黒川	柳本	三日市
21	淀	岸和田	尼ケ崎	高槻	三田	伯太	麻田			
22	弘前	仙台	盛岡	大泉	守山	八戸	中村	二本松	棚倉	三春
23	忍	川越	菊間	柴山	花房	長尾	久留里	鶴舞	小田原	大田喜
24	松代	松本	龍岡	上田	高遠	高島	飯山	飯田	小諸	岩村田
25	静岡（追加）	田安	一橋							

・「二十四藩触下藩銘」（『袖珍 藩銘録 全』明治二己巳初秋荒木氏編輯／御用御書物師和泉屋市兵ほかは記載のままとした．

・桑名藩・斗南藩は記載なし（『藩銘録』本文には記載あり）．なお，桑名藩は1869年8月以降

られた。結局、旧請西藩は藩として再興されず、諸藩触頭制にも組み込まれていない。

新規取り立て藩では、六八年九月十八日、元高家の大沢基寿が諸侯の列に加えられ、遠江国で堀江藩を立て、名古屋（尾張）藩の触下となった。十一月二十日には、元交代寄合の生駒親敬《いこまちかゆき》も藩屛の列に加えられ、出羽国で矢島藩を立て、久保田（秋田）藩の触下となった。

戊辰戦争の影響による触頭の交代では陸奥国の事例が特殊で、触頭が二度も交代している。二月八日、仙台藩は陸奥国諸藩の触頭となったが、五月二十八日、家臣の入京禁止と京都藩邸没収の処分を受けたため、同日、触頭は盛岡藩に交代となった。ところが、その盛岡藩も「朝敵」となってしまったため、十一月五日、弘前藩が新たな触頭となっている。また、触頭の追加も行われた。五月二十四日、維新政府は、徳川宗家の家名を相続させた徳川亀之助（家《いえ》達《さと》）を駿河国府中の城主とし、駿河・遠江・陸奥国で七〇万石を下賜した。その同日、三卿の一橋《ひとつばし》（徳川）茂栄《もちはる》と田《た》安《やす》（徳川）慶頼《よしより》を新たに藩屛の列に加え、それぞれ一橋藩・田安藩を立てさせた。そこで、二四藩の触頭に静岡藩（六九年六月十七日改称）が追加され、田安藩と一橋藩が静岡藩の触下となった。

三　旗本たちの戊辰戦争

旗本の朝臣化政策

明治維新に際して旧幕臣である旗本・御家人たちが選択した進路は、①静岡移住、②朝臣化、③帰農商の三とおりで、戊辰戦争時の脱走・抗戦者たちも、降伏後はいずれかの道を歩んだとされる（樋口雄彦―二〇一六）。

維新政府に帰順しようとする旗本は、勤王証書を提出するか、上京して恭順の意思を示した。二月二十二日、維新政府は、高家の大沢基寿と京極高福《きょうごくたかとみ》の願いを認め、「王臣」と心得るように命じた。これを『復古記』は高家を朝臣とした最初の事例とする。こうして旗本の朝臣化が始まった。江戸の東征大総督府では、五月三日、帰順した旗本は朝臣とする旨を達した。京都の維新政府では、同月八日、在京の高家・交代寄合・寄合にみずからの身分・格式の起原を上申させたうえで、同月十五日、在京の高家・交代寄合以下の旗本のうち帰順した者の本領を安堵した。その際、新たな格席はあらためて命じることとされた。当時は依然として抗戦する旗本も存在した状況であったため、帰順する旗本に対しては本領安堵と新たな格席付与を約束したのである。同月十七日には、本領安堵にあたって在京の高家・旗本に対し、歴代の徳川将軍が発給した朱印状の提出が命じられた。しかしながら、本領安堵とはいっても従来の領主権がそのまま承認されたわけではない。実質的には最寄りの府・県による知行所支配を受けて領主権を大幅に削減され、府・県が賦課した年貢の収納権のみを認められたにすぎなかった（千田稔―一九七九、中村文―二〇一一）。

また、同月二十五日、大総督府でも、高家・交代寄合以下の旗本のうち帰順した者を朝臣として本禄を安堵する旨を達した。上野戦争後も脱走して抵抗を継続する徳川家臣の存在が、大身の旗本を中心に早期帰順者の朝臣化と本領安堵という政策を維新政府に採らせることになったのである。

中大夫・下大夫・上士

朝臣化した旧旗本の新たな格席については、同月二十八日、高家・交代寄合以下の旧称を廃止して、中大夫・下大夫・上士の三等に列することが達せられた。その内訳は、元高家と元交代寄合を中大夫に、元寄合席（通常は三〇〇〇石以上で無役の者）・元両番席（書院番・小性組番）以下の格式で一〇〇〇石以上の旧旗本を下大夫に、元両番席以下の格式で一〇〇〇石以下一〇〇石までの旧旗本を上士とするものであった。この中大夫・下大夫・上士は大夫士《たいふし》と総称された。こうした格席の名称は政体書の記述にも合致するものである。なお、中大夫・下大夫・上士より下の身分で朝臣化した旧旗本・御家人は、鎮将府（のちに行政官→弁官）や軍務官に附属した。しかし、大夫士という新たな格席が存続した期間は短く、一八六九年十二月二日、中大夫・下大夫・上士の呼称を廃止して士族に統合し、旧大夫士は府・県の貫属となった。同時に、領地は没収となり、家禄はすべて廩米《りんまい》とされた。

大夫士の公務

朝臣化して大夫士の格席を与えられた旧旗本には、どのような公務が課されたのであろうか。まず、朝臣化した旧旗本も、諸侯と同様、上京して五箇条の誓文への誓約・署名が命じられた。ただし、それは中大夫・下大夫のみで、上士は対象外であった。また、八月二十七日の即位の大礼に際しては大夫士にも参賀が命じられた。その後、十月九日、東幸に際して鎮将府管轄内の大夫士に対し、天機伺いのために東京に出府すべきことが命じられた。十月二十七日には、すべての大夫士に東京定府が命じられ、十一月二十七日、京都居住者を除く大夫士に再命された。そして、六九年四月二日、再度の東幸留守中は毎月十五日に中大夫・下大夫・上士それぞれ一席一人ずつの総代が天機を伺うべきこととしていたが、あらためて毎月五の日に各席総代が天機伺いのため参朝すべきことが命じられた。

軍事面での奉公としては、実際に参戦した者も存在したが、閏四月十九日の陸軍編制に基づく軍資金の上納が命じられた。五月十九日には、在京の高家・旗本に銃隊人数の上申を命じた。調査の結果、大身の旗本は一小隊規模以上の兵隊を保有していることが判明している(千田稔―一九七九)。その後、七月六日には、在京の大夫士に知行所への帰還を許し、在所取締のため兵備の充実が求められた。また、当主・子弟以下の若年者に対し、陸軍局での修学も命じられた。軍資金上納については、一八六九年三月十七日、京都在住者は京都軍務官、東京在住者は東京出張軍務官への上納が指示され、四月十日、再命されている。

大夫士の触頭制と議事制度

中大夫・下大夫・上士には格席の創設と同時にそれぞれ触頭が任命された。諸藩と同じく触頭制による編制がなされたのである。なお、鎮将府(→行政官→弁官)支配・鎮将府(→行政官→弁官)附となった旧旗本・御家人も触頭制によって編制された(横山百合子―二〇〇五)。こうして諸藩と同様、大夫士たちにも触頭を通じて布告・達書類や官版日誌が交付された。一八六八年十二月二日には、家督相続・隠居・養子縁組などの出願は触頭を経由すべきことが厳達されている。

また、大夫士には、諸侯とともに上局会議という議事機関への参加も命じられ、六九年正月十八日、四月中旬までに東京へ参着すべきこととされ、四月二十二日、来月四日までの意見具申が指示された。五月七日には、上局会議を開催するにあたって、無職の宮・堂上・諸侯とともに、中大夫・下大夫・上士それぞれの同席総代にも出席が命じられている（総代の人数は、中大夫が二人、下大夫が五人、上士が三人）。

参戦した旧旗本たち

朝臣化した旧旗本の一部は軍事的にも維新政府に貢献した。なかでも交代寄合や寄合であった大身の旧旗本は、派兵や要所警備・兵站支援などを行い、諸藩軍事力を補完する役割を担った。元交代寄合の生駒親敬は、大名並の扱いで一時は奥羽越列藩同盟に参加しているが、のちに新政府軍に属して戦い、戊辰戦後は諸侯に取り立てられ矢島藩主となった。下大夫となった元寄合の仁賀保誠成《にかほしげなり》（孫九郎）と支族の仁賀保誠中《しげなか》（兵庫）は、知行所がある出羽国仁賀保に赴き、新政府軍に属して戦った。下大夫となった元寄合の大久保忠告（与七郎）は、下野国安塚《やすづか》の戦いなどに一小隊を参加させている。また、元新選組局長の近藤勇《こんどういさみ》を下総国流山《ながれやま》で降伏させたあと、刎首《ふんしゅ》のうえ京都までその首級を護送したのは、下大夫となった元寄合の岡田善長《おかだよしなが》（鍫之助）の一隊であった。

軍功を挙げた旧旗本には賞典が与えられた。六九年六月二日、生駒親敬に一〇〇〇石、親敬の支族で下大夫の生駒俊徳（旬之助）に五〇〇石、仁賀保誠成に一〇〇〇石、仁賀保誠中に五〇〇石が与えられた。また、元交代寄合で諸侯に取り立てられ志筑藩主となった本堂親久《ほんどうちかひさ》と岡田善長に二〇〇〇両、元交代寄合・那須衆で中大夫の芦野資愛（雄之助）、大久保忠告、元寄合で下大夫の松下長光（嘉兵衛）に一〇〇〇両、元交代寄合で中大夫の新田《にった》（もと岩松《いわまつ》）俊純《としずみ》（満次郎）に褒詞が下された。同月三十日にも、元交代寄合・那須衆で中大夫の福原資生（内匠）に五〇〇両が下賜されている。

一部ではあるが新政府軍に抗戦した大身の旗本たちもいた。交代寄合の竹中重固《たけなかしげかた》は、若年寄並陸軍奉行として旧幕府軍を指揮して伏見で戦った。このため官位を剝奪され、美濃国岩手の知行所は没収となったが、重固は脱走して会津若松・福島・仙台・箱館へと転戦した。寄合の池田《いけだ》長裕《ながひろ》は、彰義隊頭となったあと、磐城平から箱館まで転戦している。また、新発田《しばた》藩溝口家を本家とする陸奥国横田の交代寄合溝口家は、知行所が会津藩領に近かったため、同藩の強請により図らずも新政府軍に反抗する形となったが、当主直景《なおかげ》が謝罪・謹慎し、やむを得ない事情と勤王の実効が認められた結果、謹慎解除のうえ本領安堵となり、中大夫の格席を与えられている。

＊　　＊

諸侯・大夫士体制の終焉

旧幕藩領主は、天皇の絶対的な権威と新政府軍の強大な軍事力によって、従来の徳川将軍家との封建的主従関係と、これを根幹とする幕藩制的な諸秩序を破壊された（原口清―一九六三）。その一方で、天皇との君臣関係の確立を強制され、新たに諸侯・大夫士として再編制された。

一八六八年十二月七日には、「朝敵」藩に対する戊辰戦争の戦後処分が行われ、会津・仙台・庄内・盛岡・長岡・二本松・棚倉以下の諸藩に、封土没収・削封・転封が命じられた。戊辰戦争の結果に基づく諸侯・諸藩の再編であった。しかし、戊辰戦争終結直後から、「朝敵」であったか否かを問わず、諸侯・大夫士全体の領主権が徐々に削減されていく。また、維新政府内部の動きも、結果として大夫士の格席に関する制度の維持・拡充には消極的であった。たとえば、六八年十二月二十四日、江藤新平《えとうしんぺい》が、徴士にも戊辰戦争での功績に応じて禄を与え藩屏や中大夫・下大夫に列すべしとする建議を行ったが実現せず（下山三郎―一九七五）、翌年五月、岩倉具視が、版籍奉還聴許後の処置について意見を奏上したなかで、九等からなる公・卿・大夫・士の爵号を建てるべしと主張したが（『岩倉公実記』）、これが制度化されることもなかった。

諸侯・大夫士の体制は、戦時下で形成された過渡的なものにすぎず、戦争終結により急速にその有用性は失われていった。維新政府による旧幕藩領主の編制形態は、諸侯の版籍奉還と大夫士の知行所上地を経て、戦時期における諸侯・大夫士の体制から、平時の華族・士族の体制へと改変されていったのである。

軍事同盟としての奥羽越列藩同盟

——会津藩・庄内藩・小藩・飛び地——

栗原伸一郎

歎願同盟と軍事同盟

戊辰戦争はいくつかの段階に分かれるが、そのなかの一つをなすのが、現在の東北地方および新潟県を舞台に、奥羽越列藩同盟と新政府の間で行われた奥羽北越戦争（「東北戦争」なども称される）である。これは戊辰戦争のなかでも最大規模の戦争であり、そうした意味でも、奥羽越列藩同盟はよく知られた存在である。

では、奥羽越列藩同盟には、どのような藩が参加したのだろうか。実は、この問いに答えることは簡単ではない。一般的に、奥羽越列藩同盟には、奥羽二五藩と北越六藩を合わせた、三一藩が参加したとされることが多い。列藩同盟は「歎願同盟」などと評価される一方で、「軍事同盟」「攻守同盟」の側面からも評価されるように、政治運動を行いながら、薩長両藩（特に薩摩藩）を批判して軍事行動も展開した。

だが、会議・歎願・盟約・軍事それぞれに関わった藩は同じではなく、「「同盟」自体に対する認識や立場の相違を含みこみながら、奥羽越列藩の結集が形成」されている（保谷徹―二〇〇七）。そのため、盟約に署名した狭義の同盟参加諸藩ではなく、「広義の同盟参加諸藩について考えてみる」ことも重要であると指摘されている（箱石大―二〇〇五)。

本章では、奥羽越列藩同盟の多面性を理解するため、よく論じられる仙台藩や米沢藩だけではなく、歎願や盟約に加わらなかった会津藩・庄内藩や周囲の影響を受けた小藩・飛び地の立場や行動に注目して、軍事同盟という側面から、列藩同盟をめぐる政治過程をみていく。

一　奥羽越列藩同盟の多面性

仙台藩の周旋活動と奥羽諸藩

一八六八年（明治元年＝慶応四年）一月、鳥羽・伏見戦争で勝利を収めた薩摩・長州両藩を中心とする新政府は、小藩も含めた奥羽諸藩に、徳川慶喜《とくがわよしのぶ》に向けた東征軍を応援するよう命じた。また、仙台藩に会津征討出兵を命じ、米沢藩・秋田藩・盛岡藩には仙台藩への応援を命じた。いずれも国持大名（一国やそれに準じる規模で領地を有する大名）と称される大藩である。

二月、仙台藩は征討政策に対する不審点を列挙した建白書を作成し、京都に使節を派遣した。また、奥羽の一〇万石以上の外様諸藩（米沢・秋田・盛岡・二本松・弘前）の意見をまとめようと各藩に使節を派遣した。奥羽列藩同盟につながる政治行動である（『仙台市史』通史編6近代1）。

これに対して、盛岡藩は趣旨に同意し、弘前藩も「奥羽、同盟に於いては、弊藩だけの取り運びも仕るべし」と協力を約束した。しかし秋田藩は、建白は時宜を得ておらず、朝廷の命令に従うしかないと返答した（仙台市博物館蔵『伊達家寄贈文化財（古文書）』）。

一方、仙台藩には、小藩や飛び地の陣屋も次々と使節を派遣してきていた。たとえば、仙台藩領南部の白石《しろいし》（宮城県白石市）を知行地とする片倉小十郎《かたくらこじゅうろう》のもとには、福島藩の使節が訪れた。使節は「本藩」（仙台藩）に援兵の派遣や進退の指示を依頼したが、片倉家も特別な家柄で近隣であるとして助力を求めた。また、福島藩に隣接する瀬上《せのうえ》陣屋（備中国足守《あしもり》藩）は、浮浪の徒が徘徊しているため、陣屋の老人や婦女子を城下に避難させてほしいと願っている（「文《ぶん》韜叢書《とうそうしょ》」、宮城県図書館蔵）。小藩や飛び地は、近隣の大藩へ傾斜や結びつきを強めていた。

大藩と小藩に対する認識

時を同じくして、新政府の征討政策に対抗すべく動きだしたのが米沢藩であった。徳川方の敗報が伝わった一月中旬時点で、藩士甘糟備後《あまかすびんご》は仙台藩・秋田藩・盛岡藩・二本松藩・弘前藩との「奥羽合従」を提唱し、二月中旬に米沢藩は仙台藩に使節を派遣した（上松俊弘―二〇〇二）。

ただし、出兵命令が米沢に伝えられると、そのほかの藩士も奥羽諸藩との協力を求める意見を主張している。二月、小森沢政瑞は、「偽勅」を批判し、徳川家の「朝敵反逆の罪」を消し、政権を徳川家に引き戻すため、米沢藩は周旋すべきであると主張した。それは、「仙台秋田南部等の列藩」が「盟を結ひ、同心協力」して、朝廷に周旋すべきだとするもので、「御徳望」の高い米沢藩が盟主となり周旋すれば、朝廷・幕府に対して名義が立ち、「四方の小藩」が服従するとしている（国立国会図書館蔵『宮島誠一郎文書』）。

政権構想はさておき、この意見で興味深いのは、「列藩」と「小藩」を使い分けていることである。具体名をあげている藩からは、「列藩」という言葉を国持大名と同義で使用していることがうかがえる。「等」という表現もあるので、もう少し範囲を拡大させることができるかもしれないが、いずれにせよ、政治運動で協力すべきは、こうした大名家の家格が高い大藩であり、小藩はそれに従うといったイメージを有している。

しかし、仙台藩や米沢藩が模索していた奥羽諸藩との連携は、秋田藩が拒否し、朝廷への建白書提出も失敗した。そのため、両藩は奥羽鎮撫総督府（新政府軍）から会津攻撃を督促されつつも、水面下で会津藩の救済を模索し、会津藩を謝罪させることで、征討戦争を回避しようとした。

会庄同盟

四月に入ると、鎮撫総督府は庄内征討令を出し、南出羽の諸藩や飛び地に出兵を命じた。副総督の沢為量《さわためかず》は薩長兵などとともに新庄に移動し、庄内藩は新庄藩との藩境である最上川沿いの清川《きよかわ》（山形県東田川郡庄内町）や六十里越《ろくじゅうりごえ》街道などに布陣した。六十里越街道は庄内地方から、天童藩・山形藩・上山藩・漆山陣屋（上野国館林藩）・柏倉陣屋（下総国佐倉藩）・北目陣屋（常陸国土浦藩）などの支配地が錯綜する村山盆地に通じる要衝である（口絵5参照）。

こうしたなかで、四月十日に庄内藩家老の松平権十郎《まつだいらごんじゅうろう》らは、会津藩の南摩《なんま》八之丞《はちのじょう》（綱紀《つなのり》）らと、会庄同盟と称される軍事同盟を結び、奥羽連合を計画した。これは、米沢藩や仙台藩を同盟に勧誘し、そののち奥羽諸藩にも同盟を拡大することで、江戸に出兵することを狙った軍事的な奥羽連合構想である。

この計画に沿って、庄内藩は米沢藩を取り込むべく行動を開始した。庄内藩の探索記録「米行日録」（酒田市立図書館光丘《こうきゅう》文庫蔵『野附文書』）によれば、米沢に派遣された物頭軍事係の戸田文之助らは、四月二十四日に、三藩（会津・庄内・米沢）が「連和」すれば、仙台藩やそのほかの奥羽諸藩も加わり、「関東」も一致すると主張した。また、戸田は出先の部隊からの要請で、庄内藩のために援軍を出すよう打診した。しかし、二十九日に米沢藩側は、会津藩の謝罪を周旋中であるため、同盟は不可能であると述べ、援軍派遣も断った。

また、「米行日録」には、鎮撫軍と大藩との間で揺れ動く小藩の情報も記されている。二十五日、上山藩の使節として米沢に滞在していた増戸《ますと》武《ぶ》兵衛《へえ》からは、同藩が非常時に仙台藩と米沢藩から藩兵を借用する「約定」があるとの情報を得た。また、二十八日に米沢藩士から、同藩が非常時に天童藩や新庄藩に援軍を派兵する「約定」があるとの情報を得ている。

だが、小藩が期待した援軍派遣の協定は絶対的なものではなく、派兵の目的が大藩の政治方針に沿わなければ履行されなかった。庄内藩と交戦する天童藩は、四月下旬に米沢藩に対して加勢を求めたが、米沢藩は庄内征討の大義名分が不明であることなどを理由に、これを拒否した。この直後、庄内兵の攻撃を受け、天童は落城する。

また、二十六日に増戸は庄内藩側に、上山藩の旗印や軍服を伝え、薩長両藩の督責で仕方なく庄内兵を攻撃したとしても、一発撃ったのち「散在」や「駆込」するなど臨機応変に行動したいと伝えた。上山藩は鎮撫軍の下につかざるをえなかったが、水面下では避戦を模索していたのである。小藩は大藩と軍事的な結びつきを強め、時には攻撃対象の「朝敵」とも連絡を取りつつ、自藩を守ろうとしていた。

会議・歎願・盟約・軍事

閏四月一日、仙台藩領の関宿《せきじゅく》（宮城県七ヶ宿町《しちかしゅくまち》）において、仙台藩の但木《ただき》土佐《とさ》・坂英力《さかえいりき》・真田《さなだ》喜《き》平太《へいた》と、米沢藩の竹俣美作《たけのまたみまさか》・木滑要人《きなめりやすと》・大滝新蔵《おおたきしんぞう》・片山仁一郎《かたやまじんいちろう》が会談した。そして、鎮撫総督府に歎願書を提出し、それが却下された場合は解兵して両藩の重臣が京都太政官に奏聞し、相手が「暴挙」に及んだ場合には「君側《くんそく》の姦《かん》」を排除するため戦うとの盟約を結んだ。その後、但木らは会津藩使節の梶原平馬《かじわらへいま》などと会談し、会津藩の「謝罪」条件を話し合うとともに、今後の計画について確認した。

閏四月四日、仙台・米沢両藩の首脳は、奥羽の二七藩に対して、仙台藩主伊達《だて》慶邦《よしくに》が本陣を構える白石で会議を行う旨を通達した。ここには一関藩を除く、一〇万石以上の外様諸藩の支藩も含まれている。そして、閏四月十一日に奥羽諸藩の重役による会議が開かれた。米沢藩主の上杉斉憲《うえすぎなりのり》も藩兵を率いて、白石に乗り込んできていた。なお、当初、会議に参加したのは一四藩であったが、順次増えていった。

翌十二日、慶邦と斉憲の連名歎願書、奥羽諸藩の重臣連名の副歎願書、会津藩家老連名の歎願書が、奥羽鎮撫総督の九条道孝《くじょうみちたか》に提出された。しかし、十八日に歎願の却下が伝えられると、奥羽諸藩は会津征討軍と庄内征討軍を解兵し、二十二日に白石で盟約を結んだ。そののち、奥羽諸藩の重役は仙台に移動し、盟約書を修正した。「大国」仙台藩の強権が打ち出された部分を削除したのである（佐々木克―一九七七）。こうした過程を経て、五月三日に修正した盟約書に二五藩が署名、あわせて京都太政官への建白書にも署名した。列藩同盟の成立である。

また、越後では米沢藩が主導して、五月六日に北越諸藩が会議を開き、そののち奥羽征討越後口総督府に会津救済のための歎願書を提出した。ただし、北越諸藩については、列藩同盟参加の日付が特定できず、盟約書に署名したのが新発田《しばた》藩のみで、通説の六藩ではなく七藩が参加していたとされる（久住真也―一九九七）。その後、新潟では、外国への布告や武器購入などをめぐって、たびたび会議が開かれた。

五月二十九日、奥羽二五藩の代表三四人は、仙台城下で会議を開き、「盟約書御直印相直ス事」などを決定し、翌三十日に仙台城に登城して、慶邦に面会した（「石母田頼至日記」、東京大学史料編纂所蔵）。これらのなかには、会津藩士や庄内藩士も含まれている。会津藩や庄内藩も盟約書に署名しようとしていたのかは断定できないものの、列藩同盟は盟約書を藩主の直印に改めることで結束力を高めようとしていたことがうかがえる。

奥羽越諸藩は政治的に結びつきを強めていったが、その過程で、閏四月二十日に仙台藩は下参謀の世良修蔵《せらしゅうぞう》を暗殺し、会津藩は白河城を奪取するなど強硬姿勢を強めていった。列藩同盟は結成当初から、薩長両藩を討つため積極攻勢をしかけようとするのか、名義を重視して防戦に主眼を置くのか、あるいは戦闘そのものを避けようとするのか、関係諸藩の思惑が一致しないまま、新政府軍との戦闘に突入していった。

表は、奥羽北越の各藩が、列藩同盟にどのように関わったのかを示したものである（このうち、矢島生駒家は大名ではなく交代寄合）。なお、表にあげた以外にも、会議は参加者を変えて何度も開かれている。一見して分かるように、列藩同盟の活動に関わる各藩の行動や思惑は一様ではない。列藩同盟には、さまざまな「参加」の形があった。

表 奥羽越列藩同盟に「参加」した藩

藩（大名）	石高	親疎	①	②	③	④	⑤	⑥	⑦	⑧	⑨	⑩	⑪
仙台（伊達）	620,056	外様	●		○	○	○	○	○		○	○	○
会津（松平）	280,000	家門							○		○	○	○
秋田（佐竹）	205,800	外様	●	○	△	△	○	○	○				
盛岡（南部）	200,000	外様	●	○	○	△	○	○	○			○	○
米沢（上杉）	180,000	外様	●		○	○	○	○	○		○	○	○
庄内（酒井）	170,000	譜代							○		○	○	○
二本松（丹羽）	100,700	外様	●	○	○	○	○	○	○			○	○
弘前（津軽）	100,000	外様	●	○	△	△	○	○	○				
棚倉（阿部）	100,000	譜代	●	○	○	○	○	○	○			○	○
新庄（戸沢）	68,200	譜代	●	○	△	△	○	○	○				
中村（相馬）	60,000	譜代	●	○	○	○	○	○	○			○	
三春（秋田）	50,000	譜代	●	○	○	○	○	○	○			○	
山形（水野）	50,000	譜代	●	○	○	△	○	○	○			○	○
上山（藤井）	30,000	譜代	●	○	○	△	○	○	○			○	○
平（安藤）	30,000	譜代	●	○	△	○	○	○	○			○	○
福島（板倉）	30,000	譜代	●	○	○		○	○	○			○	○
福山（松前）	30,000	外様	●	○	△		○	○	○				
一関（田村）	30,000	外様	●		○		○	○				○	○
松山（酒井）	25,000	譜代							○			○	○
本荘（六郷）	22,021	外様	●	○	△	△	○	○					
守山（松平）	20,000	家門	●	○	○		○	○	○				
八戸（南部）	20,000	外様	●	○	△		○	○	○				
亀田（岩城）	20,000	外様	●	○	○	△	○	○	○			○	○
泉（本多）	20,000	譜代	●	○	△	○	○	○	○			○	○
天童（織田）	20,000	外様	●	○	△		○	○	○			○	○
秋田新田（佐竹）	20,000	外様		○									
湯長谷（内藤）	15,000	譜代	●	○	△		○	○	○			○	○
七戸（南部）	11,000	外様		○									○
長瀞（米津）	11,000	譜代		○				○					
下手渡（立花）	10,000	外様	●	○	△		○	○	○				
米沢新田（上杉）	10,000	外様		○	△								
黒石（津軽）	10,000	外様		○	△								
矢島（生駒）	8,000	外様	●	○	○	△	○	○					
新発田（溝口）	100,000	外様	●				○			○		○	
長岡（牧野）	74,000	譜代	●								○	○	○
村上（内藤）	50,090	譜代	●							○		○	○
村松（堀）	30,000	外様	●							○		○	○
三根山（牧野）	11,000	譜代										○	
黒川（柳沢）	10,000	譜代	●							○			
三日市（柳沢）	10,000	譜代	●							○			

・『復古記』4・8・12・13（東京大学出版会，復刻 1974 ～ 75 年），『上杉家御年譜』18（米沢温故会，1983 年），「石母田頼至日記」（東京大学史料編纂所蔵）などにより作成．

・①通説で列藩同盟に参加したとされる藩，②閏 4 月 4 日に仙台藩と米沢藩が白石会議への参加を呼びかけた藩，③閏 4 月 12 日に奥羽鎮撫総督に提出した歎願書に署名した藩（△は後に署名した藩），④閏 4 月 19・20・22 日に征討軍を解兵した藩（○は対会津，△は対庄内），⑤閏 4 月・5 月に盟約書に署名した藩，⑥ 5 月に太政官への建白書に署名した藩，⑦ 5 月 29 日に仙台での会議に参加した藩，⑧ 5 月に奥羽征討越後口総督に提出した歎願書に署名した藩，⑨ 7 月に諸外国への布告文に署名した藩，⑩出兵して新政府軍と交戦した藩，⑪戦争終了後に処分を受けた藩．

二　会津藩・庄内藩と白石会議の情報

会津藩から庄内藩への情報伝達

先に触れたように、政治的な文書に署名した藩の総和が、奥羽越列藩同盟になるわけではない。本来、列藩同盟は仙台藩と米沢藩が主導して、「朝敵」に対する征討戦争に反対する立場で結成されたものであり、厳密には、救済の対象であった会津藩や庄内藩は含まれていない。しかし、ほどなく両藩は、政治的にも軍事的にも列藩同盟と一体となって活動を展開した。その意味では、列藩同盟に「参加」したともいえる。

それでは、列藩同盟結成に先がけて軍事同盟を結んでいた会津藩と庄内藩は、結びつきを強めて同盟結成に向かう他の奥羽諸藩をどのようにみていたのだろうか。白石会議の時点で、会津藩が情勢をどのようにとらえ、どう行動しようとしていたのかは、会津藩の南摩八之丞が庄内藩の松平権十郎に宛てた閏四月十九日付書状の写（鶴岡市郷土資料館蔵）からうかがえる。この書状は、白石近くの二井宿《にいじゅく》（山形県高畠町）に滞在していた会津藩家老の梶原平馬が国許に送った閏四月十六日付書状の内容を南摩が抜粋し、みずからの意見を加えて松平に伝えたものである。要点は次のとおりである。

①十五日に仙台藩士の横田《よこた》官平《かんぺい》から得た情報。伊達慶邦と上杉斉憲が九条道孝へ歎願書を提出したところ、返答を待つよういわれた。だが両藩主は、歎願書が却下されれば「決心」するつもりであり、「賊」を誅し、「賊兵」を防ぐ戦略について密談した。

②十六日に米沢藩軍務総督の千坂《ちさか》太郎左衛門《たろうざえもん》から得た情報。十一日に斉憲は慶邦と面会し、両藩は存亡をともにして「奸賊《かんぞく》」を除き、「皇国」の衰えを挽回することを決心し、歎願することを約束した。奥羽諸藩の重役で会議

を行ったが、重役たちも同意し、「薩長人」ではなく「薩賊長賊」という言葉が飛び交った。

③千坂から得た情報。九条が歎願書を受け取れば、すぐに征討軍を解兵し、「薩長之賊兵討伐の方」を手配し、九条・醍醐《だいご》忠敬《ただゆき》・沢為量を仙台城に迎え、世良修蔵・大山格之助《おおやまかくのすけ》の両参謀を誅し、檄文を「中国」まで伝えるつもりだったが、仙台藩は、歎願書への回答を待って実行すべきだと主張した。千坂は一日も早い方がよいと主張し、このため、竹俣美作・大滝新蔵・木滑要人・片山仁一郎を仙台に残した。

④九条は参謀の「暴動」に心を痛めていたが、仙米両藩主が歎願書を持参したため、大いに喜び、「正邪分明」になったので「西方」へ向かわず、仙台に留まりたいと願った。

⑤前文のような情勢なので、仙台藩は「台場筒」二〇挺を借用したいそうだ。

⑥「上方勢」が江戸から押し寄せると聞き、白河での防戦について、仙台藩の重役が別紙のとおり言ってきたので、急いで手配してほしい。

⑦仙米両藩の檄文で白石に集まった奥羽諸藩の重役は別紙のとおりである。追々そのほかの藩も加わって、現在は「同盟の者十七藩」である。

⑧二本松藩家老の丹羽《にわ》一学《いちがく》は米沢藩重役に、「不行届」があって会津藩から疑われ、領内の村が放火にあっているが、決して異心はないので、こうしたことがないよう会津藩に周旋してほしいと頼んだ。

⑨斉憲は、今回の一件で恥をかかされた場合は、「決心」して一歩も退かない覚悟で、二〇〇〇人を引き連れて出張した。仙台藩内の「過激の者」(会津征討論者)は勢いに圧倒され、仙台藩の「政府」は力を得て、前文のようになった。

⑩右のとおり、「連合」の都合もついて恐悦である。今後は「頭々」も、右に副うべきであるので、よろしく取り計らってほしい(閏四月十六日)。

⑪右の書状は、梶原が出張先から会津若松に伝えてきたものを、私（南摩）が取りまとめたものである。「御藩中」はもちろん、「御近国」へも伝え、広く布告してほしい（閏四月十九日）。

⑫かねてからの「苦心の一条」は「妙形」が整い、誠に喜ばしい。この上は、兵を押し出して「天下挽回の謀略」を重視すべきだ。秋風が吹くまでには上京できるだろう。注文の小銃はスネルが承知している。この分では、新発田藩をはじめ越後諸藩はみな従うはずだ。

⑬白石会議への参加者名（省略）。

会津藩の思惑

この書状で描かれるのは、仙台藩や米沢藩をはじめ、白石会議に参加して「同盟」した奥羽諸藩が、会津藩側に立って、薩長両藩に対抗しようとする姿勢である。会議で飛びだしたとされる②の「薩賊長賊」という発言は、その象徴であろう。

仙台藩と米沢藩の関連では、④⑥⑨は、これまで別の史料から明らかにされている内容に符合している。ただし、もともと両藩は奥羽鎮撫総督府への歎願が失敗すれば、京都太政官に建白書を奏聞する計画であったが、書状では全く触れておらず、むしろ①②③にみられるように、強硬姿勢を強めている様子が記される。①にある両藩主が話し合った「賊」を誅すというのは、世良殺害のことであろう。

しかも興味深いのは、③のように、仙台藩よりも米沢藩の方が、薩長「討伐」に前のめりになっていることである。一般的に列藩同盟の結成前後は、強硬派の仙台藩と、大義名分を重視して建白書の提出を重視する米沢藩が対立すると評価されている。

この矛盾をどう解釈するかについては慎重な検討が必要だが、事実を正確に反映しているか否かはさておき、こうした話を庄内藩に伝えていること自体は重要である。⑪にあるように南摩は庄内藩内外に、この書状を広めるように求めていた。したがって、この書状は、機密文書のような性格を有するものではなく、布告文としての役割を担っている。いわば、会津藩の情報戦略の一環として作成した書状なのである。

⑩の「連合」の都合や、⑫にある「苦心の一条」とは、四月十日に南摩と松平の間で結んだ会庄同盟で確認した計画にほかならない。会津藩は仙米両藩に説得され、いったん「謝罪」を表明することになったものの、当初の計画どおり、米沢藩と仙台藩を巻き込み、それ以外の奥羽諸藩を大藩・小藩を問わず引き入れることで、薩長両藩と軍事対決する準備が整ったと庄内藩に表明したのである。

梶原書状の広がり

南摩八之丞の書状は、多少の文言の異同を含みつつも、庄内藩側の複数の風説書（「戦争聞書」「見聞記」「慶応奇談」など、酒田市立図書館光丘文庫蔵）に記されていることが確認できる。このうち、「戦争聞書」の表紙には「住泉坊知教控」とあり、情報が藩士以外にも流布したことがうかがえる。

なお、同史料には、松平権十郎が藩内に広めることを命じた別の情報も記されている。そこでは、米沢藩から白石会議に出席するよう促されたことや、閏四月二十三日に仙台藩・米沢藩・上山藩の使節が到来して、沢為量を「召捕」り、薩長兵を「討亡《うちほろぼ》」すため、米沢藩とともに新庄に出兵するよう促されたことを伝えている。こうしたことからは、庄内藩首脳は、他藩から得た情報を意図的に広めていたものと考えてよいだろう。

また、会津藩は、藩内の動員を図るため、藩士や領民に梶原平馬が得た情報を流していた。会津領内の村方で作成された御用留とされる「内旧一覧」（『会津藩幕末・維新史料集』）のなかにも、梶原の書状が確認される。しかし、南摩書状と完全には一致せず、たとえば、⑧の二本松藩の動きが詳しく記され、⑥で具体的に示されなかった書状、すなわち坂英力が梶原に白河城奪取を勧めた閏四月十五日付書状が示されている。このほか、別の村方の覚書（『福島県山都町史資料集』三）にも梶原書状がみられるが、そこでは、江戸への手配について仙台藩から催促されたことなどが記される。

また、会津藩は味方を増やすため、越後諸藩に対し、奥羽の「同盟十七藩」が「姦賊討伐」に向かうことを閏四月二十一日付で通知し、決起を促した。これは、会津藩が白石会議の時点で軍事同盟が成立したと理解していたことを示すものと評価されるが（工藤威—二〇〇二）、この情報源も、梶原書状であったと考えられる。こうしたことから、会津藩は、白石会議後の状況を計画実現の好機ととらえて、梶原書状を目的に合わせて加工し、藩内外に広めていたことがわかる。

なお、この会津藩の通知文は新政府の手に渡り、奥羽北越諸藩に対する警告文とともに、「太政官日誌」に掲載された。「太政官日誌」は新政府の情報・宣伝戦略の一環として出版されたものであり（箱石大—二〇〇七）、会津藩の情報戦略は、新政府に逆手に取られることになったのである。

三　米沢藩と南出羽の小藩・飛び地

米沢藩による飛び地の取り込み

奥羽北越地域に点在した非「奥羽越」諸藩の飛び地の行動は、地域の情勢に左右された。これらは新政府軍に加わった本藩とは別行動を取らざるをえず、列藩同盟に協力した勢力である。また、盟約書に署名した小藩も、軍事行動を望んでいたわけではないが、出兵を余儀なくされている。以下では、南出羽（現在の山形県域）に所領を有した小藩や飛び地と、米沢藩との関係についてみていく。

列藩同盟は新政府と全面対決することを狙っていたわけではなく、当初は奥羽鎮撫総督府とのつながりを重視することで、行動の正当性を確保しようとしていた。その一環として、米沢藩は新庄に滞在する副総督の沢為量を迎え入

図　南出羽の藩庁と陣屋

れるため、藩境を越えて北方へ軍を進めた。藩兵を指揮していた大滝新蔵は、関宿会議や白石会議にも参加した列藩同盟の立役者の一人である。

　米沢藩は新庄に進軍する過程で、南出羽の薩長兵を駆逐し、地域すべての勢力を同盟陣営に組み込む必要があった。そこで、漆山陣屋・柏倉陣屋・北目陣屋の藩士を呼び出し、列藩同盟の申し合わせに加わるよう求めた。陣屋側はこれを了承し、のちに米沢藩の指示で越後に出兵することになった（鈴木壽子―二〇一〇）。

　これは、明治時代に成立した館林藩の記録を典拠とした指摘だが、同時代の一次史料からも確認できる。各陣屋詰の藩士が連名で、米沢藩の大滝と堀尾《ほりお》保助《やすすけ》に提出した五月一日付の口上書（マイクロフィルム『上杉文書』）によれば、薩長兵と沢の争奪戦が発生した場合に、味方に加わるよう求められた各藩士は、列藩同盟の趣旨が「王室」の鎮護や人民の撫恤《ぶじゅつ》であると納得したので、「御定約書」への連印は書類を拝見し、「其筋」へ伝えた上で処置すると約束している。「御定約書」は、列藩同盟の盟約書である可能性があるが、いずれにせよ参集者に米沢藩への協力を約束させたのである。

　また、同日付で東根《ひがしね》陣屋（松前藩領）の氏家糺も口上書を提出した（『上杉文書』）。これは、三陣屋が連名した口上書とほぼ同文である。それぞれの陣屋は、米沢藩が提示した案文をもとに口上書を提出したのかもしれない。

飛び地の出兵

戦争が始まったのち、小藩や飛び地は、どのような行動をとったのだろうか。米沢藩の中之間年寄であった木滑要人の日記（「木滑政愿日記」、『上杉文書』）などで確認してみよう。

六月五日、上山藩の使節が米沢に到着し、柏倉陣屋と漆山陣屋に出兵を催促してほしいと依頼した。その理由は、佐倉藩と館林藩が新政府側であるため、上山を空にして出兵すれば、襲撃される恐れがあるというものだった。使節は、陣屋詰の藩士から「奥羽の同盟」に違背しないとの「一札」を取っているので、越後に出兵させれば違背することもないと主張した。これを受けて米沢藩は、香坂七《こうさかしち》右《え》衛門《もん》を両陣屋に派遣した。

日記の六月十日条によれば、柏倉陣屋は出兵を承諾したが、漆山陣屋は難色を示した。しかし、香坂から「同盟の廉」で出兵するよう求められ、結局、米沢藩の付属兵という名目で出兵することを承諾した。ここでは、米沢藩が両陣屋と「同盟」を結んでいると認識していることが注目される。南出羽の飛び地は、実質的に列藩同盟の一角を担う存在になっていたのである。

そののち、漆山陣屋は仙台へ使節を派遣して、越後出兵を報告し、列藩同盟に協力するとの「願書」を提出した。それは、「奥羽御列藩御同盟」が大義を唱えていることを承知したので、本国の様子は不明であるものの、「当方陣屋詰」は「御同盟同様」に扱ってほしく、「御列藩衆議」に異議はないので、出兵の際には「御同盟同然」に兵粮や人足を負担するというものであった。また、仙台藩は盟主であるとして、有事の際の助力を求めている（「戊辰史料」、市立米沢図書館蔵『林泉文庫』）。

この「願書」は、仙台藩からの廻状によって、仙台城下に詰めている奥羽諸藩の代表に通知された。これによって漆山陣屋は、米沢藩だけでなく、仙台藩やその他の同盟諸藩にも、列藩同盟側の立場で行動することを表明したのである。そののち一部の藩士は、列藩同盟内で主家を存続させるため、臨時的に上杉家から養子を迎えることを主張するようになる（『山形市史』下巻）。

このように列藩同盟は、結成直後から非「奥羽越」諸藩の飛び地を取り込んでいった。列藩同盟が建白書の提出などといった政治運動のみを行うのであれば、協力する勢力の所領が、まだら模様になったとしても大きな問題は起こらない。だが、軍事行動を伴うのであれば地域全体を勢力下に置かなければならなかったのである。

しかし、列藩同盟を離脱する藩が相次いだため、飛び地への疑念も消えなかった。白石公議府に詰める米沢藩士の新保《しんぼ》左馬之助《さまのすけ》は、国許に宛てた八月十七日付書状のなかで、飛び地を取り上げて輪王寺宮《りんのうじのみや》入道公現《にゅうどうこうげん》親王の賄い料とし、陣屋詰の藩士を本国に送り返して、残った藩士を山形藩・上山藩・天童藩が預かることを決定したと伝えている（「残存戊辰文書」、『上杉文書』）。

小藩による政治工作

興味深いのは、陣屋の出兵を画策したのが、小藩の上山藩であったことである。その後も上山藩は漆山陣屋に疑念をいだき、攻撃されることを憂慮した陣屋側は、七月二十一日に米沢藩に救助を求めていた。上山藩が近隣諸藩を警戒し、その脅威を取り除こうとしていたことは、ほかの事例からも確認できる（「木滑政愿日記」）。

七月十一日、新庄藩が列藩同盟を離脱し、秋田から南下した新政府軍と呼応して、同盟軍に攻撃を加えた。これを受けて、上山藩は新庄方面に出兵するにあたり、七月十六日に米沢藩に援軍を求めるとともに、天童藩への対処を依頼した。天童藩は疑わしいため、人質を取るか、出兵させるか、いずれかを実行してほしいというのである。天童藩は二万石ながら、列藩同盟が結成される直前、家老の吉田《よしだ》大八《だいはち》の指揮のもと奥羽鎮撫軍を先導し、庄内藩と交戦していたので、周囲から危険視されていた。

そののち、米沢藩はその実現に動いた。八月十五日に木滑は、天童藩主を米沢領内にある赤湯温泉に入湯させるとの名目で、人質に取ることを決定したとの報告を受けている。

軍事同盟となれば、近隣の勢力は最も連携を強化しなければならない存在であると同時に、最も警戒すべき存在であった。上山藩はみずからの領地を守りつつ、列藩同盟の一員として軍事行動を遂行するため、米沢藩を動かして、同じ小藩や飛び地に圧力を加えていた。ちなみに、出羽国内の上山藩の所領は約一万七〇〇〇石（そのほかは越後国内）であり、近隣の藩や飛び地領よりも少なかった。

八月二十二日、上山藩の増戸武兵衛が木滑と面会し、「奥羽同盟」が「不堅固」であるため、当初からの事情を知る重臣が再び「会盟」するべきだと提案した。仙台藩と米沢藩に領国を挟まれ、両藩から強い影響を受けてきた上山藩は、最後まで列藩同盟の維持に執着していたのである。

山形藩の養子問題

山形藩は藩主の水野《みずの》忠弘《ただひろ》と前藩主の忠精《ただきよ》が京都などに滞在していたため、国許は独自の判断で列藩同盟に参加していた。そのため、山形藩は同盟諸藩から挙動が疑われていた。

六月下旬になると、藩主父子から大藩に依頼して城地を保全せよとの密書が届き、山形藩は近隣諸藩に弁解の使節を派遣した。七月二日に米沢に到着した使節は、「社稷を重しとする説」によって「同盟」しているので、今後も指揮を願うと述べている（「木滑政愿日記」）。

しかし、山形藩への疑惑は解消されず、上杉勝応《うえすぎかつたか》（斉憲の従弟）を山形藩水野家の養子にする動きが浮上する。これは八月中旬に米沢藩が画策し、上山藩が山形藩に打診したものであった（『山形市史』下巻）。周旋活動を行っていた米沢藩士の小《お》田《だ》切《ぎり》勇之《ゆうの》進《しん》が国許の木滑要人らに宛てた八月十四日付の書状によれば、総督の千坂太郎左衛門や大滝新蔵は、やむをえない場合は、勝応養子の件を山形藩に押し付けて「誓約」させるべきだとの考えをもっていた。ところが、交渉してみると、山形藩の方から、以前から「渇望」していたと述べてきたという（「残存戊辰文書続集　乾」、『上杉文書』）。

八月十九日、山形藩家老の水野《みずの》三郎《さぶろう》右《え》衛門《もん》が米沢を訪れ、木滑らに対して、主人が不在で「臣下統一」の者がいないため、上杉家の「公子」か一門に「山形の政事」を指揮してほしいとして、勝応に山形城下に乗り込んでほしいと依頼した。米沢藩内では「山形の政事」を指揮するのは山形藩主に対して不義理であるため、「鎮撫」のため乗り込むとの結論に達した（「木滑政愿日記」）。しかし、水野は納得しなかった。同日、水野らが米沢藩の竹俣美作と大滝新蔵に宛てた書状によれば、「鎮撫」では同盟諸藩に名義が立たず、自藩の「決心」も鈍って「癖論」が起きるとして、水野家相続を各藩へ歎願するため、上杉家の一門を迎えたいと願っている（『上杉文書』）。山形藩の申し入れに、養子を画策した米沢藩が躊躇している様子がうかがえるが、その理由の一つは、山形藩の反応が予想外で、疑惑が解消されたためであろう。

米沢藩の「最上鎮撫」戦略

戦争が激しくなると、地域の結束がより重視されるようになった。米沢藩が作成した「最上鎮撫一条略」（『上杉文書』）と題された文書がある。以下、条文の一部を抜粋する。

①山形藩は、「君を軽して社稷を重しとするの説」があるため、「別に君を置」くか「我藩より諸公子」を置くか、「誓約」した上で処置する。藩兵は近々信達《しんだつ》地方（福島県北部）へ出兵させ、城地と市中の支配は「此方」が処置する。

②天童藩は吉田大八の「煽乱」以来、「賊」に与すると疑われている。「君を我藩」へ迎えて、領地の処置などは「我藩」が立ち会って臨時に取り計らう。

③漆山陣屋と柏倉陣屋は、本国が「賊」についたので、「同盟地」に置く理由がない。「別に君を立」てるか「我藩に附属」させるか両様の処置を行う。ただし、君側にいたいのであれば「敵地」へ送る。

④東根陣屋（松前藩領）と尾花沢陣屋（同預所）は、本国が「同盟」しているが、両陣屋からは出兵もないので、高相応の金穀を供出させ、兵器もあるだけ供出させる。

⑤右の件は上山藩へも協力させる。同藩は越後の領地を失い、困却しているので、追々「最上地」（山形県村山郡）のうちに、失地を償うように仕向ける。

一見してわかるように、これは六月から八月にかけて米沢藩の周辺で、実際に展開した状況に符合している。文書の端裏には、異筆で「戊辰四月」とあるが、奥羽北越戦争が進展するなかで作成されたものであり、八月の可能性が高い。ちなみに、①の関連で、山形藩が米沢藩と上山藩に催促され「南方」に出兵するのは八月上旬である（「水野忠弘家記」、東京大学史料編纂所蔵）。

筆跡は小田切勇之進に近いように思われるが、山形藩養子問題の経緯からわかるように、①には藩首脳部の意向と同じ内容が含まれている。ただ、③に関して、先に紹介した白石公議府詰であった新保左馬之助の書状では、飛び地を取り上げるという方針と、国許の方針が二重になることを懸念している。そのため、すべてが同盟諸藩の合議で承諾された内容とは言いきれないが、列藩同盟の中心的存在であった米沢藩の志向性を示すものとみてよいだろう。米沢藩は、列藩同盟にとって不安要素ある諸藩の藩政に積極的に介入しようとしていた。その背景となるのは、南出羽で抜きんでていた米沢藩の家格であり国力である。ほかの条文には、不承知の者は「討撃」すると記している。①③の新藩主擁立や、⑤の上山藩への領地付与にみられるように、米沢藩あるいは列藩同盟内には、幕府から新政府へ移行した大名の領知宛行《あてがい》の権利を行使しようとする構想があった。仮に臨時的措置であったとしても、国家権力が本来有する権利を列藩同盟側が行使するという意味において、列藩同盟は新政府と鋭く対立していたといえよう。

＊　＊

奥羽越の地域連合

奥羽越列藩同盟が成立したことで、大藩・小藩に加え、飛び地も軍事行動を展開していった。しかし、仙台藩・米沢藩や会津藩・庄内藩は、奥羽北越地域に固執したわけではなく、列藩同盟の拡大を常に目指し、加賀藩や肥後（熊本）藩などとの政治的・軍事的な連携を模索した（栗原伸一郎―二〇一七）。すなわち、非「奥羽越」諸藩に、列藩同盟への「参加」を求めたのである。そのほかにも仙台藩は、本国から柏倉陣屋に出向いた佐倉藩士に対して、応援の挙兵を求める密書を託している（木村礎・杉本敏夫編―一九六三）。それは、佐倉藩が隣藩とともに挙兵し、関八州の諸藩と連携して江戸城を奪回することを呼びかけるものであったとされる（「正倫公記」、マイクロフィルム『堀田家文書』）。「奥羽越」による地域連合の結成や、列藩同盟によって展開された軍事行動は、政治目標を達成するための手段であって目的ではないのである。

だが、列藩同盟は拡大することはなく、逆に、軍事同盟化に不満をもった藩が次々に離脱していった。もともと兵力を有さない小藩もあったが、結果的に歎願や盟約に加わった藩よりも、政府軍との戦闘に参加した藩の方が少数であった。そして戦局が悪化し、八月十九日に米沢藩が、九月十日に仙台藩が降伏を決定した。軍事同盟化していた列藩同盟は、軍事的敗北によって崩壊した。

静寛院宮・天璋院の行動と江戸城大奥の消滅

畑　尚　子

戊辰戦争期の大奥

この時期の大奥というと、静寛院宮《せいかんいんのみや》と天璋院《てんしょういん》の嘆願交渉と江戸開城の動きに焦点が当てられてきたが、本章では視野を広げ、広角的に江戸城大奥全体の動きをとらえていきたい。

史料としては、従来から活用されている『静寛院宮御側日記』『静寛院宮御日記』『藤岡屋日記』をふまえつつも、その存在があまり知られていない「和宮上臈《じょうろう》玉島日記」（国立国会図書館蔵、以下「玉島日記」と記す）、田安家に関する田藩《でんぱん》文庫（国文学研究資料館蔵）のうち「御本丸御書付留」、著者が翻刻した『大奥御《お》年寄《としより》瀧山《たきやま》日記』（以下『瀧山日記』と記す）を新たな検証材料として加え、さらに最近公開数が増えた国立公文書館蔵の内閣文庫多門櫓《たもんやぐら》文書にも目を通した。

一　大奥の弱体化

参勤交代制度緩和の影響

徳川幕府は軍備増強と全国の海岸警備を強化する目的で、諸藩の経済的負担の軽減のため、一八六二年（文久二年）閏八月二十二日に参勤交代の頻度を三年に一度とするなど条件の緩和を行った。奥向に関わる条項は以下のとおりである。

一江戸に置いている妻子は国許へ引き取って構わない。
一留守中の江戸屋敷の家来の数は手軽にすること。
一年始・八朔・参観・家督以外の御礼の時の献上物はすべて御免となる。しかし、将軍家と由緒のある者からの献上は、相談して決めるように。

大名妻子の江戸常住の義務が解かれたことにより、各藩では夫人や前夫人、子女たちが陸続と国許へ向かった。奥女中も主《あるじ》の移動に従い各藩の国許へ引き移った。その上、各藩では国許へ連れて行かない者には暇《いとま》を取らせ、江戸屋敷の奥向の簡素化に努めた。

贈答儀礼も将軍家と由緒のある者に限られたが、一八六四年（元治元年）八月に長州進発が命じられると、表向・奥向ともすべての「御機嫌伺」が免除された。

現在では、この参勤交代制度緩和が幕府の求心力を弱め、崩壊に結びつく要因の一つとなったことは通説となっている。このことを幕府に具申した一橋慶喜《ひとつばしよしのぶ》や松平慶永《まつだいらよしなが》にその認識はなかったが、幕府首脳より江戸城内で暮らす奥女中の方が、この措置の危険性を察知していたといえる。この時、一四代将軍家茂《いえもち》付御使番であった藤波は弟野口郁三郎に宛てた手紙で「誠に〳〵恐れ入り候世の中に御座候、大名残らず御国へ参り候様仰出され候御事は、いかなる事かし、誠に〳〵いうかた無く」と記し、大名が登城せず奥向に誰も挨拶に来ない異様さを肌で感じていた。

奥向の役割として、①世継ぎを産み養育する、②贈答儀礼を中心とする交際、の二点が強調されてきたが、最新の研究で祈禱など寺社に対することが、奥女中の仕事量で大きな割合を占めることがわかってきた（畑尚子―二〇一四）。さて、江戸城大奥においては②の役割が諸大名家と比較して大きく重要である。大奥に対する贈答行為は大名の奥向だけでなく、表向からもなされていた。大奥もまた大名を統治する機能の一翼を担っていた。

参勤交代制度緩和政策のうち、贈答儀礼の簡略化については看過されてきた感が強いが、正室と多くの奥女中が国許に引き取られたことにより、江戸城大奥と諸大名江戸屋敷の奥向との交際が事実上できなくなり、大奥は最大の役割を失うことになる。

女中数の削減

一八六三年（文久三年）十一月家茂付六二人、和宮付一六人、天璋院付八人が暇となった。女中の大量リストラである。将軍代替りなどで奉公を継続しない場合、剃髪（隠居）と暇にわかれる。剃髪とは四〇年以上（一八五四年〈安政元年〉以前は三〇年）勤務した者に許され、後扶持《あとぶち》が幕府より一生支給される。暇には手当として一時金が支払われた（畑尚子―二〇〇九）。

大奥女中は奉公の際に、仕える主が決められ、これを誰々付と表現する。その職制は、大奥を統括する老女から掃除などの雑用をする御半下《おはした》まで、約二〇段階ほどにわかれる。老女には公家出身の上臈と武家出身の御年寄がいる。このリストラにより六人いた将軍付老女のうち、上臈飛鳥井《あすかい》・花園、御年寄瀬川が辞め、上臈万里小路《までのこうじ》、御年寄瀧山・大崎が残ることになり、老女数は半減した。

さて、今回は剃髪という措置はとられず、三〇年以上の勤続者に後扶持が支給された。しかし、一生涯支給されることとなったのは瀬川ほか二名だけで、飛鳥井は年限を切られず、ほかの一三名は一八六六年（慶応二年）まで三ヵ年と年限を切られた。三人の老女のうち、飛鳥井と瀬川は江戸市中に隠居し、花園は京都の生家に戻ることになる。三人が江戸城を出たのは翌月の十一日で、花園は翌年正月に京都へ出立した。

こののち、飛鳥井（勤数二八年、四十六歳）と瀬川（勤数四九年、六十五歳）は剃髪を願うが、勤続年数と年齢から瀬川のみ許可され、妙秋院と名乗りを改めた。

この時期に人減が行われた直接の理由としては、江戸城の御殿が一八六三年六月三日に西丸、十一月十五日に本丸・二丸が炎上し、住む場所が不足したことが挙げられる。要因としては、参勤交代制緩和により、贈答儀礼に関わる女中の多くが必要なくなったことが挙げられ、遠因として幕府の財政難があったことはいうまでもない。

万里小路もこの時に暇願いを出したが差し止められ、半年後の一八六四年（元治元年）五月二十九日、病気を理由に暇を願い許される。万里小路の後扶持も一生にするか三年にするか議論があったが、同年七月から三ヵ年で決着した。

宛行《あてがい》支給が切れた一八六七年（慶応三年）八月に、万里小路と一八六三年に辞めた一三人が支給の延長を願い出た。幕府は翌年まで二ヵ年分の延長と額の見直しを行った。しかし、これに対し彼女らの待遇を心配した天璋院より注文がはいった。

当夘年（一八六七年）より来辰年（一八六八年）まで二ヵ年分下される旨が達せられたが、このことを天璋院様が御聴になり何分安心もできず、今の時節とても難渋していることもお聞きになり、右の者たちは人減により余儀なく御暇を下された者なので、何卒一生の間下されるようにと天璋院様の御意である。（「元上﨟年寄万里小路初御宛行被下之儀天璋院様初御意被為有候段書付」多門櫓文書 034236、国立公文書館蔵）

人減で余儀なく暇となったので、一生下すようにしてほしいとの強い要望であった。特に万里小路ついては「京地より下り江戸には縁者もいない」とその境遇を心配した。和宮もこのことに同調したが、おそらくは天璋院に頼まれたもので強硬ではなかっただろう。のちの二人の関係を暗示している。苦慮した江戸の幕閣松平康英《やすひで》・稲葉《いなば》正邦《まさくに》は上方にいる老中板倉勝静《いたくらかつきよ》に、一八七一年（明治四年）まで五ヵ年に延ばすか伺いを立てたが、最終決定は不明である。

家茂死去、代替りによる暇

一八六六年（慶応二年）七月二十日、将軍家茂が大坂城で逝去した。前四回の代替りを検証した結果、将軍代替りによる女中の異動は、実際の死去日から発喪までに第一次の残し人の選定がなされ、発喪と同時に発表となり、次期将軍が本丸へ移徙《いし》する前に、女中全員に進退が申し渡される。しかし、今回はその決着が同年の暮れまでかかった。

上﨟錦小路《にしきこうじ》・御年寄瀧山ら四一人の暇願いの書付がある（表）。これは老女から老中に提出されたもので、家茂の死去の知らせが江戸城に届いてから、公表される八月二十日までの間に出されたと考えられる。次が錦小路以下九名の残し人の書付で、発喪と同時か間をおかずに出されたものであろう。御年寄のところが名前でなく「壱人」となっているのは、瀧山の慰留に努めていた時期といえる。御客応答《おきやくあしらい》亀岡以下三八名の奉公願と御客応答格瀧島以下三八名の暇願は老女に提出したもので、本人たちの希望である。そのため、実際に暇となった者を書き上げた『瀧山日記』（慶応三年正月条）とは、若干の異同がある。

残し人と奉公願の違いは、残し人は将軍付に留まることで、奉公願は他の主（天璋院・和宮など）に仕えることとなる。本来なら第二次の残し人の発表があるはずだが見つかっておらず、将軍となった慶喜が上方にいたためかわずかな人数となっている。

今回の代替りで豊倹院《ほうけんいん》（しが）も暇願を十月に提出した。一三代将軍家定《いえさだ》の側室しがは家定の死後、二丸で暮らしていた。十一月六日「御側近く召し仕われ親しき御奉公も仕り候者」のため、願書は差し戻され今までどおり二丸に住居するよう指示された。

表　家茂死去後の女中代替り人事（1866年〈慶応2年〉）

1　暇願い

職制＼出典	多聞櫓文書 015597	多聞櫓文書 100573	瀧山日記
上﨟御年寄	錦小路		
御年寄	瀧山	瀧山	
御客応答格		瀧島	瀧島
中﨟	とさ てふ	とさ てふ	とさ てふ よさ こわ
御錠口			嵯峨野
御錠口格	きせ	きせ	
表使	藤江 嶋田	藤江	藤江
右筆頭	志賀野		
表使格御次頭	川野	川野	
表使格過人		勝井	勝井
右筆	ちも むめ とや いさ いね	いね	いね
御錠口介	らん	らん	らん さえ
切手書	りせ とり		
御次		いす もよ まし いつ	もよ まし いつ
御伽坊主			林佐 長林
呉服之間		はち	はち
御広座敷	すか いせ とう さわ きう かて	とま すか いせ とう さわ	とま すか いせ とう さわ
御三之間	くる せつ そま	くる せつ そま	くる せつ そま
使番頭	まな		
中居	浮橋	浮橋	浮橋
同格使番	妻絹	妻絹	
火之番	沢路	沢路	沢路
使番	藤波	藤波 八重桐 紅井	
御半下	三路 やもん 幾よ 吉路 花桐 初梅 多門 宿り 久吉 田ミや	三路 やもん 幾よ 吉路 花桐 初梅 多門 宿り 久吉 田ミや	三路 やもん 幾よ 吉路 花桐 初梅 多門 宿り 久吉 田ミや
計	41	39	37

2　残し人

職制＼出典	多聞櫓文書 700825
上﨟年寄	錦小路
御年寄	1人
御客応答	歌山 三保嶋
詰	藤尾
中﨟	みき
御錠口	駒井 筒井 野嶋
計	9

3　奉公願い

職制＼出典	多聞櫓文書 100572
御客応答格	亀岡
御次	せよ
呉服之間頭	民の
御三之間頭	るき
呉服之間	るや ふき きさ ろせ
御三之間	かま つえ かい
中居	園梅 浮舟 まこも
火之番	芝折 みやこ 袖かき 空蝉 杉戸 高ま 田舎 関弥 浜路 さの路 明ほの 関の戸 この芝
使番	小夜路 小芝 槙の戸 草月 梅路
御半下	6人
計	38

一八六七年（慶応三年）二月二十八日、一八六三年（文久三年）の人減で暇となっていた元家茂付御客応答藤山と御伽坊主《おとぎぼうず》長久の二人が召し返され、将軍付となった。藤山は同年三月十一日野村と改名して御年寄に昇進した。

瀧山の引退

当初、老女たちは全員が奉公を辞めることを希望するが、錦小路は残し人、瀧山は暇、大崎は剃髪と決まり、一八六六年（慶応二年）十二月二十五日老中井上正直《いのうえまさなお》より申し渡された。翌年二月一日、瀧山は手作りの煎餅をこしらえて大崎との別れを惜しんだ。瀧山はしばらく江戸城内に留まるが、その経緯を『静寛院宮御側日記』などを参照に遡ってみてみよう。

家茂死去から四日後の一八六六年七月二十四日、瀧山は田安亀之助《たやすかめのすけ》（のちの徳川家達《とくがわいえさと》）を後継としたいという天璋院の意向を、和宮に伝える。和宮は「只今の御時勢御幼年にてはいかが」と答える。八月八日瀧山は老年を理由に暇を願う。同月十二日和宮は大崎を呼び瀧山の慰留を依頼。翌日、瀧山の決意が堅い旨の返事がある。八月二十日、家茂死去が公表され、慶喜が徳川宗家を相続する。九月七日に家茂の遺骸が江戸城へ到着する。十二月九日和宮の薙髪式《ちはつしき》が行われ、これ以降静寛院宮と呼ばれることとなる。

女中進退の申し渡しがあった十二月二十五日、瀧山は仕来り家風を錦小路に教えるため一周忌まで留まることを了承する。家茂の一周忌が過ぎた一八六七年（慶応三年）十月に江戸城を下がり、十二月に御礼上りを済ませる。

年が明けるとすぐ鳥羽・伏見の戦いが勃発するが、以上みてきたように大奥では大幅な人員の削減がなされ、天璋院や静寛院宮に意見することができる人材を失っていた。しかも、老女たちはみずからの意志で去っていった。組織としての機能が弱まった大奥は否応なく、静寛院宮・天璋院という個人に頼らなくてはならなくなり、その個性が際立ってくる。

二 鳥羽・伏見敗戦後から江戸開城まで

江戸の混乱

一八六八年（慶応四年＝明治元年）正月十二日早朝、慶喜は軍艦開陽丸で浜御庭（海軍所）に上陸し、江戸城西丸に入り、すぐに天璋院に面会。慶喜は天璋院に静寛院宮との面会の取りなしを頼み、十五日に宮と面会をして事の経緯を説明する。慶喜は引退と後継者の選定、謝罪の事を朝廷に伝奏《てんそう》してほしいと述べるが、翌日宮は謝罪のみを引き受ける。

十五日表方では主戦派の勘定奉行小栗上野介忠順《おぐりこうずけのすけただまさ》が罷免され、その後人事改革を行い、譜代大名をはずし、旗本から昇進した若年寄や総裁・副総裁で固める体制に変えていった。

十七日、静寛院宮は相続人のことは老中に相談してはどうかと天璋院に申し入れる。昼頃に徳川宗家が朝敵となり、追討使として仁和寺宮《にんなじのみや》が任命され、官軍が十一日に進発して箱根まで来たとの誤情報が入る。そこで夕方には天璋院とともに慶喜に面会して、仁和寺宮へは土御門藤子《つちみかどふじこ》（静寛院宮付上﨟）を、二月六日に東海道先鋒総督となる橋本実梁《はしもとさねやな》へは玉島を派遣することをいったん決める。静寛院宮は仁孝《にんこう》天皇と橋本経子《つねこ》との間に生まれるが、誕生前に仁孝天皇が崩御したため、橋本邸で祖父実久《さねひさ》、伯父実麗《さねあきら》によって養育された。実梁が実麗の養子であるため血縁はないが、従兄弟にあたる。

深夜におよび、宮は慶喜の嘆願書の手直しを行う。この時期はまず慶喜が天璋院に依頼して、錦小路がそれを伝えに宮の許を訪れるという構図になっていた。

二十一日に、結果として、静寛院宮の橋本実麗と実梁父子への直書二通と、慶喜の嘆願書を携えた藤子が京都に向けて出発した。この頃、朝廷より正月十四日に出された、宮の保護を大久保忠寛《おおくぼただひろ》（のち一翁《いちおう》）と勝安房《かつあわ》（海舟《かいしゅう》、以下海舟と記す）に命じる御内書が届く。二十五日慶喜は隠居を決め、後継者を御三家、御三卿から選ぶよう指示する。

二月一日、藤子は桑名の光徳寺に滞在中の橋本実梁に面会し、宮の直書を届ける。三日土山宿《つちやましゅく》で入京に手間取り、入京許可を伺う手紙を議定へ届ける段取りをする。勝海舟は西郷吉之助《さいごうきちのすけ》（隆盛《たかもり》、以下隆盛と記す）・海江田武次《かえだたけじ》（信義《のぶよし》、以下信義と記す）に送る書状を、花川（薩摩藩老女）に託す。十一日慶喜の上野への退去と、田安慶頼《たやすよしより》と松平確堂《かくどう》（斉民《なりたみ》、以下斉民と記す）が徳川家の家政を見ることが決まり、翌日慶喜は上野寛永寺《かんえいじ》内の大慈院に謹慎する。十三日静寛院宮と天璋院がそれぞれ上野輪王寺宮《りんのうじのみや》に宛てた書状を届けに、大奥からの使いが寛永寺に入る。

藤子が入京しても、朝廷内では寛厳両論に決着がつきかね、十五日東征大総督有栖川宮熾仁《ありすがわのみやたるひと》親王が京都を進発し、西郷隆盛が大総督府参謀に任命される。十六日藤子はようやく書取りの「返答書」を受け取り、朝廷から実麗に与えられた「口演書」を受け取る。

越前藩家老本多修理《ほんだしゅり》敬義を通じ勝海舟が松平慶永へ働きかけ、十九日慶永は慶喜の謹慎が顕著なことを認め官軍の東征中止を求める嘆願書を出す。

二十一日、慶喜の要請を受けた上野輪王寺宮公現《こうげん》親王（日光門主・のち北白川宮）が嘆願のため江戸を発つ。二十五日、橋本実梁より藤子に持たせた文の返事が来る。東征大総督軍が十五日に京都を進発したことを尾張藩よりの内告で知り、御三家御三卿より人選してわびに遣わすことを決める。宮は水戸を推すが、一橋茂栄《もちはる》に治定する。二十八日東海道先鋒総督橋本実梁が駿府に到着。同日、天璋院は松平斉民の再三の登城に対しその労をねぎらった。三十日、藤子が帰府する。

諸向からの嘆願

藤子が帰府したことで、三月一日に静寛院宮へはいくつかの情報が入る。「返答書」には宮の願意について朝議を尽くすとあるだけだが、橋本実麗の文に添えられた正親町三条実愛《おおぎまちさんじょうさねなる》(のち嵯峨《さが》実愛)の文には、徳川家の存続の道があることが示されていた。田安慶頼は、一橋茂栄を東海道筋に派遣するにあたり、宮から有栖川宮への願書を持参させたいと頼むが、宮は大総督宮への嘆願は表向よりするのが筋であると断る。その後天璋院が宮の許を訪れ、そのことをさらに押すが、田安の申し出が天璋院の意を受けたことであったことを知り、宮は不快に思い、田安には「返答書」のみを見せる。この頃、田安慶頼が天璋院に操られていることは周囲にも気づかれていたようである。

この時点で静寛院宮は天璋院に比べ多くの情報を得ていたが、その情報をすべて伝えているわけではない。その後も宮は本隊より先に駿府に到着した橋本実梁と、文のやり取りを重ねる。

二日、一橋茂栄が持参する嘆願書を大総督宮に見てもらえるよう、橋本実梁に取り計らってもらうための文を認めることを、静寛院宮は承諾する。三日は上巳《じょうし》の節句であったが、雛祭りは行われなかった。若年寄に任命されたばかりの跡部良弼《あとべよしすけ》が御役御免となった。これが天璋院の意向と知った宮側は、勅使が入城した時に御用を勤められる者がいないと心配し、先の件も含め天璋院に振り回されることにいら立っているように感じられる。

四日、一橋茂栄が慶喜の書状と田安・一橋の哀訴状を帯びて江戸を出発した日、錦小路が暇を願い出た。天璋院に相談し、錦小路を召して心情を聞く。錦小路は静寛院宮と天璋院二人に仕えたいと述べる。三月十三日に正式に静寛院宮・天璋院付となる。この時期は人手不足により広敷用人も静寛院宮付と天璋院付を兼ねている。同じく四日に、薩長軍が二十八日に箱根を越え、先鋒橋本実梁が駿府に入った旨が、田安にも伝わる。

五日、有栖川宮が駿府へ到着した。同日、勝海舟の意図で慶喜の命を受けた山岡鉄太郎《やまおかてつたろう》(鉄舟《てつしゅう》、以下鉄舟と記す)が、益満休之助《ますみつきゅうのすけ》(薩摩藩邸焼き討ちに際し会津藩の捕虜となった薩摩藩士、奈倉哲三―二〇一五)を同道して、西郷隆盛の許へ海舟の書状を届けるため江戸を発つ。六日駿府で官軍会談、東征大総督有栖川宮熾仁親王が江戸総攻撃を三月十五日と命を発す。七日、上野輪王寺宮は駿府で有栖川宮に会い、親書と慶喜嘆願書を提出するが、十二日に不採用が申し渡される。

同じく七日、田安慶頼は田安家の領地が召し上げられたと聞き、田安家用人を派遣して橋本実梁陣営に訴えを出す。田安より錦小路をもって、西丸明け渡しとなれば、天璋院は尾張屋敷へ避難するが、静寛院宮はどうするか伺いが来る。できるだけ退かないつもりであるが、官軍が指図するであろうと答える。八日夕方、静寛院宮は田安に対面し、橋本実梁陣へ藤子を使いに出すことを決める。九日橋本実梁より「西丸明渡しのこと田安より話があったら異議なく立ち退くよう、駿府まで玉島を遣わすように」と返事が来る。藤子を行かせることにしていたのでそのままとする。

九日に駿府に到着した山岡鉄舟は西郷隆盛と面談した。その後、降伏条件として①慶喜は備前（岡山）藩へ御預け、②江戸城は明け渡す、③軍艦引き渡し、④武器没収、⑤城内居住の家臣は向島へ移す、⑥慶喜の妄挙を助けたものは厳罰、⑦暴挙におよぶものがあれば官軍が鎮圧、という七ヵ条を示される。山岡は江戸城に帰着して降伏条件を伝える。

女使《おんなつかい》の派遣と総攻撃中止

三月十日、藤子は静寛院宮の書状（田安慶頼が恭順実意をもって、江戸の士民に不敬の義がないよう諭している）と家臣への布告の書付を携え、江戸城を出立して、沼津の東海道先鋒総督橋本実梁の陣を目指した。

その夜、玉島は静寛院宮に召され、東山道先鋒総督岩倉具定《いわくらともさだ》と同副総督弟具経《ともつね》の陣中へ使いに行くよう仰せつけられる。これ以前に表向では板橋宿に陣取る東山道総督府へ大目付梅沢孫太郎《うめざわまごたろう》を差し遣わし、恭順の趣意を伝えたが、大総督府が決定することで勝手に進軍を止めることはできない、との返答を得ていた。

十一日、静寛院宮の意を受けた玉島が中山道を、天璋院の書状を持ったつぼね（幾島）が東海道を西へ向かった。まずは中山道の動きを「玉島日記」から見ていきたい。

玉島は昼過ぎに出立し、暮に板橋宿に着く。十二日、六ツ半（午前七時）過ぎ板橋宿を出立すると、向うより官軍の先手がやってきて次第におびただしい数になり、ようやく蕨《わらび》に着き小休。総督は大宮で昼と聞いたので、自分たちは浦和まで行き、そこで昼にして、それより大宮へ文を差し出すこととする。浦和で文を認め先方の雑掌《ざっしょう》に差し出す。忍《おし》藩の者と大宮の宿役より総督が今宵蕨泊りと聞き、七ツ半（午後五時）頃浦和を立ち蕨へ戻り、宿はずれの寺に止宿する。それより総督の本陣へ申し入れをするが、一向に沙汰もなく時刻が移る。たびたび催促するが、いつも「程無く」との返答。明日にも江戸へ入りそうな様子なので、心が急いて、これより本陣へ参上して、御用がすくのを待ちたいと伝えるが返答もない。そこで先ほどの雑掌の名前を調べたところ、田中采女（『岩倉具視関係史料』上巻に名前あり、岩倉家雑掌とも推察できるが、素性不詳）とわかり書付を出す。夜も更け御用も多いので、明朝四ツ時（十時）に来れば面会するとの返事が来る。八ツ（午前二時）も過ぎたので就寝する。十三日、早朝西丸（江戸城）へ文を出す。五ツ（午前八時）前本陣の田中采女へ文を出す。それより案内され五ツ半（午前九時）過ぎ御本陣へ参上する。田中采女に出向えられ控え所に着き、ほどなく面会して口上を申し入れ、静寛院宮の書状を差し上げる。正午過ぎに返書を渡され、その時色々と御尋もあり、こちらからも色々申し入れる。八ツ（午後二時）過ぎ頃に本陣を出立。帰りは総督よりの達しがあり、すらすらと通行できた。両総督は板橋泊り。自分たちは板橋を通り過ぎ、庚申塚《こうしんづか》で小休、ここから番之頭を一人先に帰城させる。夕六ツ半（午後七時）過ぎに帰ると、すぐに御機嫌伺を出し、それより松御殿（天璋院の住まい）詰所へ参り申し置き、千鳥之間（老女の詰所）へ参り御年寄野村へも色々申し置く。

日記は本人が記したものであり時刻が正確にわかり、道中の混乱や総督に会うまでの紆余曲折が臨場感をもって伝わってくる。玉島の持参した書状は、藤子が使いに立った駿府の大総督宮からの返答があるまで、東山道からの進軍を猶予願いたいという内容である。これに対し岩倉具定は、「進退は大総督宮よりの沙汰次第で自分ではなんとも申上げようがない」と答えたと書簡に記している（『岩倉具視関係史料』上巻、玉島に会ったのは十二日とある）が、玉島は「大総督宮よりの沙汰があるまでは板橋に滞留する」と好意的にとらえて、静寛院宮にもそのように伝えている。

天璋院の書状を携えたつぼねも、玉島と同じ三月十一日に江戸を出発した。つぼねは島津家にいた時からつけられていた天璋院付の老女で、この時は病気のため江戸城大奥を下がり、幸橋《さいわいばし》御門内の薩摩藩桜田屋敷で療養中であった（崎山健文―二〇〇八）。老年で歩行が困難なつぼねは当然駕籠《かご》で、同行したのは天璋院付表使福田、同使番さつ・小夜路と、警護する男性役人五人、それに奥医師浅田《あさだ》宗伯《そうはく》が加わった。

翌十二日、つぼねは薩州先手隊長西郷隆盛と川崎で面会した。夜に入ったが川崎には泊まらず、品川まで来て釜屋に泊まり、十三日午前十時頃には江戸城に入った（『藤岡屋日記　第十五巻』）。釜屋は南品川品川寺《ほんせんじ》門前町に位置する茶屋であるが、宿泊も黙認されていた。

天璋院の書状は慶喜の罪を弾劾し、徳川宗家の存続を強く望むものである。つぼねに面会して天璋院の文を拝読した西郷は「涕泣」し、「右と申すも畢竟逆賊慶喜の所業、憎き慶喜に候」と述べ、この一言に女使が怒った、と熊本藩探索書（「一新録探索報告」）にある。江戸総攻撃中止にこの手紙がどれだけの効力をもったかは、この史料のみで論ずるのは難しい。

西郷隆盛はつぼねと面会した翌十三日に、高輪《たかなわ》の薩摩藩下屋敷で勝海舟と一回目の会談をしている。十四日、田町の薩摩屋敷で西郷隆盛と勝海舟が二回目の会談を行い、翌日の江戸総攻撃中止を決める。十三日に行われた英公使パークスと東征軍先鋒総督参謀木梨《きなし》精一郎《せいいちろう》との会談も、その決定に影響を与えたともいわれる。十四日の夜十時頃、表使山田が玉島の部屋に来て、甲州街道より土佐の先手が内藤新宿に着いたので、用人を宮よりの使いとして派遣したいと述べたので、御広座敷に行き用人に面会する。そのうち官軍が進撃を控えたので使いもやめる。甲州街道口の官軍は十九日に市谷の尾張藩上屋敷に入る。

十六日、嘆願が叶い十五日の討ち入りが中止となったと西郷が答えたので、各屋敷や江戸市中に動揺なく静謐《せいひつ》にするよう触《ふれ》が出される。この前後、諸役人は田安邸に出勤し御用を執り行うようにとの指示も出される。十七日藤子が江戸城へ戻る。

ここで、情報源となる交渉相手を確認しておこう。静寛院宮は東海道筋にいる従兄弟の橋本実梁で、その連絡役が静寛院宮の奥医師で神田神保小路に住まう中山摂津守《なかやませっつのかみ》祐玄である。さらに、その使いとして尾張家家臣山田藤次郎「沼津より尾州の家来山田藤次郎と申す者、例の通り少将さま（橋本実梁）の御状箱持参致す也」（「玉島日記」）と山田藤大夫を利用している。官軍に属していた尾張家の家臣であれば、道中の障りもないことから使いには適任である。家臣の行動は徳川慶勝の意を呈したもので、尾張徳川家が宗家存続のため官軍との仲立ちを積極的に買って出ている様子がわかる。

天璋院の相手は薩摩藩士で、島津斉彬《しまづなりあきら》に仕え自身の婚礼にも尽力した西郷隆盛が中心となる（開城後は海江田信義も加わる）。その仲介役を果たしたと推察されるのが薩摩藩の桜田屋敷にいた老女花川である。勝海舟も西郷への手紙を花川に託している。花川の名前は「玉島日記」にも何度か登場することから、静寛院宮からの接触もあったといえる。

暴発や混乱の回避に尽力

女使を派遣した大奥は、士民の暴発を抑えるための触を発令する。この触は二通りあり、まずは、静寛院宮の思し召しを強調する触（『幕末御触書集成六四五三』三月八日・「御本丸御書付留」十三日・『藤岡屋日記』三月のみ）が出される。その内容は、「万一心得違のものがあり、恭順の道を失えば、朝廷にも寛大の思召も絶え、徳川家もこれまでである。静寛院宮様は徳川宗家のために深く御心痛あそばし、此度大総督宮様御陣中へ上﨟お藤を使いに立てさせられたので、下々まで恭順の道を取失わないよう心得るよう厚く諭す」というもので、「右の通り、大奥より仰せ出され候間、末々に至るまで心得違いこれ無き様、致すべき旨、向々へ達せらるべく候事」と結ぶ。

三月八日は、夕方に静寛院宮が田安に面会し、橋本実梁陣へ藤子を使いに出すことを告げ、合わせて諸向へ上記の触を出すことと山王社《さんのうしゃ》への祈禱を指示した日である。十日に出立した藤子が持参した「家臣への布告の書付」がこれにあたると考えられる。つまり、八日は静寛院宮が書付を記した日で、十三日を家臣へ布告した日ととらえることもできる。この日は勝と西郷が会談した日にもあたる。

もう一つは、天璋院の御意を強調するもので、三月十八日（「前橋藩庁日記」）、十九日（「天璋院様御履歴」徳川記念財団会報第十号）、二十日（「御本丸御書付留」）の日付のものがある。内容は同一で、西郷隆盛が天璋院よりの嘆願を受け大総督府に伺い、討ち入りを見合わすことになったと答えたので、御家のため心得違いをしないで慎むようにというものである。「天璋院様御意」であり、「右の通り、大奥より仰せ出され候間、向々へ洩さざる様相触れらるべく候」と結ばれる。この発令だと討ち入りが見合わせられたのは、天璋院が送った嘆願書に西郷がほだされて大総督府に掛け合ったからであると読み取れる。みずからの功績を強調した天璋院からの触は、先に触を出した静寛院宮への対抗心が見え隠れする。

大奥から表向に対して発令を出すようにさせたのは非常時であるからで、奥向が権力を持ったととらえるのは適切ではない。

このあとは、明け渡しの時期と立退き場所が検討課題となる。二十日、京都の三職会議で徳川慶喜に死一等を減じる決定がなされる。二十五日、静寛院宮は田安慶頼へ面会し、退城となれば紀州屋敷かと聞く。下の者たちは少しずつ下宿させる心づもり、と考えを仲村（静寛院宮付御年寄）へ伝える。二十六日、静寛院宮はみずから立退く覚悟を藤子や玉島に告げ、下々まで見苦しいことがないようにと心得えを伝える。一方、二十八日には城を明け渡さないで事が済まないか田安慶頼を招いて相談をしており、立退きに対して潔いようにも見えるが、心の迷いも生じている。三十日、城明け渡しが言い渡されたとき混乱が生じないよう官軍よりの措置を依頼するため、中山を直接橋本実梁の元へ遣わす。

四月一日、先鋒橋本実梁は川崎で中山に面会したあと、池上本門寺に入る。四日、勅使橋本実梁・柳原前光《やなぎわらさきみつ》と参謀西郷隆盛・海江田信義が江戸城に入り、田安慶頼らへ勅諚五ヵ条（①徳川家の家名は存続し慶喜は水戸へ退隠謹慎、②城は明け渡し尾張藩へ引き渡し、③軍艦鉄砲の引き渡し、④城内居住の家臣は城外へ、⑤慶喜謀反を助けた者は死一等を減ずるがふさわしい処分をする）を与え、江戸城受け取りの手順を伝える。五日、池上本門寺の総督府旅館に呼び出しを受けた松平斉民は家臣を派遣。静寛院宮・天璋院の江戸城立退きに際し、警護の人数を出すよう命じられる。七日、表使岡野は錦小路も了承したが大混雑のため一両日の立退きは難しいとの返事を斉民に送る。それでも猶予は認められず、静寛院宮は清水邸、天璋院は一橋邸と決まる。

静寛院宮や天璋院の退城行列を警備するため四月九日、田安慶頼と松平斉民に付属として奥詰銃隊三大隊が与えられた。九日、静寛院宮・実成院は清水邸へ引き移り、十日天璋院・本寿院は一橋邸へ引き移った。十一日、江戸開城。この日の早朝、慶喜は寛永寺を発して水戸へ向かった。

三　大奥最後の役割

二人の着地点の違い

大総督有栖川宮熾仁親王は四月十四日にいったん池上本門寺に着陣し、二十一日に江戸城西丸へ入り、これより江戸城に東征大総督府が置かれることとなる。戦渦を回避した静寛院宮・天璋院ら奥向にはまだなすべきことがあった。継嗣や領地、石高の決定が遅れるなか、天璋院が気をもんでいたので、閏四月七日静寛院宮は西丸から帰る途中の橋本実梁と清水邸で会い、斡旋を依頼する。禄高はあまり減らないよう、国替えは宥免を望むことを伝える。

関東大監察使として徳川家処分の全権を委任された副総裁三条実美《さんじょうさねとみ》は、閏四月二十四日江戸城に入る。二十九日、大総督府は名代として登城した一橋茂栄に、田安亀之助（徳川家達）の徳川宗家相続を告げる。城地や禄高についても決定を見ていたが、混乱を避けるため後日の公表とした。

五月一日、亀之助を上様と称するよう触れられ、静寛院宮の住まいである清水邸に移る。その後しばらく亀之助が清水邸で暮らしている様子が宮側の史料よりわかる。天璋院も亀之助が静寛院宮の住まいに同居できることを望んでいた（辻ミチ子―二〇〇八）。一方、「御本丸御書付留」によると、この日田安邸に引き移った亀之助に諸役人が御目見得したとある。一八六八年（慶応四年＝明治元年）は史料により日時・場所などが異なることが多々あり、判断に迷うが清水邸と田安邸は隣接しており、亀之助が両邸を行き来していたとも推察できる。

二日、松平斉民は大総督府より亀之助の後見を仰せつけられる。預り地とその高、および亀之助の大名間の座順や養育のことについて天璋院は、薩摩の西郷隆盛や海江田信義に申し入れるが、埒が明かないので宮に頼み込む。せかされた宮は桜田にいる実梁へ文を出す。座順、養いの件で七日に斉民が宮の許へ来て、十四日にこちら側の考えを申し入れる。

同十四日、明朝彰義隊《しょうぎたい》征伐のため上野へ官軍を向かわせると情報が入る。そこで両三日の猶予のため、宮より取成《とりなし》を願い、その書き取りを持って玉島が急ぎ使いに出る。しかし、願いは聞き入れられず、翌十五日未明東征軍は上野の山へ総攻撃を開始、黒門口へは薩摩軍の部隊が殺到した。七時頃より発砲の音が宮の住まいである清水邸までたびたび聞こえた。十八日には上野の焼け跡を確認させ、将軍家の霊廟は別条ないことを知り安堵する。

上野戦争後も奥向からの懇願は続く。「本来は表からすることで奥があれこれするのは宜しくない」としながらも、勝海舟ら男子向への不審もあり奥向が動く。

五月二十四日西丸への登城を命じられた田安慶頼、松平斉民に徳川家の処分が告げられた。翌二十五日田安邸で、旗本・御家人に家達（五月十八日に亀之助は家達と名乗る）が駿府国府中城主に任じられ、七〇万石を賜ったことが触れられた。またこの日、田安家と一橋家が藩屏《はんぺい》の列に加えられた。

この決定に憤慨した天璋院は、六月に領地・石高の変更を求めて大総督府へ嘆願した。江戸にて旧領安堵というかなり虫のよい願いで、認められるはずもなかった。さらに、天璋院は七月九日に認めた書状を、奥羽越列藩同盟の盟主となった輪王寺宮と同盟の中心であった仙台藩主伊達《だて》慶邦《よしくに》宛に送った。内容は上野戦争での新政府軍の振る舞いを批判して、列藩に薩摩を追討して徳川家を再興してほしいと願ったものである。

しかし、天璋院の願いもむなしく、八月九日、徳川家達は江戸より東京と改名されたこの地を出発し、新封地である静岡に向かった。

将軍姫君の保護

将軍の姫君は大名と婚礼を挙げても将軍家の一員であり、その御付女中と用人ら広敷向の男性役人も幕府に雇われた徳川家の家臣である。

話は少し戻るが、一八六八年（慶応四年＝明治元年）二月、江戸での戦乱の可能性が高まると、一一代家斉《いえなり》と一二代家慶《いえよし》の娘たち、溶姫《ようひめ》・末姫《すえひめ》・精姫《あきひめ》をそれぞれの国許である金沢・広島・久留米に逃がすことが、各姫付用人より広敷番之頭に報告される。溶姫付用人波多野鍋之助・大谷木安左衛門は、今回の金沢入国に際し一五〇〇両を援助してもらいたいと希望を述べ、さらに下向には幕府用人は随行しないことを申し上げる。

溶姫は大奥に使いを送り出発の挨拶を行い、餞別品を届けると、三月一日（「玉島日記」、『加賀藩史料』では四・六日）江戸を発った。溶姫の行列が越後との国境の越中泊に到着すると、加賀藩から迎えに来ていた家老本多図書政醇らは、溶姫の乗物を別に設けた館に掻きいれた。予定どおりの館に入った溶姫付上﨟岩倉らに対し、朝敵である徳川氏の家臣を領国内に入れるわけにはいかないと告げ、江戸に追い返した（「横山政和覚書」『加賀藩史料』藩末編上巻）。

その知らせが大奥に入ったのは三月二十九日で、大変気の毒に思った天璋院は静寛院宮の許を訪れ、「朝廷よりそのような沙汰があったのか、もしそうでなかったら、溶姫様もお困りであろうから、一役一人ずつでもこちらから御世話したい」と相談した。

金沢へ移った溶姫は、その直後の五月一日、五十六歳で死去した。三日に公表となった溶姫の逝去は、十九日には江戸に伝わり旗本・御家人へも通達された（「御本丸御書付留」）。

溶姫の同母妹末姫については、二月二十六日に浅野家の国許である広島へ引き移すことを用人が言ってくる。しかし、末姫が広島へ出立するのは、溶姫のそれから約一ヵ月後の三月三十日で、迎えに来た蒸気船で広島へ向かった。溶姫の国許引き移りは大奥からの勧めでもあったが、前述のようなことがあったので、今回は大奥側も積極的ではなかった。

末姫にとっては嫁にあたる浅野慶熾《よしてる》の正室利姫もおそらくは同じときに広島へ向かったであろう。浅野家も経済的に厳しく、その上船が破損して（このときかは不明）多くの品を失ったことから、利姫付老女幾山は、江戸時代同様の手当金の支給を実家である尾張徳川家に求めている。官軍側であった尾張家出身の利姫と違い、頼るべき実家を失ったに等しい末姫の広島での立場や生活はどのようなものであっただろうか。

精姫に関しては三月十八日に久留米に入ったことが、「玉島日記」に記載されている。

玉島は五月に入ってもまだ姫路藩酒井家に輿入れした晴光院《せいこういん》（喜代姫《きよひめ》）が、江戸に留まっていることを心配している。晴光院もやはり家斉の娘であるが、その用人は早い段階での避難は申し入れていない。晴光院は官軍の江戸入府がささやかれた三月十五日に娘喜光院らとともに平戸藩松浦家の本所中之《ほんじょなかの》郷原庭抱屋敷《ごうはらにわかかえやしき》へ避難する。五月の終わりに晴光院の身の上を心配した用人が田安慶頼に相談し、田安家と由緒のある津軽家の本所横川中屋敷を借り受けしばらく住むことになる。このとき喜光院ら酒井家の女性は、隠居酒井忠績《ただしげ》が居る酒井家の巣鴨下屋敷へ移る。十二月六日に江戸を発ち喜光院らとともに姫路へ向かった晴光院であったが、到着前に大津で客死した（「酒井家文書」姫路市立城郭研究室蔵）。

大奥の消滅と奥女中のその後

一八六三年（文久三年）の人減および家茂から慶喜への代替りで、往時から比べると女中数は大幅に減少し、一八六九年（明治二年）には天璋院付一六人、本寿院付・実成院付は各七人となった（「徳川家戊辰前後収納暮方惣計」江戸東京博物館蔵）。

一八六四年（元治元年）に奉公を辞めた万里小路が（「虎門内御用屋敷にいた可能性が高い」田中正弘—二〇一四）、江戸を出立して宿元である大名林家の知行所である請西《じょうざい》（千葉県木更津市）へ向かったのは、一八六八年（慶応四年＝明治元年）三月二十日（「玉島日記」）である。閏四月三日に林忠崇《はやしただたか》はみずから真武根《まぶね》陣屋を出て家臣を率いて遊撃隊に合流した。同月五日、万里小路は忠崇の武運を祈るため、木更津の長楽寺において戦勝祈念のため大般若経を読経し、村中の百姓に酒を配った。さらに、箱根の陣中にあった忠崇の許に広部周助を使者として派遣し軍用金を提供した（宮間純一—二〇一五）。

瀧島（妙照院）は家茂期に昇格して御客応答格となり、家茂から慶喜への代替りで暇となった。江戸城を出た瀧島は中山法華経寺《ほけきょうじ》の山内寺院（塔頭《たっちゅう》）遠壽院《おんじゅいん》で尼僧としての生活を始める。一八六九年八月二十六日、所要で東京に行った瀧島は、向島《むこうじま》の先で嶋田と会おうとするが留守で、小日向《こひなた》の三保野（一八六三年暇）を訪ねている。三保野は元御客応答で、嶋田（一八六六年〈慶応二年〉暇）は元表使、明治期になっても奥女中同士の交流があったことがうかがえる（「妙照院日記」遠壽院蔵）。瀧島は法尼として帰依していた遠壽院二十四世日照とともに、遠壽院から西中山妙福寺《みょうふくじ》、牛込圓福寺《えんぷくじ》と移り住み、圓福寺で最期の時を迎える。遠壽院の子安千代稲荷像と圓福寺の夜行鬼子母神《きしもじん》・七面大明神・妙見大菩薩は、江戸城紅葉山《もみじやま》に祀られていたものを幕府瓦解の時に奥女中が避難させたと伝えられる仏像である。

＊　　　　＊

冷静な静寛院宮、人情に厚い天璋院

天璋院は感情的ではあるが粘り強く、徳川家の女性陣のトップとして姫君や女中への気配りを忘れない。一方、静寛院宮は的確に状況を判断し、抑えるべきところに使いを送っているが、無駄なことは行わない。二人の違いは城地・禄高の決定後に顕著に現れる。すでに役割は終わったとする静寛院宮に対し、希望がないにもかかわらず粘るのが天璋院である。

本章では奥女中たちの動きにも着目し、また大奥の役割として姫君の保護を取り上げた。男性である広敷役人も含め、弱体化しつつも大奥は最後まで機能し続けたといえる。

明治維新後、奥向の贈答儀礼など政治的な役割を失った奥女中たちは、主の世話をするだけの単なる女中へと変化した。幕府瓦解により江戸城大奥は消滅し、近代の政治機構の中には、同じような存在は残らなかった。

戊辰戦争下のキリスト教政策

清水有子

明治政府による禁教令の継承と緩和

維新政府は王政復古早々、九州長崎地方の浦上にいたキリスト教徒の問題に対処する必要に迫られ、一八六八年（慶応四年＝明治元年）三月十五日に太政官布告で「切支丹邪宗門厳禁」と江戸幕府の禁教令を継承する旨を明らかにした。そして四月二十五日には首領者の処刑等を決めたが、閏四月十七日には処刑案を取り下げ、十一月二十九日には外国公使らに対して「已来《いらい》右様の酷法相立てず、寛大の処置取り計らい候様、この節政府において衆議を遂げ決定いたし候」（『日本外交文書』七〇〇号）と、以後は禁教厳刑策を緩和する旨を正式に通達した。一年もたたずに、当初の政府方針に変更を加えたわけである。

さらに一八七三年（明治六年）、政府は禁教高札を撤去しキリスト教を黙認するにいたるが、以上の政策転換の理由については、禁教に反対する列強の圧力を重視せざるをえなかったとの外圧説と、攘夷派の動向に問題があることを重視した国内事情説（鈴木裕子―一九七七）などがあり、いずれかに要因が求められる傾向がある。

しかし、維新政府は五箇条の誓文でみずからの政治理念を「知識を世界ニ求メ、大ニ皇基ヲ振起スベシ」と、開化に基づくことを国内外に広く宣言していた。さらに、戊辰戦争が始まると列強諸国は「局外中立」を表明したため、外交は一歩間違えば政府自体の存立にかかわるたいへん切実な問題であり、内政と密接に関連していたと考えられる。つまり、従来のように内政か外交重視かの二者択一で政策決定の要因を見定めようとすることには、そもそもの無理があるのではないだろうか。

　このような問題意識から、本章ではこれまでの二者択一の見方をひとまずおき、維新政府内部の議論から厳刑策が変更されるにいたった論理と、それがなぜ可能であったかを改めて考えてみたい。また史料としては、あまり着目されてこなかった英国外務省対日一般外交文書（The National Archive〈イギリス国立文書館〉、以下TNAと省略）を用い、英公使パークスと政府要人との会談で話し合われた内容に注目してみる。

一　浦上キリシタン問題の浮上

　ここでは外圧を受ける以前の段階で、維新政府がキリスト教禁教令を継承した経緯と、当初この問題についてどのような考えを持っていたのかを確認してみよう。

長崎からの上申書

　事の発端は、参与・九州鎮撫総督・長崎裁判所総督として長崎に赴いた沢宣嘉《さわのぶよし》が同地から政府に提出した、二通の上申書であった（清水紘一―一九九三）。長崎裁判所とは、幕府崩壊後に維新政府が長崎奉行所の機能を接収して新設した、九州地方支配機関のことである。沢はもともと一八六三年（文久三年）の「七卿落」で京都を追われた尊攘派公卿のひとりであり、初代総督として長崎治政に辣腕をふるったことで知られている。

　沢の第一次上申書、つまり一八六八年（慶応四年＝明治元年）二月十八日付、三条実美《さんじょうさねとみ》、岩倉具視《いわくらともみ》宛書簡の内容は、浦上キリシタンを取調べの上、「巨魁」（頭取）を厳罰に処すつもりであるが、それでは「永久の策」にはならないので、朝廷からの神聖な「大道昭明の教法」を確定し、教誘を圧倒する「教法」ないし「大御規則」を早急に評議し沙汰してほしい、ということであった。沢は外国の「邪教」に染まった浦上キリシタンを根絶するためには厳罰では足りず、より根本的な対策として、キリスト教に対抗しうる教法を確立することが必要だと考えていたのである。

さて、長崎からの書簡を受け取った政府は対応を神祇事務局に委ねると返答し、三月十五日、「切支丹邪宗門」の禁止を公布した。そして同月中には神道国教化政策が急速に整えられていった。沢の第一次上申書がこれらの動向に拍車をかけたと考えられる。

長崎では禁教令を四月一日に受け取ったが、しかしながら、これで一件落着とならなかった。四月に入ると沢は改めて、信徒厳罰の「御評決」を求める第二次上申書（四月付）を提出したが、その趣旨は、次のようなものであった。浦上信徒の盛んな信心行為は、「凶徒の勢」であり、昨年は在地の者との不和など不穏な動向が見られた。このため長崎奉行が厳罰に付そうとしたが、フランス公使（レオン・ロッシュ）の力で謝罪となった。自分はこれらの村預処分の者約三〇〇人を二回召し出し説諭を試みたが、フランスを後ろ盾にしているのか全く聞き入れず、このまま放置すれば政府の権もなく再び島原一揆の九州争乱にいたるのは必然である。したがって、少なくとも主張者を厳刑に処して残りは流罪とし、浦上村をいったん「赤土」にしてほしい。なおこれは外国に関係する問題であるが、外国人のための教会建設はともかく、内地への宣教は条約の文面に見られない。また、わが国古来の法で自国民を刑罰に処すことは公法（国際法）にも抵触しないのであるから、よろしく評決を願いたい。

政府は厳罰方針を決定

以上のように、浦上信徒の信仰活動はいっこうにやまず、沢に筆をとらせたことがわかる。この上申書の作成日付は「四月」とあり不詳である。しかし沢の日記を見ると、四月七日に信徒百八十余名を西役所に出頭させ説諭したが失敗し、政府に報告のため大隈重信《おおくましげのぶ》（当時参与・外国事務局判事）と、町田久成《まちだひさなり》（参与・長崎裁判所判事兼九州鎮撫使参謀）

の二日後の上京（坂）を決定した、とあるので、この日か翌日に作成されたと考えられる。

　ではこの上申書の内容を政府が知ったのはいつか。四月八日には信徒の説諭にあたった井上聞多《いのうえもんた》（馨《かおる》、当時参与）が長崎を出、同十二日に大坂で参与・総裁局顧問の木戸準一郎《きどじゅんいちろう》（孝允《たかよし》）に会っている。木戸は天皇の大坂行幸のため、ほかの政府要人とともに在坂しており、この日「実に長崎耶蘇の患を初て聞き、慨歎《がいたん》に堪へさる也」（『木戸孝允日記』）と、長崎信徒の報告にショックを受けたと記している。

　以後の政府の動きは顕著である。まず四月十八日の午後に議定《ぎじょう》・総務局副総裁の三条実美・岩倉具視、議定・外国事務局輔の伊達宗城《だてむねなり》ほかが三条の旅館に集まり、「邪宗御処置」「浦上党処置」を審議した（「伊達宗城手記二〈原題御手帳留〉」）。翌十九日には行在所《あんざいしょ》で三条・伊達に加え、木戸、井上、後藤象二郎《ごとうしょうじろう》（参与・外国事務局判事）、由利公正《ゆりきみまさ》（参与・会計事務局判事）らが「耶蘇裁許の事」を評議している。

　その結果をふまえてなのであろう、三日後の二十二日辰の刻（午前八時）に政府は、在坂の公卿諸侯らを呼び寄せ、沢の第二次上申書と「原案」を提示して諮問を求めた。この政府原案の要点は、教徒のうち主要な者を数人処刑し、そのほかはみな他国に移して夫役《ぶやく》などに従事させ、数年間で改心すれば帰国を許す、というものであった。処刑は「説諭を拒絶した場合」との留保がつけられていたが、現実問題として「巨魁」の彼らが説諭に応じない可能性はきわめて高かったといえるから、事実上の処刑案であった。

　なおこの諮問への返答は、翌二十三日申の刻（午後四時）までとされ、政府が急いで浦上問題に関する「公論」をまとめようとしたことがわかる。

　公卿諸侯らの反応を見よう。答申書の大部は現在「大隈文書」および『復古記』に見ることができるが、八二名中過半の四三名が政府原案に賛成というものであった（村田格山―一九四二）。文中には「難関」「甚六ケ敷」（はなはだ難しい）の言葉が散見され、先の木戸の感慨同様、浦上問題を深刻に受けとめた者が多かったことがわかる。それは戊辰戦争の最中であり、内政外交に影響を及ぼすこの問題の判断を一歩誤れば、政体の命運を左右すると受けとめられたからであろう。

答申書を揃えた政府では四月二十五日、行在所で処分案の検討に入った。出席者は、三条、木戸、伊達、井上、遅れて長崎から到着した大隈である。この場で木戸は、巨魁を長崎で処刑し、その他三千余人は尾張以西一〇万石以上の諸藩へ分配して教諭を加え、七年間は扶助してやり、このさい巣窟に徹底的に手を尽くしてはどうか、と提案した。そしてこの案は衆の同意を得たという（『木戸孝允日記』）。つまりこの日政府は、ほぼ沢の提案に沿った処分案を決した、ということとなる。

「公論」形成の理由

それではなぜ政府は沢の第二次上申書をこれほどまでに重視し、「公論」の形成を求めるにいたったのであろうか。第一に政府が同書を通じて、浦上問題の深刻さをはじめて認識したことにある。沢が述べたように、浦上信徒らキリスト教徒は、島原天草一揆のような、大規模な内乱を起こす可能性があると考えられた。そうした発想は江戸時代以来の伝統的なキリスト教邪宗観によるものであるが、この場合はとくに沢が浦上信徒の頑強な禁教令への抵抗姿勢を指摘したために、蜂起のイメージと結びつけられてとらえられたと考えられる。

第二に、信徒の処罰が外交問題に関わるとの指摘が問題視されたためである。この時期は攘夷派による外国人襲撃事件が続発しており、政府は外国人の襲撃者を厳罰に処す布告（五榜の掲示第四札）を掲げて、列強に誠意を示さなければならない状況に置かれていた。長崎の佐々木《ささき》高行《たかゆき》も、沢の第二次上申書の作成経緯について、「朝廷にも外交の事は御配慮の場合に付き、一応伺い定め候方然るべしとの議に相成りたり」（『佐々木高行日記』）、つまり朝廷が外交を重視しているので一応伺いを立てることにした、と記録している。事実、太政官高札第三札の「切支丹邪宗門」の文言が諸外国の抗議を招くとして、政府内部で議論となり、外圧を受ける以前の段階ですでに文言修正を決定済みであった（奈倉哲三―二〇一三）。

政府が四月二十二日の諮問からわずか三日で処分案を決定したのも、二十三日に「英公使国書を持不日に来るの報あり」（『木戸孝允日記』）との情報に注目していることからして、イギリス公使の直近の抗議を予想したからであろう。政府としてはその前に公論を取りまとめ、列強の抗議に備える必要があったのである。

国際法と国内法

それでは外国に配慮しなければならない状況で、政府が沢の処分案を採用したのはなぜか。それはこの段階の政府には、浦上信徒を厳罰に処し、キリスト教禁令をこれまでどおり維持する正当な権利がある、との確固たる自信があったからである。

たとえば岩倉具視は先の答申で、「外国へ関り候儀は、万国公法において他国に往き、他国の民に教えを施すと申す筋これ無きよし、かつ又交際条約中に我が民をして彼が教を奉せしむる儀は致さずとこれ有り候」と、国際法によれば他国で宣教をするとの筋は通らない、条約中にも日本国民への宣教はしないとあるから、この二点で外国への応接は調うはずだ、と述べる。これは沢の第二次上申書の最後に示された、この問題の外圧に備えた「理論武装」そのままである。

沢は長崎赴任後、通弁役頭取であり幕末には外国人との応接・往復文書の作成翻訳に関与した平井義十郎ほかに命じて漢訳『万国公法』を和訳させ、一八六八年三月下旬に『和解万国公法』を完成させていた（武山眞行―一九九三）。条約に関しては、外国人のための教会建設を許すも内地での宣教は免許せずと沢は解釈していたが、旧幕でも老中がフランス公使に対して全く同じ主張をした記録が残っているから、この解釈は長崎奉行所の残した関連書類に依拠したのではないかと考えられる。

このようにそれなりの研究を通して沢は、浦上問題が公法上も条約上も政府側が法的に正当性を主張しうると考えていた。そして岩倉などの政府要人は沢のその考えを容れ、外圧を予想しながらも禁教令の正当性を信じたのであるが、その確信のほどは、岩倉が四月付の政府諮問答申書で述べた、「彼より異論申し立て候えば、たとい戦端を開きせしめ候とも、御趣意貫徹候様」(「大隈文書」)、つまり、外国から異論があればたとえ戦争になってもこちらの趣意を貫きとおすべきだ、との言葉によく表れている。

結局のところ禁教令をめぐる「公論」は、沢の第二次上申書の指摘に大きな影響を受けた政府内部で取りまとめられたといえる。外圧を受ける以前の段階でキリスト教禁教令は、列強に対して日本側に言い分のある、いわば国際法には抵触しない国内法と位置づけられていたのである。

二 緩和策への変更

英公使パークスとの会談

理論武装して外圧に臨んだ政府であったが、その翌月には早くも方針を変更してしまう。『大日本外交文書』に「肥前浦上村耶蘇教徒を三十四藩に御預に関する達書」と題した、閏四月十七日付の文書が収録されている。同書で政府は、「格別の御仁旨」つまり天皇の特別な配慮があり、浦上信徒を諸藩へ預ける処分に決した、預け先での懇切な説諭が受け入れられない場合は厳刑とする、と命じている。つまり、四月二十五日処分案で決した、長崎での巨魁処刑を取り消し、新たに条件を付して当面の信徒処刑を回避し、緩和策へ変更するとしたのである。

この変更は、この間に行われたイギリス公使ハリー・パークスとの都合三回の会談が大きな意味を持っている。そこでパークスの一八六八年五月三十日(慶応四年閏四月九日)付、横浜発、本国の外相ロード・スタンリーに宛てた報告書をもとに、三回の会談で行われた議論の内容を順番に確認していこう。

まずパークスは、四月二十六日に伊達宗城との会談で、禁教高札の話題を取り上げ、これは諸外国への敵対表明であると非難した（この段階ではまだ浦上問題に気づいていない）。これに対して伊達は、翌日に政府要人との会談を設定するから、そこで意見表明をしてほしいと応答する。

翌日の会談には、三条、山階宮晃《やましなのみやあきら》（議定・外国事務局督）、伊達、木戸らが出席した。冒頭パークスは、

　私は友好的な気持ちで、あなたがたが大いに心配しているある問題について、注意を駆り立てるために来ている。我々はみな、日本と条約国間に真の団結を育成する目的で意気投合している。（TNA, FO46/93 一一八番文書）

と述べ、これから述べることは友好的助言であると強調した。そして一日前の議論をくりかえし、今は日本人の外国人やキリスト教への理解が深まり攘夷行動を止め、立法措置には新たな時代を切り開くべきときにもかかわらず、旧法の禁教令を復活させたことはきわめて遺憾である、と述べた。これに対する日本政府側の抗弁は、次のようなものであった。

　日本にはなおキリスト教徒に反する感情が存在している。それは何世紀も前に引き起こされたのと同じ強さである。キリスト教はかつて不意に国を内戦に陥れたのであり、公衆の意見では、魔術ないし妖術と同類である。その信仰告白が公開されれば人々の動揺を引き起こすことは確実であり、諸侯たちは、もしその実施が許されるなら自分の領地を統治できない。（TNA, FO46/93 一一八番文書）

このように日本側は、禁教令の復活は国内統治を安定させるためのやむをえない措置であると説明した。続けて高札の「邪宗門」文言は過ちであったと認め、修正が決定されたと伝えている。つまりこの問題に関して日本政府は、基本的には英国の主張を理解している旨を伝え、パークスの友好的助言に最大限配慮した姿勢を見せつつ、禁教令を継承することへの理解を求めたといえる。

英国政府の指令文書

次に閏四月三日に行われた第三回目の会談（三条、岩倉、山階宮、伊達、木戸、後藤、大隈、井上ほかが出席）では、浦上問題が取り上げられたが、会談時のやりとりがわかる部分を書簡から引用しよう。

私が前に協議した同じ高位の大臣らと、この三度目の会合に出席した三名のうち、最高会議のいまひとりの構成員である岩倉に対して私が上記（浦上問題）の情報を受け取ったと述べたとき、私は再び彼らに懇願し、迫害がもたらすであろう非難から彼らの政府を守ってほしいと述べた。またこの機会に、閣下の一八六七年十月二十三日付、第一六七番文書について言及するのが好都合ではないかとも考えた。私は（アーネスト・）サトウ氏に、（この文書を）日本語で大臣らに読むように指示した。彼らは再度、強要した古い根拠を繰り返した。彼らの側では自らの意見をゆるめるわずかな傾向が（見られたのである）が。

しかし会見の終了時に、彼らが閣下の文書に立ち戻ったことは喜ばしいことであった。彼らは私に写しを与えるよう依頼したのであり、彼らが言うには、それを注意深く検討するためである。よってサトウ氏によって準備された翻訳文が翌日、私が大坂を離れた日、彼らの手に渡った。（TNA, FO46/93 一一八番文書）

ここでパークスは、日本政府を国際的な非難から守るための参考意見として、前年一八六七年（慶応三年）に英国政府から浦上問題に関して通達されていた一六七番文書を渡し、日本政府もその意見を重視した様子がうかがえる。ではこの文書には何が書いてあったのだろうか。一部を次に引用しよう。

貴殿（パークス）は友好的な方法で次のように指摘してもよろしい。（浦上信徒の）宗教的情熱は、迫害によって屈せられるよりも、むしろずっと燃え上がるように見える。日本の組織が公的に国民によるキリスト教の信仰を認めることは適切でないのかもしれないが、限定を設けて彼らの信仰実践を黙許するほうが、ヨーロッパやアメリカ中に、彼らの土地に受け入れられている信仰を迫害しているという評判を得、全文明国家の悪意をこうむるよりも良い。彼ら（文明国家）の感情は、宗教的迫害を最も嫌悪するというものである。（TNA. FO262/124 一六七番文書）

パークスはこの一六七番文書を通して、友好的方法で禁教令撤回までいかずともキリスト教を日本の統治者に黙許（tolerate）させよ、との本国政府の指令を伝えられており、このために「外圧」は、友好的助言という外被をまとったことがわかる。ではなぜ、そのような措置が必要だったのだろうか。ここで想起されるのが、既述した沢の抗弁である。おそらく英国政府は日本側に強硬に禁教令撤回などを迫れば、沢の指摘した、内政干渉であるとの反論を受けることをよく承知しており、このような指示を発したのであろう。

なお、こうした表向き内政不干渉を基本路線とする英国政府の方針は、この時点で禁教令の廃止を明らかに求めた米国の姿勢とは、一線を画していた点を指摘しておこう（『大日本外交文書』所収、慶応四年閏四月三日付、外国事務宰相東久世《ひがしくぜ》通禧《みちとみ》宛、米国公使ファルケンボルグ公使の書簡参照）。

「黙許」による衝突回避

このように、本国の方針を意識したパークスの論調は、したがって、日本政府の想定外とするところであり、沢の考えた抗弁が持ちだされる余地などはなかったといえる。事実として、既述のように日本側はせいぜい国内の動揺を抑えるために禁教令は必要だと応答するにとどまり、岩倉の想定したような、「戦端を開く」状況には発展しなかった。正面衝突は回避されたわけである。

その上、第三回目の会談後に日本政府はみずから希望して一六七番文書の翻訳文を入手しており、非公式ではあるが、英政府の上記の方針を形の上でも受け取ったことがわかる。

つまり、都合三回のパークスとの会談を通して政府は、当初想定したように、列強からキリスト教禁教令の即時撤回を迫られているわけではなく、「黙許」のポーズをとるだけでもよい、との英政府の意向を知ったことになる。いいかえれば、浦上問題が内外に及ぼす危機的な状況を当面は回避しうる、より現実的な策を英国から与えられたといえる。そして、そういった局面にいたってはじめて日本政府には、信徒迫害が列強からの反感を買うとのパークスの助言に、耳を傾ける余地が生じたと考えられる。

四月二十五日付、すなわち木戸の厳刑策が決定された当日に岩倉具視に宛て作成された小松帯刀《こまつたてわき》（当時参与・総裁局顧問・外国事務局判事）の書簡には、旧制に従っていた時代は厳刑策が当座の良法であったが、「大政改新の節に当り、我朝の典刑に基き、万国の通義により諸事大変革の機会に当り候上は、永久貫徹するの公道をもって御処置在らせられ候儀、当座に候」として、大政改新の時にあたる今は万国の通義で諸事を大変革するときであり、普遍的な「公道」で処置するのが当然だとある。そしてこの考えに基づき、浦上信徒は流刑に処し配流先で教導するのがよい、それが「此の不容易時に当り、紛雑の憂を免れ」うる、つまり危機的状況を回避する良策であるとして、流刑にとどめた閏四月十七日の緩和策の内容そのものを進言している。

要するに、日本政府はパークスとの議論を通して、このような政府内部にもともとあった小松らの意見が英国政府の意向に沿う最も現実的な策であると判断し、緩和策へ変更した、と考えることができる。

なお、第三回会談でパークスと激論をかわしたとする大隈重信の後年の回顧録には、「（パークスは）余等若し長崎の信徒を処分するに至らば、其時更に厳談を試みんとして、此の儘《まま》手を引きしものならん。余等も亦た思ふ所あり、長崎の信者等は当分その儘に為し置くことと為し、以て此難関を経過するを得たり」（『大隈伯昔日譚』）とあり、文脈では大隈自身の筋の通った反論がパークスを納得させ、決裂を回避させたように読める。しかしおそらく事実はパークスの報告書のとおり、会談終了時に日本政府が英国政府の提言に応じる姿勢を見せたので、パークス側の追及が止んだ、ということであったのだろう。

とはいえ、大隈が「此の事は我が国内にいかなる変動を惹き起すやも測り知るべからず（中略）余等は内国に於ける政略上必らずこれを処分し、これを厳禁せざるを得ず」（『大隈伯昔日譚』）と、日本政府としては国内統治上浦上信徒への厳刑策が必要だと力説したその理屈については、パークスは理解したようである。この点を次にみていこう。

三　英国政府の意向と日本政府

日本の国内情勢に対するパークスの認識

パークスは、一八六八年五月二十九日（慶応四年閏四月八日）付、横浜発、米国公使宛書簡（TNA, FO46/93 一一八番文書）において、日本政府との会談の感想を伝え、自分の意見は大部分受け入れられたとしながらも、

信仰の黙認の点に困難があることについては決定的状態にあり、彼らの歴史にある痛ましい先例と結びついている。それは重く偏狭な憎しみの感情に訴えかけるものであり、不幸にも日本人には、（キリスト教は）彼らの現存する政治体制を転覆するとみなされている。私は驚きを禁じ得なかった。

と述べた。パークスは大隈らから説明を受けたからであろう、日本社会に根付いたキリシタン邪宗観のために、キリスト教黙許はこの時点で困難であると理解していた。一八六八年六月十一日（閏四月二十一日）付のスタンリー宛書簡（TNA, FO46/94 一三〇番文書）でも、「キリスト教徒の評判に対して根深い国民的偏見」があると述べ、この感情は、「三〇〇年前に起こった諸事件に起源があるにもかかわらず、現在の精神に保たれる形を維持するがゆえに、全く主たる危険の源泉をなす」と説明している。

さらに六月二十七日（五月八日）付、スタンリー宛書簡（TNA, FO46/94 一五〇番文書）では、こうした邪宗観が「外交関係上の不幸な態度」に結びつき、「江戸にいるアーネスト・サトウの言によれば、攘夷派がキリスト教改宗を外国人敵視の根拠にしようと企てている」と述べる。意外にも彼は本国政府に対して、キリスト教黙許にあたり、日本

政府の抱える困難な事情を理解し、代弁さえしているのである。

そのうえ七月二十五日(六月六日)付、スタンリー宛書簡(TNA, FO46/95 一八三番文書)では、日本政府は「ただ国民の改宗に対して激烈に向けられているように見える公論を満足させるためだけに、行動を強いられている」から、「この繊細な問題に関する外国の意見が、思慮分別をもって促されるべきことは言うまでもない」とし、日本政府の事情を考えると、「外圧」は慎重にならざるをえない、とまで考えるにいたった。

こうしたパークスの考えは、八月二十一日(七月四日)付、スタンリー宛書簡(TNA, FO46/95 二〇二番文書)の作成時も維持されている。この文書によれば、フランス公使が浦上信徒の配流命令に抗議する共同通牒(collection note)をミカド政府に提出する提案をしたが、米国、オランダ、イタリア、プロイセンの各国代表、そして自分自身もまた例外なく反対したという。その理由は、現状の問題と国の興奮状態のなか、政府がほとんど形成されず多様な反対派と戦っている状態では、かえって国民の改宗に反対する公の感情を取り付けることとなり、政府を困難な状況におくことになるからである、日本政府に対する外国の意見によって、ある程度まで生じた好ましい状況もまた暗転してしまうであろう、としている。要するにパークスは、戊辰戦争下の困難な状況で、通牒のような公的な抗議をすることは危険であり、逆効果であると考えていた。そしてこの段階で、パークスの判断はパリ外国宣教会の意向を汲んだフランス公使を除き、あのアメリカ公使も共有していたのである。

その上でパークスは、「公的な通牒よりも友好的な会話で」、信徒らへの迫害と諸外国との友好関係が両立しない旨を、政府要人に絶えず働きかける方策をとるべきである、とのみずからの方針を記している。この年夏から秋にかけて浦上問題は外交文書に見えなくなるが、それは、こうしたパークスの判断が働いたためであった。

禁教令緩和への転換

しかしながら、冒頭で述べたように明治政府は十一月二十九日付、禁教令緩和を列強側に宣言するにいたる。その経緯を、一八六九年一月二十六日（明治元年十二月十四日）付、横浜発、パークスのスタンリー宛書簡から見ていこう。

日本人キリスト教徒の扱いに関して適用すべきことをミカド政府に説得するため、私がとるべき方法に関して貴卿の昨年九月九日付、一三五番文書における指令を見た。このため江戸（東京）にミカドが到着したとき、私は外務大臣である宇和島の侯（伊達宗城）の注意に働きかける最初の機会を得たということをご報告申し上げる。

（中略）

私は侯に、まだ次の両方に返答を得ていないと思い出させた。昨年の五月にミカドの政府に対して行った口頭抗議、これはその月の私の一一八番文書で報告したキリスト教徒に対する布告に関するもの、また他の代表たちが同じ問題でミカド政府に送った諸書簡のことである。

私が促したのは、次の一歩はミカドの政府から踏み出すほうがよい。外国の代表者たちから、明らかなる彼ら代表者への不注意に対する不満という形で出るよりもよいのだということであった。求められているのは、彼らの旧法をただちに廃止するということではなく、政府にそれらの法を再考し、その時々に変化する精神や、諸列強と日本との新たな関係に合わせるという傾向があるとの、何がしかの確証である。旧法を一度に公式に無効にすることができなくとも、厳格に強いる必要はない。また地方役人の（キリスト教）迫害は、少なくとも政府が取り調べ統制することができよう。ミカドの江戸への到着は、私が思うに、政府が外国の代表に対して、この問題についていくらか受け入れることのできる宣告を行う好機である。

宇和島侯はこれらの陳述を友好的な心で受けとめ、彼はその後間もなく横浜で私を訪問したとき、この問題に話を戻した。彼が思うには、政府は国民の正統な信仰を守るものとして、信仰の問題について刷新を主張する際に、役割を果たすには難しい立場にある。また彼らは総意の支持を得なければならない。彼は、彼らの間にある、キリスト教に対して何世紀も続いた法や習慣を変えることに成功することができるならばそうしたい、との意見に全く賛成していた。その問題は、以前京都で熱心に討論されたと彼は言った。また彼は、外国代表に対してこの問題に関する彼らの抗議が注意深く受け止められたとの何がしかの保証を、政府が与える希望があることを完全に承認し、彼らがミカドに会うために江戸を訪れる頃に通達がなされるであろうと思う、と言った。（TNA, FO46/106 二〇番文書）

つまり、パークスはスタンリー卿から受け取った一三五番文書（一八六八年九月九日付）の指令に従い、天皇が外国代表と東京で会う機会をとらえて伊達に五月の列強の抗議への正式回答を求めたのであるが、日本政府は冒頭で示した各国公使宛書簡をもって、これに応えたことが知られる。

英国政府の思惑

それではパークスのいう英国政府からの指令とは、どのようなものであっただろうか。一三五番文書の一部を以下に引用しよう。

英国政府は、貴殿の六月二十七日付、一五〇番文書から、日本での日本人キリスト教徒の迫害継続を理解するための深刻な理由があると知り、遺憾である。この迫害が一般の熱狂的精神に由来するにしろ、政治的装置として主張され実施されるにしろ、である。（TNA, FO262/142 一三五番文書）

日本の迫害継続は遺憾であるが、その原因を英国政府は問題にしていない。パークスが配慮する必要があると述べた日本固有の国内事情についても、日本政府がその気になれば攘夷派は抑圧しうるだろうと述べ、本意ととらえていない。問題は「ヨーロッパ列強と日本との関係に関する危険に満ちている」こと、つまり「これらの法（禁教令）の強制はヨーロッパ諸国家間に、憤りの感情や、政府側からの要求行動の感情を起こさずにはいられないということ」にあるとする。「日本は自らの法を強制しうる独立国家として抽象的な権利を有するかもしれないが、現代の考え方には適さず」、それ以上にキリスト教徒の迫害はヨーロッパ諸国との友好破たんをもたらす性質の問題だと指摘する。

そしてパークスへ次のように指示している。

しかし、恐るべき悪の回避を模索するにあたり、注意深く前進する必要がある。日本との決裂は、大きな価値を約束する貿易を麻痺させよう。一方で即時の遂行が必要であり、少なくとも当面の間、日本における政府権力がどんなに備えても耐えられないような、迫害に対する圧力を増す以外にはない。（中略）もし必要なら、貴殿に財産、身体、所有の保護を求める権利を有する人物を救助するため、女王陛下の日本海域海軍司令官に協力を求め、安全のために最大限の努力をするべきである。（TNA, FO262/142 一三五番文書）

要するに、英国政府としては日本貿易のため維新政府を危機に陥れたくないが、その最も危機的な状況とは禁教令の問題の性質からいって、その継続による日本との関係破たん、いわば「国際社会」における日本の孤立にあるとみて、そうした事態を回避すべく日本政府に圧力を増せ、英国政府としても必要とあれば武力発動を認める、とパークスに指令したのである。

つまるところパークスの行動は、この指令に忠実に従ったものであったことが知られる。そして日本政府は英国政府の思惑どおりに、禁教令の緩和策を公言したことになる。

なお、既出二〇番文書の引用省略部分には、パークスが日本政府の回答文書に対して修正の指示を与えたと記されている。すなわち、最初の文書には列強諸国の感情にそぐわない文言が見られたので書き改めるようパークスが意見したところ、日本側は受け入れたという。

二〇番文書中の写しを参照すると、冒頭で一部を引用した『日本外交文書』所収十一月二十九日付文書（七〇〇号）は実は修正後の文書であり、もともとの文面は早稲田大学所蔵「英国公使館文書」所収の無記名文書であったことがわかる。これらを比較すると、たとえば「切支丹邪宗門」が「切支丹宗徒」に改まっている。日本のキリスト教問題に関する英国の主導的立場がよくわかる事例といえよう。

*

*

維新政府の認識の変化

本章では戊辰戦争期に限定し日本のキリスト教政策の展開を跡付けたが、結論として指摘すべきは、キリスト教政策の転換にあたり、日本側に認識の変化があったということである。当初維新政府は禁教令の維持を、外国が干渉すべきではない、独立国家が有する当然の権利だと考えていた。しかし列強が形成しつつあったこの時期の国際社会では、そうした主張は全く通用しなかった。緩和策は結局すべてが英国の主導による列強の要請に応じてなされたが、その経験を通じて維新政府は、「知識を世界ニ求メ」ようとすれば、自国の論理は貫きえないことを覚ったと考えられる。そのような意味で、外圧の受容は近代国家の形成にあたり避けて通れない過程であったが、戊辰戦争の最中にそれがすでに始まっていたことが注目される。

その後、一八七三年（明治六年）に太政官高札第三札が撤去され、キリスト教は事実上黙許されるにいたる。しかしこの段階の政策転換については、政府レベルの議論のみで理解することはできないであろう。黙許の一方で政府は良民創出のためのイデオロギー装置や言論統制を布くこととなるが、このことからもうかがえるように、配流先で禁教への抵抗を貫いた浦上信徒（家近良樹―一九九八）ほかの民意の力が、大きな影響を与えていたはずである。その解明は今後の課題としたい。

戊辰戦争の歴史叙述

松沢裕作

戊辰戦争の記録と記憶

戊辰戦争の結果として新しい政府が確立し、新しい社会が生まれたことによって、戊辰戦争は、同時代人にとって「過去」と「現在」を区切る分水嶺となった。したがって、その経験の重大性は、しかるべく記録されるべきものとして戦争の終結後まもなく認識され、さまざまな主体によって戊辰戦争の歴史が語られることになる。

その代表的な成果が、明治政府によって編纂された『復古記』であろう。王政復古の編年的記述である『復古記』には、戊辰戦争の戦史記述を扱う「外記」が含まれる。今日なお戊辰戦争史の基本史料とされる『復古記』は、戊辰戦争終了からわずか数年の間に構想され、編纂が開始されたものである。

本章では、戊辰戦争を直接経験した明治期の人々が、戊辰戦争に関してどのような歴史叙述を残したのか、という問いを取り扱う。上記の『復古記』とならんで、本章で注目するのは、板垣退助《いたがきたいすけ》を首領とする自由党の戊辰戦争認識である。板垣は東山道総督府・大総督府参謀として、軍事指揮官の一人であった。その後の板垣のキャリアは戊辰戦争における軍事的功績を抜きにしては語れない（松沢裕作―二〇一六）。政府の内と外で残された戊辰戦争の歴史叙述のあり方について考えてみたい。

一　政府の戊辰戦争史編纂

「復古記」の編纂開始

今日刊本として目にすることのできる『復古記』は、一九三〇年（昭和五年）、内外書籍から刊行されたものが基本となっている。その原本は明治期に政府内で編纂されたものであり、公開されることなく稿本のまま保管されていたものである。

「王政復古」によって成立した明治政府は、「日本書紀」にはじまる古代律令国家の正史編纂事業も復活させることを計画していた。『復古記』は、そうした明治政府の正史編纂事業の一環であった。明治政府の歴史編纂担当部局は、組織の改編にともない、太政官正院《だじょうかんせいいん》歴史課、修史局、修史館、内閣臨時修史局と名称が変化するが、『復古記』の編纂は、それらの部局で一貫して続けられた。

歴史課の課員であった沢渡広孝《さわたりひろたか》の回想によれば、復古記編纂の命が下ったのは一八七二（明治五年）六月で、その時点での担当部局は太政官正院記録課であった（『史談会速記録』）。その後まもなく十月に太政官正院に歴史課が設置され、『復古記』編纂事業は歴史課が担当することになる。

沢渡によれば、当初『復古記』は「前記」「正記」「外記」の三部から構成される予定であったという。「前記」はペリー来航から大政奉還まで、「正記」は大政奉還から東征大総督有栖川宮《ありすがわのみや》の凱旋まで、「外記」は戊辰戦争の戦記を扱う予定であった。着手されたのは正記と外記で、歴史課長長松幹《ながまつつかさ》が後年述べているところによると、一八七三年五月までに、正記が三十数冊、外記が二十数冊（東海道、東山道、北陸道の各戦記）完成していたという（長松幹「乞復古記編修議」）。

ところが、一八七三年五月五日、太政官が置かれていた皇居で火災が発生し、歴史課を含む政府の文書はほぼ焼失してしまう。これによって、すでに完成していた『復古記』はもとより、それまでに収集されていた史料も、編纂の材料となる政府の公文書も、すべて失われてしまった。『復古記』編纂は振り出しにもどったのである。

しかし、歴史課は、ただちに事業を再始動させる。早くも火災の三日後、五月八日には、元武家華族、つまり旧大名家に対して記録の提出を命じている。失われてしまった政府の記録に替えて、旧大名家の記録を収集しようとしたのである。

「復古外記」編纂着手

一八七五年（明治八年）四月十四日、歴史課にかわって修史局が設置され、修史事業の人員は増強された。修史局の人員は約八〇名となり、長松幹は局長に就任した。修史局は四つの課から構成され、そのうちの第三課が『復古記』編纂を担当した。

この時期の『復古記』編纂は、もっぱら正記の部分を中心におこなわれていたようである。そして、修史局はその作業の見通しに楽観的であり、設置直後の五月四日に修史局が今後の作業方針として提出した「修史事宜」のなかでは、『復古記』の成稿はまもなくである、と述べられている。

ところが、結果として、修史局設置による修史部局の人員拡大は一時的なものに終わった。各地での地租改正反対一揆の発生をうけて、一八七七年（明治十年）年一月、政府は地租を地価の三パーセントから二・五パーセントに引き下げる減税を実行する。この結果、政府支出の削減が必要となり、行政機構の改編が実施される。修史局はその一環として廃止され、一八七七年一月十九日にあらためて修史館が設置される。部局の人員は、修史局時代のほぼ半数となってしまった。

そして、戊辰戦争の戦史を扱う外記の編纂が開始されるのは、この修史局から修史館への改組の前後である。一八八九年、『復古記』の編纂が一応完了した際に提出された上申書は、外記の編纂は「明治十年一月」から開始されたと述べている（東京大学史料編纂所蔵「修史局・修史館史料」）。すでに述べたように、一八七三年の火災の前から外記の編纂は着手されていたようだが、火災後の再開は正記に四年遅れたことになる。

外記編纂開始のはっきりした日付は特定することはできないが、「復古前記」と「復古外記」の編纂開始を求める日付不明の伺書《うかがいしょ》が残されている（「修史局・修史館史料」）。「伺の通り、前記・外記とも編輯《へんしゅう》仰せ付けられ候事」という指令が付されており、指令には「史官之印」が押されている。史官とは太政官の官房的な機能を担う部署で、一八七五年九月に設置され、修史局同様七七年一月の組織改編で消滅している。したがって、この伺は一八七五年九月から七七年一月までのあいだ、修史局の時代に提出されたものと判断される。外記編纂の着手が一八七七年一月であるとすれば、七六年後半のものである可能性が高いであろう。

この伺は、外記が必要である理由を「復古記中概して戦記を載せず候、けだし煩擾を避け候ゆえにこれあり候、右に付き外記編輯仰せ付けらるべきや」と述べている。つまり、戦史の叙述を入れると煩雑になってしまうので、本記部分からは戦史叙述は外しているというのである。

なぜこの時期、これまで優先してきた本記の編纂作業と並行して、前記と外記の編纂に着手したのであろうか。理由は推測によるしかないが、一八七五年の「修史事宜」が、『復古記』の成稿は近い、と述べていることをふまえれば、人員が増強された修史局の体制のもとで、人員に余裕が出てきたという判断が、長松をはじめとする修史局の幹部にはあったのではないだろうか。

難航する編纂

ところが、この見通しは大きくはずれ、一八七七年（明治十年）初頭の修史館への改組によって削減された人員で、正記と外記の編纂が進められることになった。「前記」については、準備作業がおこなわれた形跡はあるものの、本格的な着手には至らなかった。

それに追い打ちをかけたのが、南北朝時代から江戸時代までをカバーする正史、「大日本編年史」の編纂が一八八二年から本格化したことである。『復古記』編纂の責任者である長松幹は、歴史課・修史局では組織全体の責任者でもあり、この時期の修史事業の中心は、『復古記』をはじめとする同時代史編纂にあった。修史館設置後、長松は総裁伊地知正治《いじちまさはる》のもとに五人置かれた一等編修官の一人となり、同時代史を編纂する第三局甲科の総括となった。長松の組織全体に対する影響力はそれだけ弱まった。

それにかわって影響力を増大させたのが、薩摩出身の漢学者重野安繹《しげのやすつぐ》である。一八八一年十二月、修史館の組織改正がおこなわれ、同時代史を担当してきた第三局甲科は消滅、重野安繹が編修副長官（長官は任命されず）として実質的な組織の長となった。長松は監事となり、組織の傍流に追いやられた。そして、重野のもとで推進されたのが、「大日本編年史」の編纂であった。長松を中心に、同時代史編纂を事業のメインに据えてきた修史事業は、重野を中心に、より古い時代、現在の時代区分でいえば日本中世史・近世史を主として扱う事業へと、大きくその性格を変えることになったのである。

第三局甲科が担当していた同時代史には、『復古記』のほか、明治時代の編年体の歴史書である『明治史要』や、西南戦争の戦史「征西始末」などがあったが、これらの編纂は一八八二年にはいったんすべて中止される。この事態をうけて、一八八二年一月、長松は太政大臣・修史総裁の三条実美《さんじょうさねとみ》に上申書を提出し、『復古記』編纂事業の復活を訴えた（東京大学史料編纂所蔵「史料編纂始末」）。長松は次のように述べている。

そもそも前世の史の如きはこれを修る諸旧記の在るあり、遅速必しも利害あらず。復古記に至りては、その書の拠るべきなく、その事に就きその人に問い、以て前後首尾を接続するもの極めて多し、今にして修めざれば、その人亡いてその事佚し、後来復た手を下す所なからん。

古い時代の歴史については、文献に基づいて編纂するわけであるから、それが多少遅れたからといって決定的な問題が発生するわけではない。しかし、近い過去を扱う『復古記』は、当事者が生きているうちに、当事者の証言に基づいて事実を確定することができる。当事者の存命中に作業を急ぐ必要がある、と長松は述べているのである。

この訴えは認められ、『復古記』の編纂は細々と続けられることになった。そして、『復古記』のうち、正記は一八八五年七月六日に完成して、修史館から太政官内閣に提出された（「修史局・修史館史料」）。

「復古外記」の編纂過程

その後も、外記の編纂は続けられた。その間、修史館は一八八六年（明治十九年）に内閣制度の発足にともない内閣臨時修史局に改称、さらに、八八年に帝国大学に移管され、臨時編年史編纂掛となった。そして、八九年に、外記稿本は一応の完成をみて、事業は終了することになる。

表は、戊辰戦争の戦史である外記の編纂状況をまとめたものである。『復古記』には、各巻の巻末に完成の日付と編纂担当者の名前が列挙されている。これに加えて、修史部局が提出した事業の報告書などから、編纂の時期と編纂担当者が確定できる。また、一八八九年の編纂終了時に、外記稿本一四九冊の内訳を整理した報告書が作成されており、ここから稿本の状態について知ることができる（「修史局・修史館史料」）。

この表からは、外記の編纂は大きく二つの時期に分かれることがわかる。

第一段階は、一八七七年から七九年である。伏見口戦記、東海道戦記の三〜九、東叡山戦記、平潟口戦記がこれにあたる。担当者名には校閲の長松幹以下、複数名の名前が並ぶ。これは、『復古記』正記の体裁に近く、一八八九年の報告書には「中清書」と記されている。最終的に提出される清書本の一段階手前の清書本、という意味であろう。一八八五年に完成をみた正記が清書本であるとすれば、その一つ前の段階のものまでが、完成をみたと考えられる。

表　外記の編纂状況

巻　　名	編纂担当者	編 纂 時 期	作業段階
伏水口戦記 1～4	一等編輯官長松幹　五等掌記龍三瓦　六等掌記沢渡広孝	1877 年上半期～78 年下半期	中清書
東海道戦記 1～2	元修史局掌記豊原資清	1887 年後半期～88 年後半期	稿本
3～9	一等編修官長松幹　五等掌記橋詰敏	1879 年	中清書
10～16	八等掌記小川長和	1885 年下半期	稿本
17～18	掌記豊原資清	1887 年 12 月 27 日	〃
19～33	〃	1888 年 7 月 9 日	〃
34～45	元修史局掌記豊原資清	1887 年後半期～88 年後半期	〃
房総戦記	四等編修官四谷恒之　五等掌記高橋秀好	1880 年～81 年	〃
東叡山戦記第 1～5	一等編修官長松幹　五等掌記龍三瓦　五等掌記橋詰敏	1878 年下半期	中清書
東山道戦記 1～16	元修史局掌記豊原資清	1888 年後半期～89 年前半期	稿本
北陸道戦記 1～12	〃	1889 年前半期	〃
奥羽戦記 1～18	掌記豊原資清	1887 年 7 月 7 日	〃
白河口戦記 1～12	〃	1886 年後半期	〃
平潟口戦記 1～5	一等編輯官長松幹　旧三等協修藤川三渓	1877 年上半期～78 年下半期	中清書
越後口戦記 1～6	八等掌記豊原資清	1885 年 10 月～12 月	稿本
7～20	掌記豊原資清	1886 年 7 月 5 日	〃
蝦夷戦記第 1～10	〃	1887 年 12 月 27 日	〃

『復古記』（1930 年，内外書籍），「考課表」（東京大学史料編纂所蔵「史料編纂始末」所収），東京大学史料編纂所蔵「修史局・修史館史料」より作成．

なお、「房総戦記」は編纂年代が不明であり、一八八九年報告書では「中清書」ではなく「稿本」とされているが、編纂者名からは第一段階の諸冊に続いて着手されたもの（一八八〇年から八一年にかけての時期）と推測される。

第二段階は、一八八五年から八九年にかけてのもので、上記以外の戦記がこれにあたる。記される担当者の氏名は担当の掌記《しょうき》（下級の原稿作成担当職員）一名のみであり、本記や「中清書」本のような、校閲者の名前がない。これらの巻については、報告書では「稿本」と記されており、「中清書」本よりもさらに前の段階の、清書を経ていない編纂物であることがわかる。以上をふまえると、『復古記』外記部分の編纂は、一八八九年に完成したというよりも、作業としては中断されたというのがより現実に即しているのではあるまいか。帝国大学に移管され、学問としての史学の一環として位置づけられる方向に向かっていた正史編纂事業のなかで、あまりに近い過去を扱う『復古記』編纂事業はそれとは性格を異にするものとして、「稿本」レベルでの完成を一つの区切りとして放棄されたのである。

すでに述べたように、『復古記』は、正記・外記ともに公開されることはなく、日の目をみるのは一九三〇年（昭和五年）の出版をまたなくてはならない。出版の際に底本とされたのは、史料編纂所に引き継がれた『復古記』の清書本・稿本であるが、これまで述べてきたとおり、この底本にはそれぞれ作業の段階の異なるものが含まれていることに留意する必要があろう。戊辰戦争史の基本史料として用いられてきた『復古記』外記には、「中清書」を底本とする部分と、「稿本」を底本とする部分が存在するのである。

長松幹の執念

『復古記』編纂において中心的役割を担ったのは、これまでも触れてきたように長松幹である。長松は長州藩出身で、一八六七年（慶応三年）、第二次長州戦争の終了後に藩の戦争記録の調査・編纂に従事した経験を持つ。維新後は太政官の記録関係のポジションを歴任していた。現在でいえば公文書管理担当に近い官僚であるといえるだろう。長松の尽力なくしては『復古記』はなかったといえるだろうが、箱石大は「なんとしてでも『復古記』の編纂を成し遂げようとする長松の執念は、学者というよりも官僚としてのそれ」という評価を与えている（箱石大―二〇一三）。

そもそも、『復古記』は、年月日順の綱文のもとに典拠史料を並べるスタイルの歴史書である。地の文で出来事やその因果関係に考察を加えるような歴史書ではない。今日これがもっぱら「史料集」として用いられるのはそのためであるが、先にも触れた一八七五年（明治八年）の「修史事宜」は、『復古記』の性格を「復古記は時事の顚末を詳《つまびらか》にし、達書・願書等の如き悉《ことごと》くその原文を録し以て政府の考拠に備うるを主とす。故に全く史伝の体裁を備うるものに非ず」と述べていた。編纂当事者たちによっても、『復古記』は、「史伝」つまり正史たるべき歴史書とは別の性格のものであり、その目的は「政府の考拠」、つまり政府の業務上の必要に応えるためのもの、と理解されていたのである。長松自身のキャリアが、記録管理を担当する官僚としてのそれであることも考え合わせるならば、『復古記』の編纂には、政府が実務上の要請からおこなう記録管理事業という側面が強かった。

それでも、元長州藩士である長松の場合には、王政復古の当事者としての意識が編纂への執念を支えていたであろう。そのことは先にみた、『復古記』編纂の継続を訴える上申書からもうかがえる。

「復古外記」の編纂担当者・豊原資清

しかし、戊辰戦争を扱う外記部分についてはどうだろうか。長松は正記完成を目前にして、一八八四年（明治十七年）に修史館を去り、元老院議官に転任する。表に明らかなとおり、一八八五年以降の、外記編纂の大部分は、豊原資清なる一人の人物によって担われた。

豊原資清について、今日判明することはそれほど多くない。元小田原藩士で、一八七七年に八等掌記として修史館に採用されている。翌七八年の十二月に眼病を理由として辞職しているが、八二年に一等繕写《ぜんしゃ》として修史館に復帰し、八五年に八等掌記、内閣臨時修史局のもとでは、掌記・復古記残務、帝国大学臨時編年史編纂掛では元修史局掌記残務取扱として、八九年まで、その名前がある（『東京大学史料編纂所所史史料集』）。もともとは修史館の下級職員の一人で、一八八六年の内閣臨時修史局設置以降は、『復古記』編纂を「残務」として担った人物ということになる。一八八九年の外記編纂終了後は、農商務省に勤務し、一九一〇年まで、官営八幡製鉄所の事務官や英国博覧会事務官をつとめていることが、国立公文書館所蔵の人事記録から確認される。修史事業や歴史学とは無関係に、経済官僚としての経歴を積んだということになろう。『復古記』以降の豊原と歴史のかかわりとしては、わずかに一九一九年（大正八年）、江戸時代の小田原藩主であった大久保忠真《おおくぼただざね》が政府から従三位の官位を追贈された際に、旧藩士の会合で講演をおこない、それが『大久保忠真公御事跡の一斑』という小冊子として刊行されていることが知られるのみである。

以上の断片的情報をふまえても、豊原が『復古記』外記の編纂に従事した理由として、単に修史館に職を得、『復古記』編纂の担当者に任じられ、最終的に残務取扱となった、という以上のことを見出すのは困難だろう。豊原にとって、外記編纂は、さしあたり仕事であるから日々遂行するという性格のものであったのではないだろうか。

二　民権派の戊辰戦争史

『自由党史』の戊辰戦争観

『復古記』が戊辰戦争史の基本史料であるのと同様、一九一〇年（明治四十三年）に刊行された『自由党史』は、自由民権運動史の基本史料として利用されてきた。しかし、その叙述が事実の誤認、歪曲を数多く含むものであることは研究史上早くから指摘されており、自由民権運動史研究は『自由党史』の記述の誤りを一つ一つ修正することで進展してきたという面もある。

その『自由党史』は、自由民権運動を、明治維新の延長線上に位置づけるという歴史観を持っている。『自由党史』によれば、明治維新と自由民権運動をつらぬく時代の動向とは、「国民の自覚」である。

そして、板垣退助が「国民の自覚」の重要性を認識した出来事として紹介されるのが、会津攻撃の際の次のような経験である。

会津は天下屈指の雄藩なり、若し上下心を一にし、勠力以て藩国に尽さば、僅かに五千未満の我が官兵、豈容易くこれを降すを得んや。しかもかくの如く庶民難を避けて遁散し、毫も累世の君恩に報ゆるの概なく、君国の滅亡を見て風馬牛の感を為す所以のものは、果して何の故ぞ。蓋し上下隔離、互にその楽みを倶にせざるが為なり。

広大な領地を持つ雄藩・会津が、領主・領民一体となって抵抗したならば、新政府軍はとうてい勝利を収めることができなかったであろう。新政府軍が勝利したのは、領民が領主の苦境を他人ごとのように見て、自分たちは避難してしまうような行動をとったからである。すなわち、会津藩の領民は、「国民の自覚」を欠いている。会津が敵であるうちはそれで良いとしても、いまや全国の統治者の地位についた新政府は、こうした会津藩領民のような人々を「国民」として抱え込んでいる。つまり、国家を自分たちのものとして見るのではなく、自分たちとは無関係な統治者たちのものとして見ている。これは国家の基盤が非常に弱いことを意味している。そのためには、身分制度を打破し、政治参加を促進することが重要だ。会津攻撃の経験から板垣が学んだことはこのような「国民の自覚」の重要性であり、それが自由民権運動における政治参加の拡大要求につながっていく。『自由党史』が描く戊辰戦争の位置づけは、おおよそこのようなものである。

戊辰戦史としての『板垣退助君伝』

『自由党史』以前に、民権派と戊辰戦争のかかわりに触れたものとして、一八九三年（明治二十六年）に刊行された板垣の伝記、栗原亮一《くりはらりょういち》・宇田友猪《うだともい》編『板垣退助君伝　第一巻』がある。栗原は板垣側近の自由党の政治家、宇田は高知出身のジャーナリストで、主として執筆したのは宇田であったようだ。

『板垣退助君伝』は、第一巻だけが刊行され、未完に終わった。その刊行された第一巻は、板垣の誕生から戊辰戦争終結までを扱い、ほぼその半分の紙数が戊辰戦争の戦史叙述に費やされている。甲州の制圧、江戸への進軍、北関東での旧幕府軍との戦闘、そして東北への転戦と、戦局の推移を追いながら、各所での板垣の名将ぶりを称賛する、というのが本書の筆致である。そのクライマックスは、会津攻撃における母成峠《ぼなりとうげ》の戦いである。しかし、時に叙述は板垣本人を離れ、板垣率いる土佐藩兵の戦闘自体を描くことに傾斜する。

戊辰戦争当時、板垣とともに土佐藩兵を率いていた谷干城《たにたてき》は、『板垣退助君伝』の戊辰戦争叙述には板垣の美化があるという批判を遺稿のなかに残している。特に谷が批判しているのは、新政府軍の日光進軍にかかわるエピソードに関してである。『板垣退助君伝』によれば、日光山に立て籠もる旧幕府軍に対し、新政府軍の将校たちは強硬策を主張した。すなわち、徳川家の霊廟である豪華な日光の社寺を焼き払うべしと激昂して主張した。これを板垣はいさめ、日光の社寺は灰燼《かいじん》に帰すことを免れた、と『板垣退助君伝』は伝えるのである。なお、逸話に基づき、現在日光市には、日光の文化財を救った功労者として板垣の銅像が建っている。

ところが、板垣とともに土佐藩兵を率いていた谷干城は、この逸話は虚偽であるとして板垣を批判している（『谷干城遺稿』）。谷によれば、新政府軍の将校たちが日光攻撃を主張したという事実は存在しない。土佐藩兵は、前藩主山内容堂《やまうちようどう》から、粗暴・過激な行為があってはならない、と命じられており、これは土佐藩内の佐幕派・勤王派の双方に周知徹底されていた。とりわけ徳川慶喜《よしのぶ》が江戸を開城して水戸に蟄居《ちつきょ》してからは、新政府に抵抗する旧幕府軍は徳川家にとっても逆臣なのであるから、徳川家を憎んで日光を焼き払うなどということはありえない。板垣の伝記によれば、将校たちは非常に乱暴で、一方板垣は人格者として描かれるが、これは板垣の功績を誇張するための虚偽である、というのである。

虚実はどちらとも判断できないが、『板垣退助君伝』の長大な戊辰戦争の戦史叙述が、板垣を称賛する目的で書かれていることは事実であろう。このような長大な戦史記述は、一八九三年の段階で、政党政治家板垣にとって、戊辰戦争の軍事指揮官・功労者であることが重要な政治的資産と考えられていたことを示すといえよう。

焼き芋のエピソード

そして、『板垣退助君伝』のなかでは、『自由党史』で触れられていた会津における「国民の自覚」の重要性の経験は、より詳細なエピソードとして語られている。

松平容保《まつだいらかたもり》が降伏後、妙国寺《みょうこくじ》に移送された際、土佐藩兵がこれを護衛していたところ、一農夫が焼き芋を差し入れてきた。その一農夫の忠誠心に新政府軍の一同が感心するなか、板垣は、黙って考え込み、疑問を呈した。なぜ、新政府軍の一同はこの農夫の所業に感心するのであろうか。もしこの行動が「禽獣《きんじゅう》の行」、すなわち動物の行動であれば感心するであろう。しかし、藩の滅亡に際して、たかだか焼き芋を差し入れる程度の忠誠心で感心してよいものだろうか。それは被統治者を最初から動物と同様の、政治や軍事には無関係のものとみなしているからではないのか。それで果たしてよいのだろうか。「国亡ぶるに及で、僅かに三千の士族之に殉するが如き」、士族だけが国家と盛衰をともにするような仕組みでは、これからの日本は強国になることはできないのではないか。そして、板垣はこれまでの自分の戦闘経験を振り返って次のように述べたという。

> 我れ曩《さ》きに今市に在て深く自ら感傷す、その戦開くる毎に、朋友同志を失い、恰《あたか》も我が肉を削り、骨を剜《けず》るの想を為せり、而して、敵の死兵を検すれば、多くは是れ賤劣《せんれつ》なる文身繡彫《ぶんしんしゅうちょう》せる潑皮《はつぴ》漢にして、真に木桃《ぼくとう》を以て瓊琚《けいきょ》に代ゆると一般の観あり、これを以て周章落胆すること偏《ひとえ》に甚しかりしなり、その泰西諸国の戦を見るに、常に万を超ゆるの死傷に会うて、兵気少しも撓《たま》まず、能《よ》く奮戦するの状は、我が此痛惜《つうせき》の態に比較して果して如何ぞや、倩《つらつ》らこれを考ふるに、我が軍兵は僅かに少数の士族を以て組織せるが故に、伴生の情接近せると、人員の稀少なると由て、転《うた》た感傷の念を惹き起し、痛惜して已まざるに至るなり……苟《いやし》くも挙国皆兵となるの暁には、此等の弊竇《へいとう》は打破して消滅するに至らん。

語られているのは、北関東の今市における旧幕府軍との戦闘である。そこで板垣は、同志を多数失った。ところが、相手方の死体を検分すると、それは「文身繡彫せる潑皮漢」、つまり、刺青をしたならず者たちだった。大事な自分の同志を失ったにもかかわらず、相手の兵士がこうしたならず者であることが、板垣には非常に深い悲しみであった。一方、西洋諸国の戦争は、常に万を超える死傷者を出しながら、兵士の志気は決して下がることはない。なぜこのような違いが生じるかといえば、日本の軍隊は少数の士族によって構成されるため、お互いに感情的結びつきが強まり、同志が戦死した際に残された者の蒙る精神的なダメージが大きくなるのに対し、国民皆兵の場合、そうした感情は起こらないからである。つまり、板垣は北関東における自分の深い悲しみという経験と、会津における領民の行動という経験から、国民皆兵によって、国家の軍事的な基礎を拡大することが重要である、という認識に達したというのである。

この叙述の興味深い点は二つある。第一に、旧幕府軍への、板垣の蔑視がにじみ出ている点である。板垣が述べるように、旧幕府軍の兵士が、「文身繍彫せる潑皮漢」であったのは、幕末の軍制改革の結果、この当時の幕府歩兵は、労働者の斡旋業者である人宿《ひとやど》を通じて幕府に雇用された、都市下層民から構成されていたためである（熊澤徹一一九九三）。板垣はこうした旧幕府軍兵士に対して、土佐藩の同志たちをより貴重な人間だとみなす感情を持っていたのだが、ここではそうした感情が軍の士気を落とすことを危惧している。

第二に、大量の戦死を可能にするシステムとしての徴兵制への肯定的な評価が述べられている点である。板垣にとって徴兵制とは、代替可能な兵士が戦闘員となることによって、武士どうしのような戦闘員のあいだの緊密な感情的つながりを断ち切り、大量の戦死者を出しても志気が下がらない仕組みとして理解されていた、ということになろう。

「板垣退助言行略」

このエピソードは、さらにさかのぼると、一八八二年（明治十五年）九月二十六日から『自由新聞』に連載された「板垣退助言行略」に行き着く。この連載記事は、当時政府が斡旋した資金で洋行に出たとして立憲改進党などから批判されていた板垣を弁護するために、自由党総理板垣の履歴を提示する目的で掲載された板垣の談話筆記である。

この記事のなかにも、『板垣退助君伝』と同様の焼き芋献上のエピソードが紹介されている。そして、会津藩において抵抗したのは士族だけであったこと、被統治者は抵抗しないのみならず、新政府軍の人馬動員に協力さえしたことが述べられ、当時の板垣は、ここから、日本が強国たるためには「士民平等にして其常職を一般にする」必要性を感じた、という記述がなされている。『自由党史』の「国民の自覚」に関する記述の原型は、おそらくこの「板垣退助言行略」であろう。

そして、「板垣退助言行略」は、この会津における板垣の経験の延長線上に、一八七〇年に高知藩でおこなわれた藩政改革を位置づけている。この改革は、「人民平均」の原理を掲げ、士族が政治・軍事を独占する体制を廃したことで知られているが、「板垣退助言行略」は、この藩政改革は、「武官軍人の率先主唱に成りたるもの」であり、文官や儒者を中心におこなわれた他藩の藩政改革とは異なると述べる。

土佐派の戊辰戦争観

一八八二年（明治十五年）、九三年、一九一〇年と繰り返し語られる板垣退助の戊辰戦争経験は、板垣にとって、自由民権運動の起源が軍事的なものであることを示す意図があるといえるだろう。一八八二年の「板垣退助言行略」が朝鮮半島における壬午《じんご》軍乱の発生の直後、一八九三年の『板垣退助君伝記』が日清戦争前夜の刊行という、日本を取り巻く軍事情勢が影響を与えている可能性もある。また、『自由党史』については、自由党の後身・憲政党が、伊藤《いとう》博文《ひろぶみ》を党首に頂く立憲政友会《せいゆうかい》へと改組されたことに対し、それに反発するかつての自由党の中心勢力＝「土佐派」が主導して編纂されたことが、中元崇智によって明らかにされている（中元崇智―二〇一二）。「土佐派」のアイデンティティを再確認する上で、自由民権運動の起源が、「土佐藩」を率いた板垣の軍事的活躍が強調されたといえよう。

＊　　　＊

勝者と敗者のねじれ

以上、政府の内部で編纂された『復古記』と、政府の外で編纂された民権派の戊辰戦争記述という二種類の歴史書についてみてきた。ここからは、政府の内と外に、一種のねじれた関係が存在することが見えてくる。

明治政府は戊辰戦争の結果として生まれた政権であり、組織としては戊辰戦争の勝者である。しかし、政府の事業として編纂された戦史である『復古記』外記の大部分を編纂したのは、一人の下級官吏にすぎない。しかもその一人、すなわち豊原資清は、元小田原藩士であった。小田原藩大久保家は譜代大名であり、戊辰戦争時には、新政府軍に敵対した請西《じょうざい》藩主林忠崇《はやしただたか》に協力した疑いで、新政府から削禄、家老の切腹、藩主の官位剝奪などの処分を受けている。その、いわば敗者の側の元一小田原藩士が政府の戊辰戦争史を編纂しているのである。

それが可能であったのは、『復古記』が、体系的な戊辰戦争の歴史像を提示しようとした書物ではなく、むしろ記録管理業務に近い、事務的な仕事であったからである。

一方、政府の外で編纂された板垣を中心とする民権派の戊辰戦史は、みずからの戊辰戦争の功績を強調し、これを誇示し、自由民権運動が戊辰戦争から生まれたという歴史観を提示しようとしている。板垣は戊辰戦争では勝者であったが、その後の政争には敗北した。それゆえに、戊辰戦争の功績をその時々の政治情勢に応じて強調する必要があった。

明治期の戊辰戦争叙述を読み解く際には、政府と反政府という対立軸が、単純に勝者の歴史と敗者の歴史という編纂物につながるわけではないということに、注意する必要があるといえよう。

参考文献（本文中に（　）で略記した文献を、五〇音順に列挙した）

浅井　清　一九三九『明治維新と郡県思想』巌松堂書店
朝比奈美知子編訳　二〇〇四『フランスから見た幕末維新―「イリュストラシオン日本関係記事集」から―』東信堂
家近良樹　一九九八『浦上キリシタン配流事件―キリスト教解禁への道―』（歴史文化ライブラリー）吉川弘文館
石井　孝　一九六六『増訂 明治維新の国際的環境』吉川弘文館
石井　孝　一九八四『戊辰戦争論』吉川弘文館
石本泰雄　一九五八『中立制度史的研究』有斐閣
上松俊弘　二〇〇二「奥羽越列藩同盟の成立と米沢藩」『歴史評論』六三一
鵜飼政志　二〇〇二『幕末維新期の外交と貿易』校倉書房
臼井隆一郎　二〇〇五『榎本武揚から世界史が見える』（PHP新書）PHP研究所
奥田晴樹　二〇一六『日本近代の歴史1　維新と開化』吉川弘文館
金井圓編訳　一九八六『描かれた幕末明治―イラストレイテッド・ロンドン・ニュース：日本通信：1853-1902―』雄松堂出版
キッシンジャー著／岡崎久彦監訳　一九九六『外交』(上) 日本経済新聞社
木村礎・杉本敏夫編　一九六三『譜代藩政の展開と明治維新―下総佐倉藩―』文賀堂銀行出版社
久住真也　一九九七「奥羽列藩同盟と北越「防衛」の展開」『地方史研究』二六五
工藤　威　二〇〇二『奥羽列藩同盟の基礎的研究』岩田書院
熊澤　徹　一九九三「幕府軍制改革の展開と挫折」坂野潤治他編『シリーズ日本近現代史1　維新変革と近代日本』岩波書店
栗原伸一郎　二〇一七『戊辰戦争と「奥羽越」列藩同盟』清文堂出版
栗原亮一・宇田友猪編　一八九三『板垣退助君伝』第一巻　自由新聞社
国際ニュース事典出版委員会編　一九八九～九三『外国新聞に見る日本―国際ニュース事典―』第一巻～第四巻　毎日コミュニ

ケーションズ
崎山健文　二〇〇八「幾島と天璋院」古閑章編『新薩摩学　天璋院篤姫』南方新社
斎藤多喜夫　二〇〇六「横浜写真小史再論」横浜開港資料館編『F．ベアト写真集2―外国人カメラマンが撮った幕末日本―』明石書店
佐々木克　一九七七『戊辰戦争―敗者の明治維新―』（中公新書）中央公論社
清水紘一　一九九三「長崎裁判所の浦上教徒処分案をめぐって」中央大学人文科学研究所編『近代日本の形成と宗教問題〔改訂版〕』中央大学出版部
下村富士男　一九四八『明治維新の外交』大八州出版
下山三郎　一九七五「戊辰戦争と維新政権」『岩波講座　日本歴史14　近代1』岩波書店
白峰　旬　一九九八『日本近世城郭史の研究』校倉書房
鈴木壽子　二〇一〇『幕末譜代藩の政治行動』同成社
鈴木裕子　一九七七「明治政府のキリスト教政策―高札撤去に至る迄の政治過程―」『史学雑誌』八六―二
須見　裕　一九八四『徳川昭武―万博殿様一代記―』中央公論社
千田　稔　一九七九『維新政権の秩禄処分―天皇制と廃藩置県―』開明書院
武山眞行　一九九三「唐通事による『和解万国公法』」中央大学人文科学研究所編『近代日本の形成と宗教問題〔改訂版〕』中央大学出版部
立作太郎　一九一二『内乱と国際法』日本大学
田中正弘　一九七三「東北戦争に活躍せるスネルの素性」『國學院雑誌』七四―五
田中正弘　二〇〇八『幕末維新期の社会変革と群像』吉川弘文館
田中正弘編　二〇一四『幕末維新期の胎動と展開　栃木の在村記録』第二巻　栃木市教育委員会
辻ミチ子　二〇〇八『和宮―後世まで清き名を残したく候―』（ミネルヴァ日本評伝選）ミネルヴァ書房
寺島宏貴　二〇一三「大政奉還と「職制案（新官制擬定書）」の「公議」の人事―」『19世紀学研究』七
寺本敬子　二〇一七『パリ万国博覧会とジャポニスムの誕生』思文閣出版

友田昌宏　二〇〇九　『戊辰雪冤―米沢藩士・宮島誠一郎の「明治」―』（講談社現代新書）講談社
中村　文　二〇一一　『信濃国の明治維新』名著刊行会
中元崇智　二〇一二　「板垣退助の政界引退と『自由党史』」『高千穂論叢』四七―三
奈倉哲三　二〇一〇　「もう一つの戊辰戦争　江戸民衆の政治意識をめぐる抗争　その1」『国立歴史民俗博物館研究報告』一五七
奈倉哲三　二〇一三　「江戸版『太政官日誌』の刊行開始期と「五榜の掲示」第三札の修正」「『太政官日誌』を対象にした史料学の構築と戊辰戦争期の社会文化論に関する学際的研究」Web site 版
奈倉哲三　二〇一五　「『復古記』不採録の諸記録から探る江戸情勢三「薩摩藩邸焼き討ち事件」の史料的解明その二」『跡見学園女子大学文学部紀要』五〇
鳴岩宗三　一九九七　『幕末日本とフランス外交―レオン・ロッシュの選択―』創元社
バウマン、アンドレアス・H　二〇一一　「日本国土が狙われる（第1部）　駐日領事ブラントの蝦夷地（北海道）植民地化の概略とそれにかかわったゲルトナー兄弟の出自」『国際関係研究』（日本大学）三二―一
箱石　大　一九九六　「幕末・維新期における武家官位の変質」　橋本政宣編『近世武家官位の研究』続群書類従完成会
箱石　大　二〇〇一　「公武合体による朝幕関係の再編―解体期江戸幕府の対朝廷政策―」家近良樹編『幕末維新論集3　幕政改革』吉川弘文館
箱石　大　二〇〇四～〇六　「戊辰戦争期の諷刺画にみる駐日プロイセン代理公使フォン・ブラント」（1）～（10）『東京大学史料編纂所附属画像史料解析センター通信』二五～三四
箱石　大　二〇〇五　「工藤威著『奥羽列藩同盟の基礎的研究』」『国史学』一八五
箱石　大　二〇〇七　「戊辰戦争と江戸の終焉　情報・宣伝戦としての戊辰戦争」たばこと塩の博物館編『幕末ニッポン』角川春樹事務所
箱石　大　二〇一三　「戊辰戦争研究の史料となった「復古記」」同編『戊辰戦争の史料学』勉誠出版
箱石大編　二〇一三　『戊辰戦争の史料学』勉誠出版
畑　尚子　二〇〇七　『幕末の大奥―天璋院と薩摩藩―』（岩波新書）岩波書店
畑　尚子　二〇〇九　『徳川政権下の大奥と奥女中』岩波書店

畑　尚子　二〇一四「寺院が所持する大奥関係資料」『東京都江戸東京博物館紀要』四
原口　清　一九六三『戊辰戦争』塙書房
樋口雄彦　二〇一六『幕臣たちは明治維新をどう生きたのか』洋泉社
広瀬善男　二〇〇五『国家・政府の承認と内戦』信山社
福岡孝弟　一九一九「五箇条御誓文ト政体書ノ由来ニ就イテ」国家学会編『国家学会創立満三十年記念　明治憲政経済史論』国家学会
福岡万里子　二〇一三a『プロイセン東アジア遠征と幕末外交』東京大学出版会
福岡万里子　二〇一三b「戊辰戦争に関与したシュネル兄弟の「国籍」問題―ヴィルト・カワラ氏収集オランダ所在史料から―」箱石大編『戊辰戦争の史料学』勉誠出版
ブラント著／原潔・永岡敦訳　一九八七『ドイツ公使の見た明治維新』新人物往来社
保谷　徹　二〇〇七『戦争の日本史18　戊辰戦争』吉川弘文館
保谷　徹　二〇一〇『幕末日本と対外戦争の危機―下関戦争の舞台裏―』（歴史文化ライブラリー）吉川弘文館
保谷　徹　二〇一三「史料紹介　戊辰戦争期の会津藩による鉱山リース契約」箱石大編『戊辰戦争の史料学』勉誠出版
松尾美恵子　一九八一「大名の殿席と家格」『徳川林政史研究所研究紀要』昭和五五年度
松沢裕作　二〇一六『自由民権運動』（岩波新書）岩波書店
宮地正人監修　一九九七『徳川昭武幕末滞欧日記』松戸市戸定歴史館
宮地正人　二〇一二『幕末維新変革史』上・下　岩波書店
宮永　孝　二〇〇〇『プリンス昭武の欧州紀行―慶応三年パリ万博使節―』山川出版社
宮間純一　二〇一五『戊辰内乱期の社会―佐幕と勤王のあいだ―』思文閣出版
村田格山　一九四二「明治初年の対耶蘇教政策考―新政府要人の「見込言上」について―」『大倉先生献呈論文集国史編纂』横浜躬行会
森田朋子　二〇〇五『開国と治外法権』吉川弘文館
横浜開港資料館編　二〇〇一『図説　アーネスト・サトウ―幕末維新のイギリス外交官』有隣堂

横山百合子　二〇〇五　『明治維新と近世身分制の解体』山川出版社

Библиография Японии Литература,изданная в России c1734 по 1719г.

Революция в Японии.《Современная летопись》, М., 1868, № 14, стр. 13–15.

Осада Хокодады войсками микадо 27 мая（8 июня）1869 года.《Всемирная иллюстрация》, СПб. ,1869,. №47, стр. 326.

Япония и ее реформы.《Отечественные записки》, СПб., 1873, №1, стр. 161–194.

Archives diplomatiques: recueil de diplomatie et d'histoire t. 2 1869 Paris Librairie diplomatique d'Amyot

Ministère des affaires étrangères novembre 1869 *Documents diplomatiques* no. 13 Paris Impr. impériale

Montblanc, Charles de, 1865 *Le Japon* Paris Impr. de J. Claye

Montblanc, Charles de, janvier 1866 "Considérations générales sur l'état actuel du Japon" *Bulletin de la Société de Géographie* Paris Impr. de E. Martinet

Brandt, Max von, 1901 *Dreiunddreissig Jahre in Ostasien. Erinnerungen eines deutschen Diplomaten.* Bd.1–3. Leipzig: Verlag von Georg Wigand

Bundesarchiv Berlin-Lichterfelde R 1401/172, Acta. btr. Beziehungen des Norddeutschen Bundes bzw. des Deutschen Reiches zu Japan, Bd. 2, Juni – Okt. 1868

Bundesarchiv Berlin-Lichterfelde R 1401/173, Acta. btr. Beziehungen des Norddeutschen Bundes bzw. des Deutschen Reiches zu Japan, Bd. 3, Okt. 1868 – Febr. 1869

Wippich, Rolf-Harald　1995　*„Strich mit Mütze": Max von Brandt und Japan - Diplomat, Publizist, Propagandist.* OAG aktuell Nr.65. Tokyo: Deutsche Gesellschaft für Natur-und Völkerkunde Ostasiens（OAG）

Wippich, Rolf-Harald　1997　*Japan als Kolonie? Max von Brandts Hokkaido-Projekt 1865/1867.* Hamburg: Abera Verlag

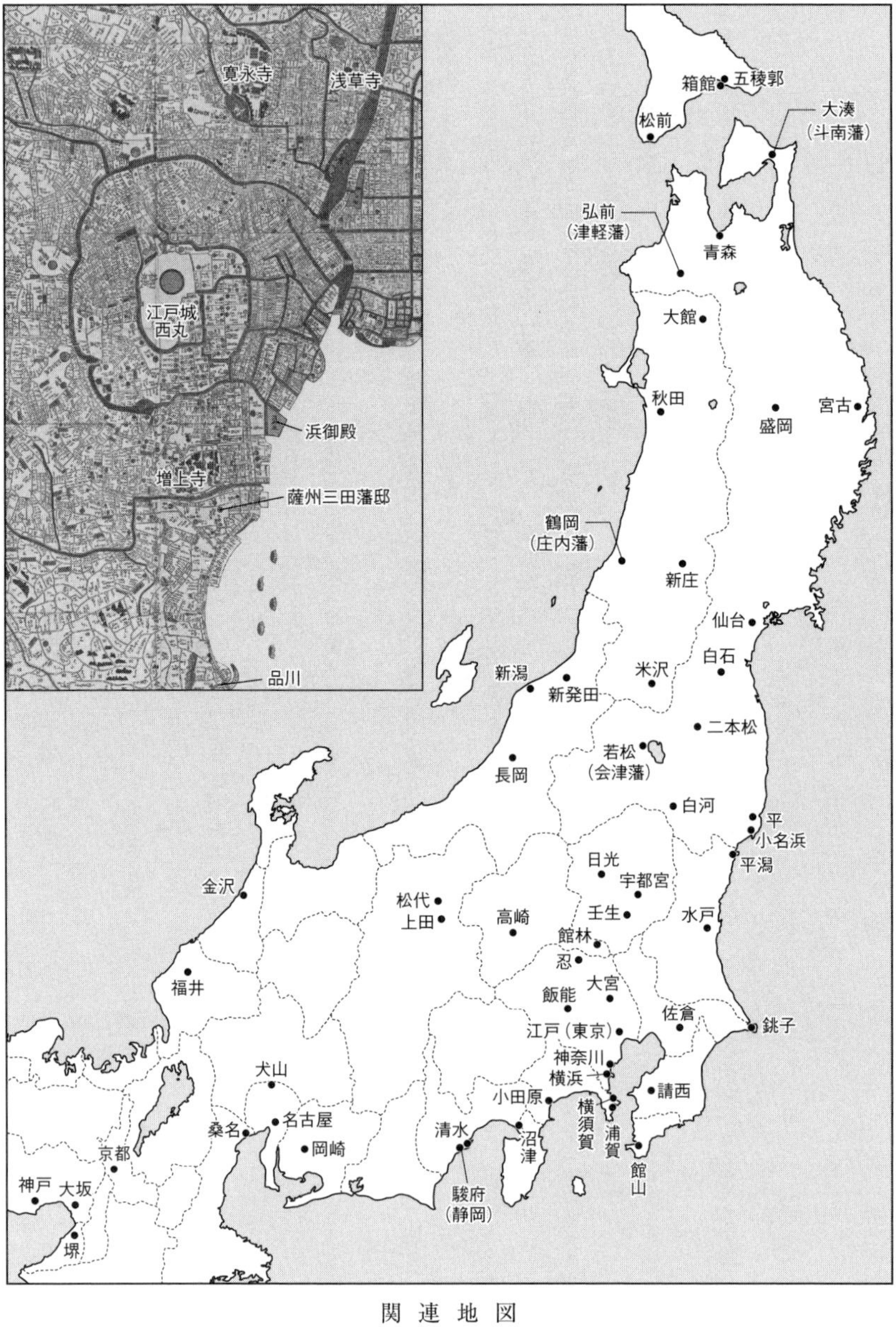

関　連　地　図

（左上図：「万世御江戸絵図」〈国立国会図書館蔵〉を改変）

関連年表

和暦年月日	西暦年月日	事項	出典
慶応三・一〇・一四	一八六七・一一・九	徳川慶喜、朝廷に大政奉還を上表。	復古記一
同日	同日	薩長両藩主父子に「討幕の密勅」下る。	維新史五
慶応三・一〇・一五	一八六七・一一・一〇	朝廷、大政奉還を聴許。	復古記一
慶応三・一〇・二一	一八六七・一一・一六	江戸城内惣出仕。稲葉正邦、慶喜の大政奉還を伝える。	続徳川実紀五
慶応三・一〇・二四	一八六七・一一・一九	慶喜、朝廷に将軍職辞表を提出。	復古記一
慶応三・一一・二	一八六七・一一・二七	江戸を攪乱している薩賊を微塵にせよ、との張紙が京橋に出る。	藤岡屋日記一五
慶応三・一一・一五	一八六七・一二・一〇	坂本龍馬ら、京都河原町旅宿近江屋にて暗殺される。	復古記一
慶応三・一二・七	一八六八・一・一	外国交易のため、兵庫を開港し、大坂で開市。	復古記一
慶応三・一二・八	一八六八・一・二	岩倉具視・三条実美・長州藩主父子ら、宸断により赦免される。	復古記一
慶応三・一二・九	一八六八・一・三	王政復古の政変断行、小御所会議で慶喜の辞官・納地を決定。	復古記一
慶応三・一二・一二	一八六八・一・六	慶喜、大兵を率い二条城を出、翌日大坂城に入る。	復古記一
同日	同日	熊本藩など外様一二藩、王政復古政変批判の建白書を提出。	復古記一
慶応三・一二・一四	一八六八・一・八	稲葉正邦、王政復古情報を把握、増兵要請書付も落掌。	淀稲葉家文書
同日	同日	在京閣老の要請に応え、旧幕府陸軍騎兵・歩兵、海路上京す。	続徳川実紀五
慶応三・一二・二三	一八六八・一・一七	江戸城二丸新御殿長局より出火、二丸は大奥向共残らず焼失。	手留　三蔵（内閣）
同日	同日	稲葉正邦、慶喜奏聞状を示し、兵を率いて上坂を達す。	復古記一
同日	同日	薩摩藩邸隠匿の浪人、江戸警衛庄内藩兵の三田屯所を襲撃。	復古記一
慶応三・一二・二四	一八六八・一・一八	夜、庄内藩ほかと幕府陸軍諸隊、三田薩摩藩邸へ出動。	加藤氏日記（東史）
慶応三・一二・二五	一八六八・一・一九	朝、交渉決裂し薩邸焼討、浪士脱出し品川宿を焼く。	加藤氏日記（東史）
慶応三・一二・二八	一八六八・一・二二	薩邸焼討の報、蒸気船で旧幕府大目付滝川具挙が大坂に届ける。	維新史五

和暦年月日	西暦年月日	事項	出典
慶応三・一二・三〇	一八六八・一・二四	新政府金穀御用達の豪商三井・小野・島田、一〇〇〇両ずつ献金。	復古記一
慶応四・一・一	一八六八・一・二五	慶喜、討薩の表を起草する。	維新史五
慶応四・一・二	一八六八・一・二六	旧幕軍、討薩の表を滝川が携え、会津兵を先頭に大坂を発す。	維新史五
慶応四・一・三	一八六八・一・二七	京都南の鳥羽・伏見で戦争が勃発する（戊辰戦争の始まり）。	復古記一・九
慶応四・一・四	一八六八・一・二八	仁和寺宮嘉彰親王、征討大将軍となり、鳥羽街道に錦旗翻る。	復古記一・九
慶応四・一・五	一八六八・一・二九	東海道鎮撫総督橋本実梁、副総督柳沢前光任ぜられ、京を発す。	復古記一・九
慶応四・一・六	一八六八・一・三〇	山崎関門守衛の旧幕側津藩軍、淀川対岸の旧幕陣営を砲撃。	復古記一・九
同日	同日	慶喜、夜大坂城を脱出、松平容保・松平定敬・板倉勝静ら従う。	復古記一
慶応四・一・七	一八六八・一・三一	朝廷、徳川慶喜追討令を発す。	復古記一
慶応四・一・九	一八六八・二・二	東山道鎮撫総督に岩倉具定、副総督に弟具経が任命される。	復古記一・一一
同日	同日	北陸道鎮撫総督に高倉永祜、副総督に四条隆平が任命される。	復古記一・一一
同日	同日	江戸城内、戦争勃発情報を入手。諸藩に西上準備を命ず。	板倉勝達家記（東史）
慶応四・一・一一	一八六八・二・四	朝廷、諸侯に国力相応の兵を率いて上京すべきことを命ず。	復古記一
同日	同日	新政府備前藩兵、神戸で英・仏・米人に発砲（神戸事件）。	復古記一
慶応四・一・一二	一八六八・二・五	未明、慶喜、浜御殿より上陸、乗馬にて西丸へ入城。	続徳川実紀五
同日	同日	旧幕府、薩藩罪状奏聞書と薩賊誅戮を借家店借裏々まで周知。	江戸町触集成一九
慶応四・一・一五	一八六八・二・八	朝廷、奥羽諸藩に東征軍を応援するよう命ずる。	復古記一
同日	同日	上様の大坂再上もあり得る、との触が町中へ出される。	江戸町触集成一九
慶応四・一・一六	一八六八・二・九	朝廷、秋田藩に奥羽諸藩を糾合し東征軍を応援するよう内命。	復古記一
同日	同日	江戸町火消を町兵とし炮術業前稽古をする、との触が出る。	江戸町触集成一九
慶応四・一・一七	一八六八・二・一〇	朝廷、仙台藩主伊達慶邦に独力で会津藩を追討するよう命ずる。	復古記一
慶応四・一・二〇	一八六八・二・一三	尾張徳川慶勝、以後佐幕派重臣一四名を粛正（青松葉事件）。	復古記一
慶応四・一・二一	一八六八・二・一四	慶喜、松平慶永宛に書翰を認め、退隠の意を表す。	慶喜公伝史料編三
同日	同日	大奥上臈藤子、橋本父子宛和宮直書と慶喜謝罪書を携え上京。	静寛院宮御日記一

慶応四・一・二三	一八六八・二・一六	慶喜、勝海舟を陸軍総裁、大久保一翁を会計総裁に登用する。	続徳川実紀五
慶応四・一・二五	一八六八・二・一八	各国代表、日本の内戦状況に対し、局外中立を宣言。	復古記一
慶応四・一・二七	一八六八・二・二〇	新政府、豪商に三〇〇万両、翌月五日に二〇〇万両調達を命ず。	御用勤方記（三井）
慶応四・一・二八	一八六八・二・二一	東海道鎮撫総督軍、桑名城を接収する。	復古記一
慶応四・二・二	一八六八・二・二四	慶喜恭順第一報、幕臣から借家店借裏々まで徹底周知される。	江戸町触集成一九
慶応四・二・三	一八六八・二・二五	天皇、親征の詔を発し、大総督を置き、列藩に軍備を命ず。	復古記一
同日	同日	政府、総裁局のもとに神祇・内国・外国・軍防など七局を置く。	復古記一
慶応四・二・八	一八六八・三・一	政府、二四藩を触頭、他の諸藩を触下とする諸藩触頭制を創設。	復古記二
慶応四・二・九	一八六八・三・二	有栖川宮熾仁親王、東征大総督となり三道総督を指揮下に置く。	復古記二
同日	同日	奥羽鎮撫総督に沢為量、副総督に醍醐忠敬を任ず。	復古記二・一二
慶応四・二・一二	一八六八・三・五	慶喜、本坊で輪王寺宮公現親王に入京を乞い、大慈院で謹慎。	寛永寺記乾（東史）
同日	同日	慶喜謹慎中、江戸城は徳川（田安）慶頼と松平確堂に託される。	続徳川実紀五
慶応四・二・一五	一八六八・三・八	東征大総督有栖川宮、天皇から錦旗・節刀を賜り、京より出陣。	復古記二・九
同日	同日	新政府土佐藩兵、堺においてフランス水兵を殺害（堺事件）。	大日本外交文書一
慶応四・二・一八	一八六八・三・一一	仙台藩、奥羽諸藩に協力要請の使節を派遣。	仙台市史資二近世一
慶応四・二・二〇	一八六八・三・一三	新政府、太政官日誌を発行し内部統一を図る（二二日刊行か）。	太政官日誌一号
慶応四・二・二一	一八六八・三・一四	輪王寺宮、嘆願のため寛永寺を発輿、幕臣・町人ら多数見送る。	寛永寺記乾（東史）
慶応四・二・二三	一八六八・三・一六	佐幕有志、浅草本願寺にて彰義隊を結成、のち寛永寺に移る。	彰義隊戦史
慶応四・二・二四	一八六八・三・一七	柳河春三、中外新聞を日本橋で発行（二六日刊行か）。	中外新聞一号
慶応四・二・二六	一八六八・三・一九	奥羽鎮撫総督を九条道孝とし、沢為量を副総督に変更する。	復古記二・一二
慶応四・二・三〇	一八六八・三・二三	東山道総督府軍、翌三月一日にわたり、甲州口を押さえる。	復古記一一
慶応四・三・一	一八六八・三・二四	近藤勇・土方歳三甲陽鎮撫隊を率い江戸を発ち甲州へ向かう。	佐藤彦五郎日記二
慶応四・三・三	一八六八・三・二六	相楽総三ら赤報隊（嚮導隊）、偽官軍とされ下諏訪で処刑される。	復古記一一
慶応四・三・六	一八六八・三・二九	山岡鉄舟、薩藩捕虜益満休之助を勝海舟から預り、駿府へ発つ。	維新史五
慶応四・三・九	一八六八・四・一	東山道総督府軍、下野梁田で古屋佐久左衛門下の旧幕兵を破る。	復古記一一
同日	同日	山岡、駿府に入り、大総督参謀西郷に、勝海舟の書翰を渡す。	維新史五

和暦年月日	西暦年月日	事項	出典
慶応四・三・一〇	一八六八・四・二	上﨟藤子、和宮の書状を携え東海道先鋒総督陣営に向け出立。	静寛院宮御日記一
慶応四・三・一一	一八六八・四・三	東海道先鋒総督軍先遣隊、江戸に入る。	復古記九
慶応四・三・一三	一八六八・四・五	西郷吉之助、高輪薩摩藩屋敷で勝義邦と第一次会談。	海舟全集一九
同日	同日	木梨精一郎、横浜でパークスに江戸総攻撃計画を批判される。	史談会速記録六八
慶応四・三・一四	一八六八・四・六	天皇が神々に誓った五箇条の誓文と、五榜の掲示が出される。	復古記二
同日	同日	田町薩摩屋敷で西郷勝第二次会談。西郷、歎願の取次を約す。	海舟全集一九
同日	同日	参謀西郷、各道先鋒諸軍に対し、江戸城進撃見合せを伝う。	諸方御達写（内閣）
慶応四・三・一五	一八六八・四・七	参謀西郷から討入見合せの報があったことが町中に知らされる。	江戸町触集成一九
慶応四・三・一六	一八六八・四・八	夜、西郷・木梨、駿府に着き、大総督宮のもとで評議。	復古記九・一一
慶応四・三・一七	一八六八・四・九	東征大総督、三道先鋒総督に江戸進撃延期を命ずる。	復古記九・一一
慶応四・三・一九	一八六八・四・一一	奥羽鎮撫総督九条道孝、松島湾から上陸（二三日仙台に入る）。	復古記三・一二
慶応四・三・二〇	一八六八・四・一二	西郷京着により朝議を開き、徳川処分方針を決定する。	復古記三
慶応四・三・二一	一八六八・四・一三	天皇、親征出輦する（二三日大坂本願寺別院行在所に着御）。	明治天皇紀一
慶応四・四・四	一八六八・四・二六	橋本実梁・柳原前光、江戸城に入り勅諚五ヵ条を伝える。	復古記三
慶応四・四・五	一八六八・四・二七	江戸町人惣代名主九十余名、東海道先鋒総督に歎願書を提出。	中外新聞一二
慶応四・四・一〇	一八六八・五・二	会津藩、庄内藩と軍事同盟を結ぶ。	南摩綱紀筆記（東史）
同日	同日	東山道総督府参謀、「百姓町人は天子の民」と町触で出させる。	江戸町触集成一九
慶応四・四・一一	一八六八・五・三	昼前、慶喜、寛永寺を出て水戸へ向かう。彰義隊、見送る。	徳川慶喜公伝史料三
同日	同日	昼頃、海江田武次率いる七藩兵入城。旧幕側若年寄ほか出迎。	復古記三
同日	同日	大鳥圭介ら旧幕軍を率い脱走。榎本武揚ら海軍館山方面に脱す。	復古記三
慶応四・四・一二	一八六八・五・四	九条奥羽鎮撫総督、本営を仙台藩領岩沼宿に置く。	復古記一二
慶応四・四・一四	一八六八・五・六	沢副総督・参謀大山格之助、庄内征討のため岩沼を発ち新庄へ。	復古記一二
同日	同日	米沢藩、会津謝罪の周旋と、薩長の対応如何で対決を決定。	上杉家御年譜一七
慶応四・四・一五	一八六八・五・七	東征大総督有栖川宮、池上本門寺を出て芝増上寺に宿陣。	熾仁親王日記一

慶応四・四・一八	一八六八・五・一〇	大総督、北陸道先鋒軍に明日寛永寺に転陣せよ、と急達。	寛永寺記乾（東史）
慶応四・四・一九	一八六八・五・一一	北陸道先鋒軍、大砲・銃隊を率い寛永寺への転陣を迫る。	寛永寺記乾（東史）
同日	同日	大鳥圭介隊、宇都宮城を攻略、占拠する。	復古記一一
慶応四・四・二〇	一八六八・五・一二	横浜裁判所総督東久世通禧、神奈川奉行所を接収する。	復古記三・九
慶応四・四・二一	一八六八・五・一三	東征大総督、増上寺から乗馬出陣し、江戸城西丸に入る。	復古記三
慶応四・四・二三	一八六八・五・一五	政府東山道軍、宇都宮城を奪回する。	復古記一一
同日	同日	沢為量奥羽鎮撫副総督、新庄に入る（庄内藩への攻撃開始）。	復古記一二
慶応四・四・二四	一八六八・五・一六	大総督、北陸道先鋒総督軍の上野寛永寺転陣中止を決定。	寛永寺記乾（東史）
慶応四・四・二八	一八六八・五・二〇	大総督府、旧幕府軍艦四隻を榎本武揚に渡し、他を収する。	復古記四
慶応四・閏四・一	一八六八・五・二二	英公使パークス、大坂で天皇に信任状を提出（新政府を承認）。	復古記四
同日	同日	仙台米沢会津各藩、会津降伏条件を協議。	山形県史四
慶応四・閏四・二	一八六八・五・二三	大総督府、江戸の治安維持を徳川慶頼・勝海舟らに委任。	復古記四
慶応四・閏四・三	一八六八・五・二四	上総請西藩主林忠崇、脱藩し徳川家再興を掲げ兵を率い出陣。	林忠弘家記（東史）
慶応四・閏四・四	一八六八・五・二五	白石会議の召集状、奥羽諸藩に回達される。	復古記一二
慶応四・閏四・五	一八六八・五・二六	清水谷公考を箱館裁判所総督とし、蝦夷全島の政務を限定委任。	復古記四
慶応四・閏四・七	一八六八・五・二八	天皇、大坂を発つ（行幸中、諸軍調練を観る）八日京着御。	明治天皇紀
慶応四・閏四・一一	一八六八・六・一	奥羽一四藩白石で会議、会津救解嘆願に署名、のち一三藩追加。	復古記一二
慶応四・閏四・一二	一八六八・六・二	仙台・米沢両藩主、岩沼で九条総督に会津救解嘆願書を提出。	復古記一二
同日	同日	林忠崇と旧幕遊撃隊ら、房総から相州小田原藩領真鶴に上陸。	林忠弘家記（東史）
慶応四・閏四・一四	一八六八・六・四	会津藩箱館留守居、明日現地を引払う旨、箱館奉行に届け出る。	杉浦梅潭箱館奉行日記
慶応四・閏四・一七	一八六八・六・七	政府、浦上キリシタンの巨魁処刑を回避し、三四藩預けとする。	大日本外交文書一
慶応四・閏四・一八	一八六八・六・八	九条総督、歎願書を却下、仙台・米沢両藩主に会津進撃を厳達。	山形県史四
慶応四・閏四・二〇	一八六八・六・一〇	奥羽鎮撫総督府参謀世良修蔵、仙台藩士に殺害される。	復古記一二
慶応四・閏四・二一	一八六八・六・一一	政府、政体書を公布し、太政官制を発足させる。	復古記四
慶応四・閏四・二二	一八六八・六・一二	奥羽二五藩重臣、白石に会し、仙台藩主導の盟約書に調印する。	宮島誠一郎戊辰日記
慶応四・閏四・二四	一八六八・六・一四	副総裁三条実美、関東監察使として、この日江戸城に入る。	復古記四

和暦年月日	西暦年月日	事項	出典
同日	同日	箱館裁判所を箱館府と改め、総督清水谷公考を知事とする。	復古記四
慶応四・閏四・二七	一八六八・六・一六	箱館府知事清水谷公考、旧幕府箱館奉行所より事務を引き継ぐ。	杉浦梅潭箱館奉行日記
慶応四・閏四・二九	一八六八・六・一九	三条監察使、徳川（田安）亀之助に徳川宗家相続の朝旨を伝達。	復古記五
慶応四・五・一	一八六八・六・二〇	政府東山道軍、白河城を奪回する。	復古記一一
同日	同日	徳川亀之助による徳川宗家相続決定が町中に周知される。	江戸町触集成一九
同日	同日	徳川慶頼の市中巡邏取締を罷免、三日以後巡邏は官軍兵となる。	江戸町触集成一九
慶応四・五・三	一八六八・六・二二	奥羽二五藩仙台で会議、白石盟約修正調印（奥羽列藩同盟成立）。	復古記一二
慶応四・五月上旬		北越諸藩、五月上旬以降列藩同盟参加（奥羽越列藩同盟形成）。	復古記一二
慶応四・五・一五	一八六八・七・四	大総督府、上野寛永寺彰義隊掃討。伽藍焼失、門前・下谷延焼。	復古記五
慶応四・五・一六	一八六八・七・五	新発田藩、列藩同盟の盟約書に署名。	復古記一二
慶応四・五・一八	一八六八・七・七	九条総督、仙台を発し盛岡に向かう（六月三日盛岡到着）。	復古記一二
慶応四・五・一九	一八六八・七・八	政府軍、長岡を占領。	復古記一二
同日	同日	政府、江戸に鎮台府を設け寺社・町・勘定三奉行所を廃止する。	復古記五
慶応四・五・二四	一八六八・七・一三	徳川亀之助、駿河府中城主として七〇万石を下賜される。	復古記五
慶応四・五・二七	一八六八・七・一六	請西藩主林忠崇の封土を没収し、家臣の入京を禁ずる。	復古記五
慶応四・五・二八	一八六八・七・一七	朝臣となった旗本の旧称を廃し、中大夫・下大夫・上士とする。	復古記六
同日	同日	仙台・米沢の奥羽列藩同盟使節、建白書の提出に松島湾を出航。	宮島誠一郎戊辰日記
同日	同日	政府、仙台米沢両藩の京都藩邸を没収し、家臣の入京を禁ず。	復古記六
慶応四・五・二九	一八六八・七・一八	政府、奥羽北越諸藩に沙汰書を発し、同盟の動きを厳しく警告。	復古記六
慶応四・五・三〇	一八六八・七・一九	新潟奉行事務取扱田中廉太郎、新潟を米沢藩に渡す。	復古記六
慶応四・六・五	一八六八・七・二四	市政裁判所、『中外新聞』など無官許新聞を発禁、板木を没収。	東京市史稿市街四九
慶応四・六・六	一八六八・七・二五	輪王寺宮、会津城に着き、東照宮別当の坊に滞留。	自證院記（内閣）
慶応四・六・七	一八六八・七・二六	輪王寺宮、同盟からの盟主推戴に対し、軍事指図は堅く断る。	覚王院義観日記
慶応四・六・一六	一八六八・八・四	政府軍三艦、平潟港へ着き、上陸。	復古記一三

同日	同日	輪王寺宮、同盟の盟主推戴に対し、苦渋のうえ拒否せずとする。	覚王院義観日記
慶応四・六・二四	一八六八・八・一二	政府軍、棚倉を占領する。	復古記一三
慶応四・七・四	一八六八・八・二一	秋田藩士ら、仙台藩使者を殺害し、列藩同盟から脱退する。	復古記一二
慶応四・七・一四	一八六八・八・三一	仙台藩領白石城に列藩同盟の公議府を置く。	復古記一二
同日	同日	庄内藩兵、新庄藩内二分に乗じ、城を奪う。	復古記一二
慶応四・七・一七	一八六八・九・三	詔書を以て江戸を東京とする。	復古記六
同日	同日	鎮台を廃し、鎮将府を置き、三条実美を鎮将に任命する。	復古記六
慶応四・七・二四	一八六八・九・一〇	長岡藩兵と同盟軍、長岡城を二ヵ月ぶりに奪回する。	復古記一三
慶応四・七・二九	一八六八・九・一五	二本松城、三春藩兵を嚮導隊とした政府軍により、陥落する。	復古記一三
同日	同日	長岡城、再び政府軍の手に落ち、陥落する。	復古記一三
慶応四・八・一	一八六八・九・一六	政府軍、新潟を占領。	復古記一三
慶応四・八・四	一八六八・九・一九	政府、「遠からず東京へ御出輦」（第一回東幸）を決める。	復古記七
慶応四・八・九	一八六八・九・二四	徳川亀之助（のちの家達）、駿府へ出立、一五日駿府城着。	復古記七
同日	同日	盛岡藩、秋田藩に開戦。	復古記一二
慶応四・八・一一	一八六八・九・二六	庄内藩、仙台藩などの援軍を得て秋田藩横手城を攻略。	復古記一二
慶応四・八・一九	一八六八・一〇・四	榎本武揚、旧幕府海軍軍艦・輸送船計八艘を率い江戸湾を去る。	復古記三・七
慶応四・八・二三	一八六八・一〇・八	白河口政府軍、会津城下に攻め入る。会津藩籠城態勢に入る。	復古記一三
慶応四・八・二六	一八六八・一〇・一一	榎本艦隊、前後して仙台領に着く。	復古記一三
同日	同日	米沢藩の使者、仙台に来り同藩に降伏を勧告。	復古記一三
慶応四・八・二八	一八六八・一〇・一三	米沢藩、越後沼村の政府軍陣営に赴き、降伏の意を示す。	復古記一四
明治元・九・八	一八六八・一〇・二三	詔書を以て明治と改元し、一世一元の制を定める。	復古記七
明治元・九・一四	一八六八・一〇・二九	政府軍、会津若松城総攻撃を開始する。	復古記一三
明治元・九・一五	一八六八・一〇・三〇	仙台藩主伊達慶邦が著した謝罪降伏状、この日政府軍に渡る。	復古記七・一三
明治元・九・二〇	一八六八・一一・四	天皇、東京に向かい、京都を発輦する。	復古記八
明治元・九・二二	一八六八・一一・六	会津落城。松平容保、城外妙国寺に幽閉される。	復古記八・一三
明治元・九・二三	一八六八・一一・七	庄内藩主酒井忠篤、米沢藩兵を通じ参謀黒田清隆に降伏を請う。	復古記八・一四

和暦年月日	西暦年月日	事項	出典
明治元・九・二五	一八六八・一一・九	盛岡藩主南部利剛、降伏を請う。正式受理は一〇月九日。	復古記八・一二
明治元・一〇・一二	一八六八・一一・二五	榎本艦隊数隻、二五〇〇名を乗せ石巻を発し蝦夷地に向かう。	復古記八・一三
明治元・一〇・一三	一八六八・一一・二六	天皇、品川を進発し、新橋・呉服橋を経て江戸城西丸に入る。	明治天皇紀一
明治元・一〇・一八	一八六八・一二・一	天皇親臨中は江戸城を皇居と定め、城を東京城と改める。	官中日記東京(東史)
明治元・一〇・二〇	一八六八・一二・三	榎本艦隊と旧幕臣ら、内浦湾鷲ノ木沖に投錨し、二一日上陸。	復古記八
明治元・一〇・二六	一八六八・一二・九	大鳥圭介ら旧幕兵、前日政府軍が放棄した五稜郭に入城。	復古記一四
同日	同日	榎本艦隊の回天・蟠龍二艦、箱館に入港、運上所・台場を占領。	復古記八・麦叢録
明治元・一〇・二七	一八六八・一二・一〇	天皇、東京城から武州一宮氷川神社へ行幸、二九日に戻る。	明治天皇紀一
明治元・一〇・二八	一八六八・一二・一一	藩治職制を定め、各藩に執政・参政・公議人・家知事を置く。	復古記八
明治元・一一・一五	一八六八・一二・二八	旧幕兵、蝦夷地江差を占領するも、軍艦開陽は江差湾で座礁。	復古記一四
明治元・一一・二二	一八六九・一・四	伊・仏・蘭三国公使、東京城にて天皇に謁見、信任状を提出。	明治天皇紀一
明治元・一一・二三	一八六九・一・五	英・米・普三国公使、東京城にて天皇に謁見。	明治天皇紀一
明治元・一二・七	一八六九・一・一九	会津・仙台・庄内・盛岡・長岡などの諸藩に各々処分を達す。	東京城日誌一〇
明治元・一二・八	一八六九・一・二〇	天皇、還幸のため東京を発輦、二二日京都に還御。	明治天皇紀一
明治元・一二・一五	一八六九・一・二七	榎本武揚を総裁とする「蝦夷政権」が成立する。	復古記一四
明治元・一二・二七	一八六九・二・八	各国代表会議、局外中立撤廃を決議する(二八日告示)。	復古記八
明治二・一・二三	一八六九・三・五	長州毛利・薩摩島津・肥前鍋島・土佐山内、版籍奉還を上表。	太政官日誌九
明治二・三・七	一八六九・四・一八	天皇、東京行幸のため京都を出御する(第二回東幸)。	明治天皇紀二
明治二・三・九	一八六九・四・二〇	政府軍の甲鉄艦・春日丸など八艘、品川を出艦、青森へ向かう。	復古記一四
明治二・三・二五	一八六九・五・六	宮古港に寄港した政府軍、榎本艦隊の軍艦と海戦になる。	復古記一四
明治二・三・二八	一八六九・五・九	天皇、品川を発御、馬場先御門を経て東京城に入る。	明治天皇紀二
明治二・四・九	一八六九・五・二〇	政府軍、青森を出て蝦夷地乙部《おとべ》に上陸、続く一二日江差上陸。	復古記一四
明治二・五・一一	一八六九・六・二〇	政府軍、箱館を海陸から総攻撃、土方歳三馬上で被弾し落命。	復古記一四
明治二・五・一八	一八六九・六・二七	榎本武揚ら降伏し、五稜郭開城する。(戊辰戦争の終局)	復古記一四

明治二・六・二	一八六九・七・一〇	鳥羽・伏見戦役以降の軍功賞典を行う。	太政官日誌五八～六二
明治二・六・一七	一八六九・七・二五	以後、諸侯（藩主）の版籍奉還を聴許し、知藩事に任命する。	太政官日誌六六～六八
同日	同日	公卿・諸侯の呼称を廃止し、華族とする。	太政官日誌六六
明治二・六・二九	一八六九・八・六	戊辰内戦における新政府側戦死者の招魂祭を七月三日まで挙行。	靖国神社忠魂史一
明治二・七・八	一八六九・八・一五	職員令を公布し、神祇官・太政官の下に六省以下の諸職を置く。	肥後藩国事史料一〇
明治二・一一・三	一八六九・一二・五	旧会津藩松平家の家名再興を許し、容大に陸奥三万石を下賜。	太政官日誌一〇六
明治二・一二・二	一八七〇・一・三	中大夫・下大夫・上士の格席を廃止し、士族に統合する。	太政官日誌一〇九
明治三・五・一五	一八七〇・六・一三	松平容大を本州最北の斗南《となみ》藩知事に任命する。	太政類典一（国公）

出典のうち（　）を下に附したものは原写本史料もしくは編纂稿本で（　）内はその所蔵機関名の略記、（内閣）は国立公文書館内閣文庫、（国公）は国立公文書館、（東史）は東京大学史料編纂所、（三井）は三井文庫である。なお、寛永寺記乾（東史）は東京大学史料編纂所蔵の写真版である。

執筆者紹介（生年／現職）―執筆順

保谷　徹（ほうや　とおる）→別掲

寺本敬子（てらもと　のりこ）跡見学園女子大学文学部専任講師

麓　慎一（ふもと　しんいち）一九六四年／新潟大学人文社会・教育科学系教授

福岡万里子（ふくおか　まりこ）一九七九年／国立歴史民俗博物館准教授

箱石　大（はこいし　ひろし）→別掲

栗原伸一郎（くりはら　しんいちろう）一九七五年／宮城県公文書館公文書等専門調査員

畑　尚子（はた　ひさこ）一九六一年／江戸東京博物館学芸員

清水有子（しみず　ゆうこ）一九七二年／明治大学文学部専任講師

松沢裕作（まつざわ　ゆうさく）一九七六年／慶應義塾大学経済学部准教授

編者略歴

奈倉哲三

一九四四年、東京都生まれ

一九八三年、東京都立大学大学院人文科学研究科博士課程単位取得満期退学

現在、跡見学園女子大学名誉教授、文学博士（一九九〇年、東京都立大学）

〔主要著書〕

『諷刺眼維新変革　民衆は天皇をどう見ていたか』（校倉書房、二〇〇四年）、『絵解き　幕末諷刺画と天皇』（柏書房、二〇〇七年）

保谷　徹

一九五六年、東京都生まれ

一九八七年、東京大学大学院人文科学研究科博士課程中退

現在、東京大学史料編纂所教授

〔主要著書〕

『戊辰戦争』（吉川弘文館、二〇〇七年）、『幕末日本と対外戦争の危機』（吉川弘文館、二〇一〇年）

箱石　大

一九六五年、岩手県生まれ

一九九三年、国学院大学大学院文学研究科博士課程後期単位取得退学

現在、東京大学史料編纂所准教授

〔主要著書・論文〕

『戊辰戦争の史料学』（編著、勉誠出版、二〇一三年）、「戊辰戦争史料論」（明治維新史学会編『明治維新と史料学』吉川弘文館、二〇一〇年）

戊辰戦争の新視点　上

世界・政治

二〇一八年（平成三十）二月十日　第一刷発行

編者　奈《な》倉《ぐら》哲《てつ》三《ぞう》
　　　保《ほう》谷《や》徹《とおる》
　　　箱《はこ》石《いし》大《ひろし》

発行者　吉川道郎

発行所　株式会社　吉川弘文館

郵便番号一一三―〇〇三三
東京都文京区本郷七丁目二番八号
電話〇三―三八一三―九一五一〈代〉
振替口座〇〇一〇〇―五―二四四番
http://www.yoshikawa-k.co.jp/

印刷＝株式会社 理想社
製本＝ナショナル製本協同組合
装幀＝河村　誠

ISBN978-4-642-08329-4

奈倉哲三・保谷 徹・箱石 大編

戊辰戦争の新視点 下 軍事・民衆

本体二二〇〇円（税別） 18年2月発売

〈本書の内容〉

吉川弘文館